Kohlhammer

Pädagogik kontrovers

Herausgegeben von Bernd Ahrbeck, Karl-Heinz Dammer, Marion Felder und Anne Kirschner

Die Herausgebenden

Dr. Karl-Heinz Dammer ist Professor für Allgemeine Pädagogik an der Pädagogischen Hochschule Heidelberg.
Dr. Anne Kirschner ist Juniorprofessorin für Allgemeine Pädagogik an der Pädagogischen Hochschule Heidelberg.

Karl-Heinz Dammer,
Anne Kirschner (Hrsg.)

Pädagogisches Neusprech

Zur Kritik aktueller Leitbegriffe

Verlag W. Kohlhammer

Dieses Werk einschließlich aller seiner Teile ist urheberrechtlich geschützt. Jede Verwendung außerhalb der engen Grenzen des Urheberrechts ist ohne Zustimmung des Verlags unzulässig und strafbar. Das gilt insbesondere für Vervielfältigungen, Übersetzungen, Mikroverfilmungen und für die Einspeicherung und Verarbeitung in elektronischen Systemen.

Die Wiedergabe von Warenbezeichnungen, Handelsnamen und sonstigen Kennzeichen in diesem Buch berechtigt nicht zu der Annahme, dass diese von jedermann frei benutzt werden dürfen. Vielmehr kann es sich auch dann um eingetragene Warenzeichen oder sonstige geschützte Kennzeichen handeln, wenn sie nicht eigens als solche gekennzeichnet sind.

Es konnten nicht alle Rechtsinhaber von Abbildungen ermittelt werden. Sollte dem Verlag gegenüber der Nachweis der Rechtsinhaberschaft geführt werden, wird das branchenübliche Honorar nachträglich gezahlt.

Dieses Werk enthält Hinweise/Links zu externen Websites Dritter, auf deren Inhalt der Verlag keinen Einfluss hat und die der Haftung der jeweiligen Seitenanbieter oder -betreiber unterliegen. Zum Zeitpunkt der Verlinkung wurden die externen Websites auf mögliche Rechtsverstöße überprüft und dabei keine Rechtsverletzung festgestellt. Ohne konkrete Hinweise auf eine solche Rechtsverletzung ist eine permanente inhaltliche Kontrolle der verlinkten Seiten nicht zumutbar. Sollten jedoch Rechtsverletzungen bekannt werden, werden die betroffenen externen Links soweit möglich unverzüglich entfernt.

1. Auflage 2023

Alle Rechte vorbehalten
© W. Kohlhammer GmbH, Stuttgart
Gesamtherstellung: W. Kohlhammer GmbH, Stuttgart

Print:
ISBN 978-3-17-042809-6

E-Book-Formate:
pdf: ISBN 978-3-17-042810-2
epub: ISBN 978-3-17-042811-9

Zur Konzeption der Buchreihe
»Pädagogik kontrovers«

Seit ihrer Entstehung als wissenschaftliche Disziplin im ausgehenden 18. Jahrhundert ist die Pädagogik ein widersprüchlicher und damit auch exemplarischer Ort für Kontroversen. Erkennbar wird dies bereits bei ihrem Begründer Rousseau, der in seinem Erziehungsroman *Émile ou de l'Éducation* den Erzieher vor die Alternative stellt, einen Menschen oder einen Bürger zu erziehen, sich also an den Entwicklungspotenzialen des Individuums zu orientieren und zu ihrer ungehinderten Entfaltung beizutragen oder ein auf gesellschaftliche Zwecke hin ausgerichtetes Wesen hervorzubringen; beides zugleich, so sagt Rousseau ausdrücklich, sei unmöglich. Wenig später wird diese Dichotomie in Deutschland als programmatischer Streit zwischen den am nützlichen Bürger interessierten Aufklärungspädagogen und den Neuhumanisten als emphatischen Verteidigern des sich frei bildenden Individuums erneut ausgefochten.

Im Kern ist dieser Streit bis heute nicht geschlichtet, wie beispielsweise die Auseinandersetzung um den auf Nützlichkeit fokussierten Bildungsbegriff zeigt, der der PISA-Studie zugrundeliegt. In den Debatten wird erkennbar, dass Erziehungs- und Bildungskontroversen nicht nur ein zentraler Reflexionsmodus der Disziplin sind, sondern dass mit der Frage »Bildung und Erziehung wozu?« auch immer wieder neu zu führende Aushandlungsprozesse von Gesellschaft- und Menschenbildern verbunden sind.

Diese kritische Funktion der Pädagogik scheint nun seit einiger Zeit zugunsten unterschiedlicher, aber stets widerspruchsfrei erscheinender und moralisch hoch aufgeladener Diskurse in den Hintergrund zu treten: Chancengleichheit – vor der Jahrhundertwende noch ein beispielhaftes bildungspolitisches Streitthema – wird nun einhellig gefordert, Vielfalt ist wertzuschätzen, Inklusion hat sich normativ immunisiert und empirische Messungen konnten sich bildungspolitisch als der vermeintlich einzig gültige Maßstab für die Qualität von Schulen und Unterricht etablieren. Damit verschiebt sich pädagogisches Denken von einem streitbaren Ort in Richtung einer Konsenszone, in der die gesellschaftspolitische Dimension der pädagogischen Kritik zunehmend an den Rand gedrängt wird.

Die Reihe »Pädagogik kontrovers« will, an diese kritische Funktion der Pädagogik anknüpfend, wieder Kontroversen initiieren, indem sie nach der Berechtigung des als selbstverständlich Geltenden fragt, andere Sichtweisen einbringt und auf diese Weise für produktive Irritationen sorgen und Denkanlässe schaffen möchte, um ideologische Moden (wieder) erkennbar und zum Gegenstand von Streit werden zu lassen.

Da die Bedeutung pädagogischer Kontroversen, wie eingangs angedeutet, über die Erziehung hinausweist, wird der Begriff »pädagogisch« hier nicht nur als erziehungswissenschaftlicher verstanden, sondern es geht dabei auch um die gesellschaftlichen, psychologischen und philosophischen Implikationen der Kontroversen.

Geplant sind Sammelbände oder Monographien zu entsprechenden Themen, verfasst von Fachleuten aus Wissenschaft und Praxis unterschiedlicher Disziplinen (Erziehungswissenschaft, Soziologie, Philosophie, Psychologie). Die Buchreihe wendet sich aber explizit nicht nur an die Fachgemeinde, sondern an alle Personenkreise, die an bildungspolitischen Fragen und offener gesellschaftlicher Auseinandersetzung interessiert sind. Mit Blick auf diesen weiten Adressatenkreis werden auch unterschiedliche Darstellungsformen gewählt, also neben konventionellen wissenschaftlichen Beiträgen auch essayistische Reflexionen, um neue Denkräume zwischen wissenschaftlichem Fachbuch und populärem Sachbuch zu schaffen und der öffentlichen Debatte um Erziehungsfragen neue Impulse zu geben.

Inhalt

Zur Konzeption der Buchreihe »Pädagogik kontrovers«   5

Einleitung   9

Ein neuer Blick auf das Individuum

Individualisierung   31
Karl-Heinz Dammer

Selbststeuerung   58
Matthias Burchardt

Kompetenz   70
Karl-Heinz Dammer

Geschlechtergerechtes Sprechen. Gender-Neusprech: Begriffsverwirrung und pädagogische Verantwortung   95
Monika Barz

Resonanz. »Nicht gelb! Gelb ist so eine pissige Farbe.« Unterricht zwischen Resonanz und Dissonanz   124
Anne Kirschner

Inhalt

Achtsamkeit. Die neue pädagogische Tugend? Kritische Anmerkungen aus philosophischer Sicht   143

Hans-Bernhard Petermann

Ein neuer Blick auf die Gesellschaft

Vielfalt. Let's celebrate diversity! Die Feier der Vielfalt und ihre blinden Flecke – zwei Szenen aus dem universitären Alltag   171

Florian Wobser

Resilienz. Macht. Bildung.   187

Anne Kirschner

Nachhaltigkeit. Ist Bildung für nachhaltige Entwicklung nachhaltig? Kritische Anmerkungen zum Nachhaltigkeitsdiskurs und ein Plädoyer für eine naturgemäße Bildung   211

Thomas Vogel

Evidenz als Paradigma in der Bildungsforschung   239

Sieglinde Jornitz

Die Autorinnen und Autoren   260

Einleitung

> *Diese naturgemäß wenigen Wörter*
> *hatten ihre Bedeutung so ausgeweitet,*
> *daß sie ganze Batterien von Worten einschlossen,*
> *die dann, weil sie von einem übergeordneten Begriff*
> *hinreichend abgedeckt wurden,*
> *ausrangiert und vergessen werden konnten.*
> (Orwell 2017, S. 367)
>
> *Man konnte Neusprech tatsächlich nur dann*
> *zu unorthodoxen Zwecken benutzen,*
> *wenn man verbotenerweise*
> *einige der Worte in Altsprech rückübersetzte.*
> (ebd., S. 372 f.)

Orwells Dystopie *1984* erzählt das Wesen eines totalitären Staates in einer geschichtsvergessenen Welt, deren entpersonifizierte Leerstelle, der »große Bruder«, so das Resümee von Daniel Kehlmann im Nachwort des Romans, ins kollektive Bewusstsein übergegangen ist, während die eigentlichen Figuren Winston Smith, seine Geliebte Julia sowie der Folterer O'Brian in der Rezeption überschattet bleiben (ebd., S. 377). Winston – oder: »Der letzte Mensch in Europa« (so der Arbeitstitel des Romans) – arbeitet im Ministerium für Wahrheit. Seine Aufgabe besteht darin, Zeitungstexte so umzuschreiben, dass ihre Inhalte und Aussagen mit den jeweils aktuell gültigen politischen Leitlinien übereinstimmen. Dabei entdeckt er, dass es eine Zeit vor der Diktatur gegeben hat, von der er nichts weiß, nichts wissen soll. Orwells Held lebt und scheitert in einer Welt, die nicht verstanden werden darf.

Der Sprache kommt in diesem Zusammenhang als Medium des Verstehens eine besondere Bedeutung zu: So dient das von der Regierung erdachte »Neusprech« der systematischen Reduktion, Vereinheitlichung und Enthistorisierung von Sprache, nicht nur, um ein Ausdrucksmittel für eine, der vorherrschenden Ideologie (im Roman ist dies der »englische Sozialismus«, kurz: »Ensoz«) gemäßen Weltanschauung und Geisteshaltung bereitzustellen, sondern auch um alternative Denkweisen unmöglich zu machen.

Nun sind literarische Bücher im Grunde nichts anderes als Erfindungen und ihr ästhetisches Gewand, die Fiktionalität, mag ein wenig verlässliches Kriterium sein, wenn es darum geht, aussagekräftige Zeitdiagnosen zu treffen. Wie kommen wir also dazu, einen frei erfundenen Ausdruck wie »Neusprech« zum Thema und Lackmustest eines Buches zu nehmen, das sich von seinem Anspruch her mit der sog. »Wirklichkeit«, genauer der pädagogischen Wirklichkeit beschäftigt? Die Antwort darauf lässt sich mit Terhart (1999) formulieren: Auch die Erziehungswissenschaft hat die Aufgabe, sich über die formative Kraft des eigenen sprachlichen Instrumentariums, mit welchem Anspruch auf Wirklichkeit erhoben wird, zu vergewissern und darüber aufzuklären (vgl. ebd., S. 158). Für diesen Zweck vermag kein noch so schlicht formulierter Titel zusammenzufassen, was Orwells Wortneuschöpfung auf den Punkt bringt. Der Ausdruck selbst mag nicht wahr sein, er ist aber in besonderer Weise geeignet, die Leserinnen und Leser vor das Problem der Wahrheit zu stellen.

Mit diesem Anspruch reiht sich das vorliegende Buch in das Kontinuum bereits bestehender zeitkritischer Glossare ein, die sprachlich vermittelte Um- und Überformungsprozesse gesellschaftlicher (Bröckling, Krasmann & Lemke 2013a) und damit zusammenhängender pädagogischer (Dzierzbicka & Schirlbauer 2008a) Felder nachzeichnen und analysieren. Die dort mit spezifischen Veränderungen des Vokabulars[1] beschriebenen gesellschaftlichen und päd-

---

1 Hier und im Folgenden wird abwechselnd von Neusprech-*Vokabeln* und -*Begriffen* gesprochen. Gemeint ist dabei im Prinzip immer beides: Die Tatsache, dass es sich um Ausdrücke aus pädagogikfernen bzw. -fremden Bereichen handelt und dass diese nicht nur als bloß bedeutungstragende Wörter, sondern als Gesamtheit spezifischer Vorstellungen und Konzepte in einer gedanklichen Einheit betrachtet werden. Je nachdem, auf wel-

agogischen Wandlungsprozesse setzen sich bis heute fort und motivierten jüngst auch Feldmann u. a. (2022), gemeinsam mit mehr als 60 Autorinnen und Autoren das Nachschlagewerk *Schlüsselbegriffe der Allgemeinen Erziehungswissenschaft. Pädagogisches Vokabular in Bewegung* herauszugeben. Während die beiden erstgenannten Glossare importierte, neu geschaffene oder umgedeutete Begriffe versammeln, die nicht »schwer«, sondern »leicht«, d. h. von scheinbar fragloser Plausibilität sind und darum der Kritik entzogen scheinen, betrachten die Herausgeberinnen und Herausgeber der »Schlüsselbegriffe« jene, zu den etablierten Begriffen hinzugekommenen Termini ergebnisoffen und wertneutral als »Neuankömmlinge«, die einen produktiven Beitrag zur Überprüfung und Aktualisierung der pädagogischen Disziplin leisten (vgl. Rieger-Ladich u. a. 2022, S. 11 f.).

Diese scheinbar gegensätzlichen Auffassungen über die formative Kraft von übernommenen und umgedeuteten Begriffen in der Pädagogik lassen sich mit einem vergleichenden Blick auf die jeweiligen Einträge der zitierten Bände nachvollziehen. Denn dabei lässt sich feststellen, dass im Inventar der o. g. Glossare nur wenige Überschneidungen mit jenen »Schlüsselbegriffen« zu finden, vielmehr zwei unterschiedliche Ebenen zu erkennen sind, die aus der disziplinären Zusammenfassung der Pädagogik als pädagogischer Praxis (v. a. Hoch-/Schule und Unterricht) einerseits und ihrer wissenschaftlichen Reflexion (Erziehungswissenschaft) andererseits resultieren. So sind die neu angekommenen Schlüsselbegriffe im Band von Feldmann, wie etwa »Anthropozän«, »Othering« oder »Hegemonie«, das genaue Gegenteil von »leicht«, sie bedürfen also der Erläuterung, bevor sie ihrer eigentlichen Funktion (als pädagogische Reflexionsbegriffe) gerecht werden können. In dieser Eigenschaft entziehen sich die Schlüsselbegriffe samt ihren Verwendungsweisen einer unmittelbaren Instrumentalisierung für politische Ziele.

---

chem Bedeutungsaspekt der Schwerpunkt der jeweiligen Argumentation liegt, kommt einer der beiden Ausdrücke im vorliegenden Text zur Anwendung.

Demgegenüber zeichnen sich die von Dzierbicka & Schirlbauer (2008a) im *pädagogischen Glossar der Gegenwart* versammelten »Neuankömmlinge« (auch hier findet der Ausdruck Verwendung) durch eine eher strategische Funktion aus, insofern sie nicht zum Zwecke der wissenschaftlichen Reflexion, sondern im Nachgang des PISA-Schocks mit dem (bildungs-)politischen Ziel der Umgestaltung der pädagogischen Praxis übernommen wurden. Einträge wie »Bildungsstandards«, »Employability«, »Modularisierung« und »Qualitätsmanagement« verweisen auf entsprechende Transformationsprozesse und damit zusammenhängende sozialpolitische und ökonomische Steuerungslogiken (vgl. Dzierzbicka & Schirlbauer 2008b, S. 10 f.), die z. B. im Kontext von Bildungsplänen und neu geschaffenen (Hoch)Schulstrukturen nachhaltigen Einfluss auf das pädagogische Denken und Handeln nehmen.

Dieser Logik folgen auch die im vorliegenden Band versammelten Begriffe, die in ähnlicher Weise aktuelle Sprechweisen, besonders auf Ebene der pädagogischen Praxis, prägen. 16 Jahre nach dem Erscheinen des pädagogischen Glossars stellt sich heraus, dass die Sprache der gegenwärtigen Pädagogik zwar immer noch von ähnlichen, aber auch einigen neuen Begriffen durchsetzt ist, die nicht länger nur aus »den Labors der Managementwissenschaften«, sondern aus ganz unterschiedlichen gesellschaftspolitischen Bereichen für die pädagogische Praxis akzeptabel und praktikabel gemacht werden (vgl. ebd., S. 11). Es handelt sich um eingängige, eben »leichte« Praxisvokabeln, die mittlerweile zum festen Inventar auch des Sprechens in Bildungsplänen, (hoch)schulischen Kommunikationsstrukturen, öffentlichen Berichterstattungen sowie der (Aus-)Bildung von Lehrkräften zählen. In all diesen Bereichen wird mit einem Mehr an »Kompetenz«, »Resilienz«, »Selbststeuerung«, »Nachhaltigkeit«, »Vielfalt«, »Achtsamkeit«, »Individualisierung«, »Evidenzbasierung«, »gendergerechter Sprache« und neuerdings auch »Resonanz« die Bewältigung nicht länger nur (hoch-)schulischer, sondern auch gesellschaftlicher Problemlagen und Krisen in Aussicht gestellt, während traditionelle pädagogische Grundbegriffe wie z. B. »Erziehung« von der Sprachoberfläche verschwinden.

Dass pädagogisches Vokabular seit jeher »in Bewegung« und die Pädagogik eine Disziplin ist, die in dieser Hinsicht »notorisch mehr importiert als exportiert« (vgl. Rieger-Ladich u. a. 2022, S. 10), ist längst Konsens. Im Rahmen dessen wird, auch schon vor PISA und der daran anschließenden folgenreiche Importe jener in den o. g. Glossaren inventarisierten Begriffe – sowie häufig in Anlehnung an Herbarts Forderung, die Pädagogik dürfe nicht »als eroberte Provinz von einem Fremden aus regiert werden« (Herbart 1982, S. 21) – die Frage aufgeworfen, ob es so etwas wie »einheimische Begriffe« in der Erziehungswissenschaft überhaupt gibt[2] (vgl. König 1999). Einige der noch von Herbart angeführten zentralen Begriffe, die neben »Bildung« und »Erziehung« auch »Kinderregierung«, »Unterricht« und »Zucht« umfassen, werden heute längst nicht mehr zu den Grundbegriffen gezählt. Einige Vertreter der Disziplin sind sogar davon überzeugt, dass es schließlich gar keine einheimischen Begriffe mehr gibt. Dies kann man mit König als Auflösungsprozess der Pädagogik beklagen oder aber (wie aktuell auch Feldmann u. a.) als Ausdruck einer disziplinären Differenzierung und Spezialisierung begreifen. Unabhängig davon, ob man in diesem Vorgang nun Erosionstendenzen oder Entwicklungspotenziale der Pädagogik erkennt, machen die hier versammelten »Neuankömmlinge« die, in den einheimischen Begriffen aufbewahrte, Vergangenheit vergessen und drohen auf diese Weise, den einmal gewonnenen Problemhorizont der Pädagogik zu unterschreiten. So

---

2 Dies wird zum einen mit der Öffnung der Erziehungswissenschaft in Richtung der Sozial- und (neuerdings auch) Kulturwissenschaften, zum anderen mit der Ausdifferenzierung der Pädagogik in verschiedene Teildisziplinen begründet. Die Frage nach den einheimischen Begriffen ergibt sich dabei nicht nur aus der (notwendigen) Verankerung der Erziehungswissenschaft in empirischer Forschung, sondern auch aus dem Umstand, dass die Festlegung von Grundbegriffen nicht einer (zumal philosophisch begründeten) Allgemeinen Pädagogik, sondern zunehmend den unterschiedlichen Teildisziplinen obliegt (vgl. König 1999, S. 30 f.).

ist beispielsweise im Erziehungsbegriff historisch die allen pädagogischen Prozessen zugrunde liegende Dialektik von Freiheit und Zwang enthalten, die in den Neusprech-Begriffen ignoriert wird.

Im Anschluss an diese eher wissenschaftstheoretischen Diskussionen sowie mit Blick auf Überlegungen zur Entstehung von wissenschaftlichen Tatsachen (v. a. Fleck 1980) lässt sich fragen, ob Wahrheit nur innerhalb eines bestimmten »Denkstils« als solche bestimmbar ist, ob es überhaupt eine pädagogische Wahrheit geben kann oder man nicht eher von mehreren, sich gegenseitig ausschließenden Wahrheiten auch innerhalb der Erziehungswissenschaft(en?) ausgehen müsse (vgl. Thole & Vogel 2022). Im Zuge dieser Debatten, die ihren Ursprung nicht zuletzt in sehr unterschiedlichen theoretischen Paradigmen[3] haben, wird jedoch leicht übersehen, dass Sprache eben nicht nur erkenntnisformierend, sondern auch wirklichkeitskonstituierend wirkt. Entsprechend adressieren die neuen Begriffe in bildungspolitischen Programmen (Bildungspläne), Bildungs- und Erziehungsnormen (Vielfalt, Nachhaltigkeit, Gesundheit) sowie in Leitlinien unterrichtsbezogener Konzepte (selbstgesteuertes Lernen, Individualisierung) Individuum und Gesellschaft in spezifischer Weise. Es ist das Anliegen des vorliegenden Bandes, solche Adressierungen als »Programme des Regierens« zu identifizieren und zu beschreiben, die mit Bröckling, Krasmann & Lemke (2013b) in ihrer Funktion dahingehend bestimmt werden können, dass sie Probleme definieren, in einer bestimmten Weise rahmen und Wege zu ihrer Lösung vorschlagen (vgl. ebd., S. 12).

Der Begriff des Regierens wird dabei im Anschluss an den französischen Philosophen Michel Foucault verwendet, der mit diesem Ausdruck eine über den Staat hinausgehende und ihn zugleich unterlaufende Sphäre der Machtausübung bezeichnet, die in der Peripherie des Politischen angesiedelt ist (vgl. Foucault 2014, S. 29 f.). In diesem Sinne kann auch die Pädagogik als eine Regierungskunst

---

3 Vgl. hierzu die umfassende Darstellung der Theorien in den Bildungswissenschaften von Dammer (2022).

und die Bildungspolitik als »Kunst der Steuerung der pädagogischen Steuerung« aufgefasst werden (Dzierbicka & Schirlbauer 2008b, S. 11). Im Unterschied zum Begriff der Ideologie, welcher in einem allgemeinen Verständnis letztlich auf die Entgegensetzung von wahr und falsch hinausläuft, widmet sich Foucault den Produktionsmechanismen von Wahrheit und Wissen. Daraus lässt sich folgern, dass man Politik und Wissen gerade nicht einander gegenüberzustellen, sondern ein »politisches Wissen« in den Blick zu nehmen habe (vgl. Bröckling, Krasmann & Lemke 2013b, S. 10).

Dieses Ansinnen ist auch das verbindende Motiv der im vorliegenden Band versammelten Beiträge, die in ihrer jeweils thematischen und konzeptionellen Verschiedenheit als Suchbewegung in den diskursiven Verschränkungen von (gesellschafts-)politischem und pädagogischem Wissen zu lesen sind, im Zuge derer nach den Bedingungen und Möglichkeiten des Gesagten, mit anderen Worten: nach den Ursprüngen und Verwendungsweisen des pädagogischen Neusprechs gefragt wird.

Mit Foucault kann dieses Vorhaben in einem weiteren Sinne auch als Diskursanalyse[4] verstanden werden. Ein Diskurs konstituiert sich, dem Philosophen folgend, über die Gesamtheit der Praktiken, die vermittels des Sprechens über die Dinge diese allererst bilden (vgl. Foucault 2013, S. 74). Etwas konkreter gefasst folgt daraus, dass sich Diskurse über regelhaft auftretende sprachliche Strukturen (Zeichenordnung) in Verbindung mit dem situativen Gebrauch dieser Strukturen (Zeichenpraxis) identifizieren und beschreiben lassen (vgl. Fegter u. a. 2015, S. 13 f.). Anzumerken ist dabei, dass Diskurse in diesem Verständnis jedoch keine präexistenten Gebilde, sondern stets künstliche Setzungen sind, insofern sie

---

4 An dieser Stelle muss angemerkt werden, dass man im Anschluss an die Arbeiten Foucaults nicht von »der« Diskursanalyse sprechen kann. Vielmehr handelt es sich dabei um eine forschungsmethod(olog)ische Klammer, die sowohl linguistische, historische (archäologische), kulturalistische, wissenssoziologische und (macht)kritische Zugänge einschließt (für einen Überblick vgl. Keller 2011).

in der Analyse überhaupt erst hergestellt werden. Die Beiträge in diesem Band nehmen solche Setzungen notwendig vor, um jene wirklichkeitskonstituierenden Vorgänge, nicht etwa wie in Orwells Roman auf eine einzige manipulierende Institution zurückzuführen, sondern um die, den jeweiligen Neusprech-Begriffen zugrundeliegenden Quellen, Kontexte und Logiken aufzuspüren.

Ungeachtet ihrer unterschiedlichen Perspektiven auf das jeweilige Thema, werden die hier verhandelten Begriffe in diesem Sinne als sprachliche Instrumente nicht nur zur Beschreibung der Realität, sondern auch als performative Werkzeuge zu ihrer Gestaltung analysiert. Mit Blick auf die pädagogischen Konsequenzen tritt dabei zutage, was (neu) thematisiert, was aber auch zugleich verschwiegen bzw. im Sinne Orwells dem Vergessen anheimgegeben wird.

Dies betrifft längst nicht nur wissenschaftliche Expertenkreise, sondern begegnet den Menschen auch außerhalb pädagogischer Handlungsfelder mit zunehmender Selbstverständlichkeit. Denn viele der hier zusammengetragenen Neusprech-Vokabeln sind, was ein Blick auf ihre steigenden Verlaufskurven[5] bestätigt, längst in der Alltagssprache angekommen: Baumärkte werben mit »Holzkompetenz«; (nicht nur) Unternehmen wird mit Regal(kilo)metern an *Resilienz*-Büchern Krisenfestigkeit in Aussicht gestellt, *Vielfalt* soll auch in Kinderbüchern vermittelt werden; Managements sollen *achtsam* sein und *individualisierte* Tassen sind noch immer ein Verkaufshit. Die Liste ließe sich beliebig fortsetzen. Gleichzeitig wuchern diese Begriffe in theoriebasierten Analysen, empirischen Studien, Praxisbüchern, Schulprofilen sowie Tagungs- und Seminarthemen.

Vor dem Hintergrund dieser Streubreite laden die Autorinnen und Autoren dieses Bandes mit offenen Schreibstilen dazu ein, sich

---

5 Das Digitale Wörterbuch der deutschen Sprache (DWDS) dokumentiert auch die Worthäufigkeit eines Eintrags im Laufe der Zeit, die sodann in sog. Verlaufskurven abgebildet wird. Es lohnt sich, (nicht nur) die hier zusammengestellten Begriffe einmal einzugeben: https://www.dwds.de.

mit diesen Neusprech-Vokabeln aus unterschiedlichen disziplinären und theoretischen Blickwinkeln auseinanderzusetzen. Daher weichen einige Texte in diesem Band von konventionellen wissenschaftlichen Darstellungsweisen ab, indem sie z. B. auf minutiöse Literaturbelege verzichten, essayistische Stilistiken einsetzen oder mit gezielten Zuspitzungen und alternativen Textstrukturen spielen, während andere den Konventionen des wissenschaftlichen Schreibens treu bleiben. Zu dieser stilistischen Freiheit gehört auch, dass die Autorinnen und Autoren selbst entscheiden, welche Formen des gendergerechten Schreibens sie verwenden.

Die so entstandenen zehn Texte wurden nach zwei übergeordneten Aspekten strukturiert, deren erster mit »Individualisierung«, »Selbststeuerung«, »Kompetenz«, »Gendergerechtes Sprechen«, »Resonanz« und »Achtsamkeit« Begriffe betrifft, in denen ein neuer normativer Blick auf das Individuum zutage tritt, während im zweiten Teil Begriffe mit gesamtgesellschaftlichem Wirkungsanspruch behandelt werden, nämlich »Vielfalt«, »Resilienz«, »Nachhaltigkeit« und »Evidenzbasierung«. Den geneigten Leserinnen und Lesern werden dabei die vielfältigen Bezüge, die zwischen den Begriffen bestehen, nicht entgehen.

Ein neuer Blick auf das Individuum

Individualisierung

Im alltäglichen Sprachgebrauch sind »Individuum« und »Individualisierung« in der Regel positiv besetzte Begriffe, deren doppelte Ambivalenz selten gesehen wird: Von ihrer begrifflichen Funktion können sie sowohl deskriptiv als auch normativ verwendet werden und ihrem Gehalt nach implizieren sie sowohl Entfaltungsmöglichkeiten als auch Zwänge. Karl-Heinz Dammer geht in seinem Artikel zunächst dem Ursprung dieser Ambivalenzen nach und zeigt, dass und warum Individuum und Gesellschaft unauflöslich miteinander verbunden sind, weswegen es theoretisch wie politisch fragwürdig ist, die Ambivalenz zu der einen oder anderen Seite hin aufzulösen. Genau dies geschieht aber im gegenwärtigen Individualisierungsdiskurs, und zwar zur Seite des Zwangs und der Normativität hin.

Auf dieser Grundlage zeigt Dammer, wie mit der »neuen Lernkultur« auch ein neues Menschenbild Eingang in die Schule findet, in der nun das »selbstgesteuerte Lernen« den verpönten »Frontalunterricht« und der »Coach« die Pädagogin ersetzen soll. Die neoliberale Grundierung dieses Konzepts wird offengelegt und am Schluss die Frage diskutiert, warum es, obwohl traditionelle pädagogische Kategorien in ihm kaum noch eine Rolle spielen, dennoch in Pädagogenkreisen Anklang findet.

Selbststeuerung

Die in dem vorangegangenen Beitrag bereits als wesentliche Strategie der (Zwangs-)Individualisierung eingeführte Selbststeuerung wird von Matthias Burchardt eingehender hinsichtlich ihrer Ursprünge und Konsequenzen für die Erziehung und das der Selbststeuerung zugrundeliegende Menschenbild untersucht. »Selbststeuerung« ist ein Kernbegriff der Kybernetik; jener Grundlage »denkender« Maschinen, die auf der Basis von Sollwerten und einer entsprechenden Programmierung in der Lage sind, ihre Steuerungsaufgaben ohne weitere Eingriffe von außen zu erfüllen. Burchardt zeigt, wie sich dieses Prinzip in der »neuen Lernkultur« niedergeschlagen hat und wie sich dadurch nicht nur das Lernen als genuin menschliche Verstandestätigkeit, sondern auch das Verhältnis von Lehrenden und Lernenden als einer personal bestimmten Beziehung hin zu einem »Technomorphismus« verschiebt, der den pädagogischen Kern des Lehrens überlagert. Der Beitrag wirft in diesem Zusammenhang die Frage auf, welcher Ort in einem technisch fundierten Transhumanismus noch für die Idee des Menschen als eines offenen, unbestimmten Wesens und damit für die Grundlage für Erziehung und Bildung bleibt.

Kompetenz

»Kompetenz« ist der von allen Neusprech-Begriffen wohl am häufigsten verwendete, was u. a. an seiner beliebigen semantischen Kombinierbarkeit von der »Achtsamkeits-« bis zur »Zweigeltkompetenz« liegt. Dementsprechend kann er in nahezu jedem denkbaren Diskurs auftauchen, in dem es um menschliche Fähigkeiten geht.

Der Beitrag geht zunächst den möglichen Gründen für den mit der PISA-Studie einsetzenden Kompetenz-Hype nach, bevor im Rückblick auf die Geschichte des Begriffs und seine Verwendung in verschiedenen wissenschaftlichen Disziplinen gezeigt wird, dass er in sehr unterschiedlicher Weise verstanden werden kann. Dies kontrastiert Dammer mit einer Analyse der F. E. Weinert zugeschriebenen Kompetenzdefinition und ihrer politisch-ideologischen Kontextualisierung, im Zuge dessen der heute dominante Kompetenzbegriff eine folgenreiche Einschränkung dieser Bedeutungsfülle mit sich bringt.

Um den Kompetenzbegriff seiner semantischen Kolonialisierung und damit problematischen Einengung zu entreißen, werden abschließend einige Überlegungen zu den Schwierigkeiten einer genauen Begriffsbestimmung und damit auch zu den Merkmalen eines Kompetenzbegriffs angestellt, der sich nicht im Ideal des sein Humankapital optimierenden Selbstmanagers erschöpft.

Geschlechtergerechtes Sprechen

Monika Barz' Beitrag zum »Geschlechtergerechten Sprechen« ist eine Kritik im ursprünglichen, vollen Sinne des Wortes, nämlich ein durch eine differenzierte Analyse des Gegenstandes begründetes sachliches wie politisches Urteil. Die für Außenstehende verwirrende Vielfalt sich überkreuzender, z. T. bekämpfender Diskurse, die sich entgegen ihrer Lautstärke jeweils als partikulare Minderheitenpositionen erweisen, werden hier sortiert, analysiert und hinsichtlich ihrer politischen Implikationen bewertet. Deutlich wird dabei durchweg die, trotz ihrer relativen Marginalität, performative Kraft dieser Diskurse, also ihr Vermögen, über eine Beeinflussung des öffentlichen Bewusstseins die Wahrnehmung der Realität zu verändern und entsprechendes Handeln zu initiieren.

Um die komplexen Zusammenhänge transparent zu machen, argumentiert Barz auf mehreren Ebenen: der biologischen Sachebene, derzufolge die Rede von einem dritten oder gar einer Vielzahl von Geschlechtern unsinnig ist, der semantischen, indem sie die (wie sich zeigt z.T. sehr deutsche) Problematik der verschiedenen Schreib- und Sprechvarianten mit ihren jeweiligen Implikationen untersucht, der diskursiven, die die Ursprünge und Interessen der jeweiligen Diskurse erhellt, und der politischen, auf der normative Wirkung der Diskurse erkennbar wird. Im Hintergrund steht dabei immer die Frage, welche Auswirkungen die Genderdebatte auf die betroffenen Personenkreise hat und wie z.T. unreflektiert damit in der Pädagogik umgegangen wird. Bei alldem geht es Barz nicht darum, die Forderung nach gendergerechtem Sprechen in Zweifel zu ziehen, sondern den Unterschied zwischen dahingehenden Bemühungen und der teilweise dogmatisch unterfütterten Gender-(stern)debatte aufzuzeigen.

Resonanz

»Resonanz« kann hier als jüngster Neusprech-Begriff gelten, der erst mit der gleichnamigen Studie Hartmut Rosas (2016), dann allerdings umso schneller, prominent wurde; auch in der Pädagogik, die umgehend ihr nicht kleines Repertoire an Bindestrich-Varianten um eine weitere ergänzte und die »Resonanzpädagogik« ins Leben rief.

Anne Kirschner nähert sich diesem Begriff auf ungewöhnliche Weise gleichsam via negationis, indem sie im Laufe ihrer Überlegungen eine anfangs zitierte Szene aus dem Unterrichtsalltag Stück für Stück auf seine ihm fehlende Resonanz hin untersucht. Der Akzent der Untersuchung liegt dabei auf der Funktion von Metaphern für das Sprechen über Pädagogik, die zumal dann lohnt, wenn, wie hier, ein physikalischer Begriff nicht nur zur Beschreibung, sondern mehr noch zur normativen Orientierung pädagogischer Beziehungen dienen soll. Auch wenn dies auf den ersten Blick naheliegen mag, scheint doch »Resonanz« in einem einzigen prägnanten Bild auf den Punkt zu bringen, worum es in der Gestaltung pädagogischer Beziehungen geht.

Kirschner kann indes zeigen, dass die vermeintliche Prägnanz mit einigen Verkürzungen und Vereinseitigungen des stets sich durch Widersprüche lavierenden Erziehungsgeschäfts erkauft wird.

Achtsamkeit

Der letzte Beitrag zu den individuumsbezogenen Neusprech-Begriffen ist der »Achtsamkeit« gewidmet. Er wurde bewusst ans Ende des ersten Teils gesetzt, weil sich hier gleichsam der Kreis zur Selbststeuerung schließt, auch wenn »Achtsamkeit« zunächst als das seelisch-verinnerlichte Gegenteil der technisch-kybernetisch motivierten Selbststeuerung erscheinen mag.

Hans-Bernhard Petermann erschließt diesen Begriff im Stil eines philosophiegeschichtlichen Wörterbucheintrags aus einer philosophisch-existentiellen Perspektive, indem er die antike Frage nach dem guten Leben, als deren Antwort »Achtsamkeit« heute auftritt, ins Zentrum seiner Überlegungen stellt. Die Vielzahl der Initiativen, Projekte und Ratgeber zu dem Thema zeigen, wie Petermann einleitend feststellt, dass der Begriff Hochkonjunktur hat, die Frage nach dem richtigen »Lifestyle« also viele Menschen umtreibt. Petermann erhellt aber in seinem Beitrag Schritt für Schritt, dass die Antwort darauf wesentlich komplexer ist, als der Achtsamkeitsdiskurs es suggeriert.

Entsprechende Verkürzungen des Achtsamkeitskonzepts erkennt Petermann, wo er dessen buddhistischen, abendländischen, v. a. moralphilosophischen Wurzeln nachgeht, was naheliegt, da Achtsamkeit sich als Tugend ausgibt.

Im Anschluss an die kenntnisreichen Exkurse der philosophischen Begriffsbildung werden die Konsequenzen dieser Befunde für die Pädagogik angesprochen, insbesondere für Bildung und

Schule. Dem Gerede von einer unerlässlichen »Schlüsselkompetenz« zur gezielten Herstellung von Glück, das inzwischen auch Eingang in Bildungspläne gefunden hat, stellt Petermann eine Idee von Bildung gegenüber, die sich im Bewusstsein der widerständigen Welt dem »Drama menschlicher Möglichkeiten von Freiheit und Verantwortung« stellt.

Ein neuer Blick auf die Gesellschaft

Vielfalt

Der Teil zu den gesellschaftsbezogenen Neusprech-Begriffen wird mit deren wohl prominentestem, der »Vielfalt«, eröffnet, der zugleich auch am schwierigsten zu fassen ist, denn es kursieren parallel neben »Vielfalt« auch die Begriffe »Diversität«, »Heterogenität« und »Intersektionalität«, die nicht nur unterschiedliche theoretische Ursprünge haben, sondern z. T. entgegengesetzte Ziele verfolgen. Insofern gibt es nicht einen Vielfaltsdiskurs, sondern mehrere sich überkreuzende und teilweise bekämpfende.

Florian Wobser ist es gelungen, diesen gordischen Knoten zu durchtrennen, indem er dem Leser und der Leserin die umfangreiche Darstellung dieser Diskurse erspart und direkt die allen innewohnende zentrale Problematik zum Thema macht, nämlich die eines theoretisch begründeten und politisch vertretbaren Verhältnisses von Besonderem und Allgemeinem, hier konkret zwischen Individuen bzw. Gruppen von Individuen mit besonderen Merkmalen und dem gesellschaftlichen Ganzen.

Fokussiert man das Problem in dieser Weise, so kristallisieren sich zwei entgegengesetzte Argumentationsmuster heraus, nämlich einerseits das Beharren auf der Nichtidentität des Individuums (wörtlich das Unteilbare) mit der Gesellschaft und andererseits eine harmonistische Sichtweise, die das Individuum in seiner Einzigartigkeit reibungslos in eine als solche unbestimmt bleibende Vielfalt der Gesellschaft integrieren will, ohne nach den homogenisierenden Kräften zu fragen, dank derer die Gesellschaft mehr ist als eine Ansammlung von Vereinzelten und denen das Individuum zwangsläufig ausgesetzt ist.

Wobser verdeutlicht dieses Spannungsverhältnis mit Szenen aus dem universitären Alltag, in denen ein harmonistisches Vielfaltskonzept sich in seine Widersprüche verstrickt bzw. als bloß normativer Appell an Pädagogen verhallt.

Resilienz

Resilienz, die ursprünglich eine ausgeprägte psychische Widerstandskraft bezeichnet, wäre diesem Verständnis nach eher dem ersten Teil des Bandes zuzuordnen gewesen. Da der Begriff aber inzwischen auch auf Kollektive, Organisationen und sogar die Gesellschaft als Ganze ausgedehnt und dadurch in besonderer Weise diskursmächtig wird, taucht er erst in diesem Teil auf.

Der Titel von Anne Kirschners Beitrag »Resilienz. Macht. Bildung« bringt in seiner Mehrdeutigkeit das Thema auf den Punkt. Zum einen geht es darum zu klären, inwieweit diese drei Begriffe miteinander verschränkt sind, zum anderen lässt sich die Fügung auch als Frage verstehen: Ist Resilienz inzwischen ein wesentliches Ingrediens von Bildung und was bedeutet das für den Bildungsbegriff?

Der Titel strukturiert sogleich den Text. So gibt die Autorin im ersten Teil einen Überblick über die unterschiedlichen Verwendungsweisen der Resilienz auch in der Pädagogik und zeigt u. a., dass der Begriff als ein ressourcenorientiertes Konzept präsentiert wird, das zwar notwendig in Bedrohungsszenarien (Krisen) fundiert ist, aber zugleich deren Überwindung in Aussicht stellt.

Den zweiten Teil ihres Beitrags widmet Kirschner einer genauen Diskursanalyse dieser Lesart von Resilienz, indem sie auf Foucaults Verständnis von Macht und seine diesbezüglichen Studien zur Biopolitik und Gouvernementalität zurückgreift.

Ausgehend von dieser theoretischen Basis unterzieht die Autorin das Gutachten des »Aktionsrats Bildung« zum Verhältnis von Bildung und Resilienz einer genauen Analyse und erkennt darin einen durch Bildung vermittelten Zuschnitt der Resilienz auf eine (auch) organisationsbezogene Krisenbewältigungsfähigkeit hin. Im Bildungssektor findet dies seinen Ausdruck in der Propagierung lebenslangen Lernens als Anpassung an sich stets wandelnde gesellschaftliche Verhältnisse, was, so das Gutachten, schulisch am besten durch die digitale Flexibilisierung des Unterrichts und Lehrkräfte als zugeschaltete Lernprozessbegleiter zu verwirklichen sei, also durch die »neue Lernkultur«[6]. Auf diese Weise wird Bildung, so Kirschner abschließend, rein funktional auf eine bloße Bewältigungsstrategie für das Überleben in schweren Zeiten umgedeutet und von emanzipativen Potenzialen abgekoppelt.

Nachhaltigkeit

Der Klimawandel, der Jahr für Jahr deutlicher die bereits 1973 vom Club of Rome festgestellten Grenzen des Wachstums vor Augen führt, hat einen vorher nur in Fachkreisen bekannten Begriff populär gemacht, den der »Nachhaltigkeit«. Da ein solches Schlüsselproblem der Gesellschaft (Klafki) nicht spurlos an den Bildungsinstitutionen vorbeigehen konnte, tauchte bald darauf auch das Konzept einer »Bildung für nachhaltige Entwicklung« auf, dem sich der Beitrag von Thomas Vogel widmet, indem er zunächst die Herkunft und Konzeptionalisierung des Begriffs »Nachhaltigkeit« als »ideological masterframe« der Umweltdebatte darstellt. Dabei gelangt er zu dem kritischen Befund, dass der dominante Diskurs zur Nachhaltigkeit zwar zwischen Ökologie und Ökonomie zu vermitteln verspricht, sich faktisch aber für Partikularinteressen instrumentalisieren und insofern auch in einen ökonomischen Verwertungsrahmen integrieren lässt.

Aus seinen Überlegungen leitet Vogel die bildungstheoretische Konsequenz ab, dass es angesichts der fundamentalen Krise im Verhältnis von Natur und Mensch nicht primär um eine »Bildung für nachhaltige Entwicklung« gehen könne, die auf ein problembe-

---

6 Vgl. hierzu auch die Beiträge von Dammer und Burchardt.

wussteres Konsumentenverhalten zielt, sondern um eine »naturgemäße Bildung«, die in ihrem Anspruch fundamentaler ansetzt und auch die sozioökonomischen Bedingungen der Krise mit einbezieht.

Evidenzbasierung

»Evidenzbasierung« ist der einzige unter den hier behandelten Neusprech-Begriffen, der als solcher nur in einem spezifischen gesellschaftlichen Diskurs verwendet wird, nämlich dem der Wissenschaft, da die damit verbundene Praxis letztlich aber gesamtgesellschaftliche Auswirkungen hat, wurde er mit in den Band aufgenommen.

In ihrem Beitrag klärt Sieglinde Jornitz zunächst einen Irrtum auf, der sich aus der unreflektierten Übernahme des Begriffs »evidence« bzw »evidence-based« aus dem Englischen ergibt: Während im Deutschen »Evidenz« das unmittelbar vor Augen Stehende bezeichnet, ist »evidence« mit »Beweis« zu übersetzen, der auf unterschiedliche Weise geführt werden kann. »Evidenzbasiert« in diesem Sinne ist die auf naturwissenschaftlich gewonnenen Erkenntnissen beruhende Medizin, aus der der Begriff in andere Wissenschaften, u. a. die empirische Bildungsforschung, übertragen wurde, wo er indes Probleme aufwirft, die Jornitz sowohl systematisch als auch an einem prägnanten Beispiel näher analysiert.

Jornitz dekonstruiert den Anspruch evidenzbasierter Forschung auf wahre objektive Erkenntnis mit einem Beispiel aus der empirischen Bildungsforschung über den Zusammenhang von Klassengröße und Lernleistungen, das deutlich zeigt, dass und warum die behauptete Evidenz im Bereich der Sozialforschung Illusion bleiben muss. Das entscheidende Dilemma besteht darin, dass die empirische Bildungsforschung nur Korrelationen, aber keine Kausalitäten ermitteln kann, auf die es aber ankäme, wenn man daraus eindeutige Schlüsse für politisches Handeln ableiten wollte.

Literatur

Bröckling, U., Krasmann, S. & Lemke, T. (Hrsg.) (2013a): Glossar der Gegenwart (5. Auflage). Frankfurt a. M.: Suhrkamp.
Bröckling, U., Krasmann, S. & Lemke, T. (2013b): Einleitung (5. Auflage). In: dies. (Hrsg.), Glossar der Gegenwart (5. Auflage) (S. 9-16). Frankfurt a. M.: Suhrkamp.
Dammer, K.- H. (2022): Theorien in den Bildungswissenschaften. Opladen, Toronto: Budrich.
Dzierbicka, A. & Schirlbauer, A. (Hrsg.) (2008a): Pädagogisches Glossar der Gegenwart. Von Autonomie bis Zertifizierung (2. Auflage). Wien: Löcker.
Dzierbicka, A., Schirlbauer, A. (2008b): Einleitende Bemerkungen. In: dies. (Hrsg.), Pädagogisches Glossar der Gegenwart. Von Autonomie bis Zertifizierung (S. 10- 12). Wien: Löcker.
Fegter, S. u. a. (2015): Erziehungswissenschaftliche Diskursforschung. Theorien, Methodologien, Gegenstandskonstruktionen. In S. Fegter u. a. (Hrsg.), Erziehungswissenschaftliche Diskursforschung. Empirische Analysen zu Bildungs- und Erziehungsverhältnissen (S. 9-55). Wiesbaden: Springer.
Feldmann, M. u. a. (2022): Schlüsselbegriffe der Allgemeinen Erziehungswissenschaft. Pädagogisches Vokabular in Bewegung. Weinheim, Basel: Beltz.
Fleck, L. (1980): Entstehung und Entwicklung einer wissenschaftlichen Tatsache. Frankfurt a. M.: Suhrkamp.
Foucault, M. (2013): Archäologie des Wissens. Frankfurt a. M.: Suhrkamp.
Foucault, M. (2014): Die Regierung der Lebenden. Vorlesungen am College de France 1979-1980 (hg. v. François Ewald, Alessandro Fontana u. Michel Senellart). Berlin: Suhrkamp.
Herbart, J. F. (1982): Pädagogische Schriften (hrsg. v. W. Asmus) (Bd. 2). Stuttgart: Klett.
Keller, R. (2011): Diskursforschung. Eine Einführung für SozialwissenschaftlerInnen. Wiesbaden: VS Verlag.
König, E. (1999): Gibt es einheimische Begriffe in der Erziehungswissenschaft? Pädagogische Rundschau, 53, (1), 29–42.
Orwell, G. (2017): 1984 (43. Auflage). Berlin: Ullstein. [ED 1949]
Rieger-Ladich, M. u. a. (2022): Im Begriff, sich zu verändern. Zur Einleitung in das pädagogische Vokabular. In: M. Feldmann u. a. (Hrsg.), Schlüsselbegriffe der Allgemeinen Erziehungswissenschaft. Pädagogisches Vokabular in Bewegung (S. 7–14). Weinheim, Basel: Beltz.

Terhart, E. (1999): Sprache der Erziehungswissenschaft. Einführung in den Thementeil. Zeitschrift für Pädagogik, 45, (2), 155–159.

Thole, F. & Vogel, K. (2022): Sprache, Wahrheit und Wissenschaft oder: Vom Unabomber zur Sprachforensik zu Ludwig Fleck. Online verfügbar unter: http://netzwerk-ew.uni-goettingen.de/programm/, Zugriff am 12. 08. 2022.

Ein neuer Blick auf das Individuum

Individualisierung

Karl-Heinz Dammer

1   Fallstricke der Individualität

Beim Begriff »Individualität« stellen sich, zumindest in unserem Kulturkreis, in der Regel positive Konnotationen wie »einmalig«, »unverwechselbar«, »originell«, »eigensinnig« etc. ein. Gibt man bei Google die Begriffe »Individuum« und »einzigartig« ein, so stößt man auf eine Fülle von Sinnsprüchen der Art: »Sei einzigartig«, »Sei immer du selbst« oder, wie an dem Stand eines Geschenkartikelladens, den ich in einer kleinstädtischen Fußgängerzone entdeckte:

Abb. 1: Individualität (eigenes Archivbild)

Im Gegensatz zu den spontanen Konnotationen hinterlassen die zitierten Sinnsprüche einen zwiespältigen Eindruck: Die Sehnsucht nach Individualität ist offenbar ein Massenphänomen; man kann in dem abgebildeten Geschenkeartikelladen zwar eine durch den eigenen Vornamen individualisierte Tasse erwerben, von »Abbigail« bis »Zyprian« sind wir aber alle putzige Robben und insofern keineswegs »etwas ganz Besonderes«. Außerdem scheinen wir bei der Suche nach Individualität einem gewissen Druck zu unterliegen, sonst bräuchte man uns nicht imperativisch anzusprechen (»Sei einzigartig«). Wir mögen zwar alle mit einzigartigen Anlagen auf die Welt kommen, dies reicht aber offenkundig nicht, um gesellschaftlich als Individuum adressiert zu werden. Individuum werden wir erst, wenn wir uns selbst dazu machen; nur unter dieser Voraussetzung ist es überhaupt sinnvoll, von »Individualisierung« zu sprechen. Warum aber dieser Zwang?

Einen wesentlichen Grund dafür offenbart folgender Buchtitel: »Sei einzigartig! Wie Sie als Jungunternehmer erfolgreich werden.«[1] Warum der Unternehmer einzigartig sein muss, ist nicht schwer zu erraten, denn nur mit originellen Ideen und deren Umsetzung in Produkte kann er auf dem Markt gegen die anderen einzigartigen Unternehmer bestehen, und diese Originalität muss er auch in seiner Person repräsentieren, woraus folgt, dass letztlich die Marktgesetze darüber bestimmen, wie Individualität zu inszenieren ist. Dies gilt nicht nur für den Unternehmer, sondern letztlich mehr oder minder für alle Menschen, die sich mit ihrem individuellen Profil auf dem Arbeitsmarkt behaupten müssen. Wer nicht besonders ist, erhöht sein Risiko, ausgesondert zu werden.

Diese Form der Individualisierung hat freilich ihren Preis, den der französische Soziologe Alain Ehrenberg in seinem Buch »Das erschöpfte Selbst« beschreibt: Der Zwang zur individuellen Selbstbestimmung überfordert uns langfristig und ist eine der wesentlichen Ursachen für die Zunahme von Depressionen (Ehrenberg 2004).

Wir sehen also: Individualität und Individualisierung sind offenbar vertrackter, als die vordergründige Emphase es erscheinen lässt, weswegen es sinnvoll ist, einmal genauer nachzufragen, was heute, vor allem im Kontext von Schule und Lernen, mit »Individualisierung« gemeint ist und bezweckt wird. Dazu gilt es zunächst, den Begriff »Individuum« und dessen Verhältnis zur Gesellschaft näher zu bestimmen, bevor die schulischen Konsequenzen der Individualisierung zur Sprache kommen. Ihr liegt ein Verständnis von Individualität zugrunde, das sowohl aus den theoretischen Debatten des ausgehenden 20. Jahrhunderts sowie aus der sozioökonomischen Entwicklung seit Ende der 1970er Jahre resultiert, die kurz dargestellt werden sollen, bevor wir uns der sog. »neuen Lernkultur« zuwenden, deren erklärtes Ziel die Individualisierung von Lernenden ist. Abschließend werden im Rahmen einer kurzen Ideolo-

---

1 https://www.amazon.de/Sei-einzigartig-erfolgreich-Kleinunternehmer-Wir tschaft-ebook/dp/B075GPVXHF.

giekritik einige hypothetische Antworten auf die Frage formuliert, warum die neue Lernkultur so viele Anhänger findet.

2 Zum Verhältnis von Individuum und Gesellschaft

Der Begriff »Individuum« ist in der Philosophie seit der Antike geläufig und bezeichnete bis ins 18. Jahrhundert hinein ganz allgemein etwas Vereinzeltes, Besonderes, das in seiner konkreten Erscheinung einmalig und dadurch von anderen Erscheinungen zu unterscheiden ist. Als solches ist das Individuum unteilbar (»in-dividuus«); sobald man einen Teil oder eine Eigenschaft davon wegnimmt, verliert es seine spezifische Gestalt bzw. seinen unverwechselbaren Charakter. Aus diesem Grund lässt es sich auch nicht vollständig beschreiben, da dies auf eine Aneinanderreihung von Attributen und damit auf Kategorisierungen hinauslaufen würde, die von der nur ganzheitlich zu fassenden Besonderheit abstrahieren würden. Weil sich das Individuum diesem Zugriff entzieht, gilt in der Philosophie der Satz: »Individuum est ineffabile«, das Individuum ist nicht (in Begriffen) zu fassen, es ist unsagbar. Diesem grundsätzlichen philosophischen Verständnis nach sind mit dem Begriff keinerlei Wertungen verbunden, auch nicht bei der »Einmaligkeit«, die nur kategoriell den Wesensunterschied des Besonderen gegenüber dem Allgemeinen bezeichnet.

Erst seit der Aufklärung wird der Begriff »Individuum« verstärkt nur noch auf den Menschen bezogen und damit, im Gegensatz zum vorherigen Begriffsverständnis, in mehrerlei Hinsicht mit normativen Vorstellungen aufgeladen.

- *Moralisch:* Das autonome Subjekt, das frei und eigenverantwortlich, d.h. ohne Rückgriff auf metaphysische oder weltliche

Rechtfertigungsinstanzen, allein aus seiner Vernunft heraus ethisch richtige Entscheidungen treffen kann.
- *Bildungstheoretisch:* Der Mensch, der seine Individualität aus sich heraus in Auseinandersetzung mit der Welt formt und dadurch zum Subjekt, verstanden als Urheber seiner selbst, wird.
- *Politisch:* Der mündige Bürger, der zur Beurteilung öffentlicher Angelegenheiten von seinem eigenen Verstand Gebrauch macht und sich mit anderen darüber austauscht.
- *Ökonomisch:* Der Mensch als Eigentümer von Fähigkeiten und Privatbesitz, über die er frei verfügen kann, um sein materielles Überleben selbständig zu sichern, was dann zur Grundlage des Kapitalismus wurde. Eng mit diesem verbunden war die
- *Anthropologische* Bestimmung des Menschen als eines Einzelwesens, das egoistisch auf die Verfolgung und Durchsetzung seiner Interessen fokussiert sei. Aus den drei letztgenannten Aspekten resultierte dann auch die
- *Gesellschaftliche* Definition des Individuums als Träger spezifischer Eigenschaften, die es befähigen, bestimmte Leistungen für die Gesellschaft zu erbringen.

Die Ausdifferenzierung des Konzepts verdeutlicht, dass die »Erfindung des Individuums«, wie ich es hier einmal nennen möchte, zwar eine bis dahin undenkbare Freisetzung des einzelnen Menschen bedeutete, aber auch mit hohen normativen Erwartungen an ihn verbunden war, die ihm nicht mehr die Wahl ließen, sich anders zu verstehen, denn als Individuum.

Damit wurde die Frage akut, in welcher Beziehung das Individuum unter diesen neuen Bedingungen zur Gesellschaft stehen sollte. Ohne auf die unterschiedlichen Erklärungsansätze im Detail einzugehen, kann man feststellen, dass die meisten Philosophen, die sich mit dieser Frage auseinandersetzten, sei es Kant, Fichte, Humboldt, Hegel oder Marx, stets davon ausgingen, dass Individuum und Gesellschaft notwendig miteinander vermittelt sind, das eine also nicht ohne das andere denkbar ist. Wie man sich dies konkret vorstellen kann, hat Norbert Elias in seinem Aufsatz »Die

Gesellschaft der Individuen« genauer zu fassen versucht. Sein Grundgedanke ist, dass das Ganze mehr ist als die Summe seiner Teile, dass man sich also die Gesellschaft nicht als eine Ansammlung vereinzelter Menschen vorzustellen hat, sondern als ein komplexes Geflecht von Beziehungen, das diese Menschen untereinander herstellen und das einer eigenen Dynamik folgt, die weder aus dem Handeln und den Absichten der Einzelnen noch aus einer übergeordneten Gesetzmäßigkeit ableitbar ist. Dieses Geflecht kann sich zwar verändern, die Veränderungen sind aber nicht planbar. Die Verflechtung ist allerdings nicht nur etwas, das das Individuum als Begrenzung seiner Freiheit hinnehmen muss, sondern auf das es auch existentiell angewiesen ist, denn »nur in der Gesellschaft wird aus dem Kind mit seinen bildsamen und relativ undifferenzierten psychischen Funktionen ein differenziertes Wesen« (Elias 1987, S. 40). Elias benutzt in diesem Zusammenhang auch den Begriff der »Selbststeuerung«, der in der neuen Lernkultur, von der unten noch die Rede sein soll, eine tragende Bedeutung hat, und führt dazu aus: »So gewiß jeder Mensch ein Ganzes für sich ist, das sich selbst steuert und das niemand zu steuern vermag, wenn es sich nicht selbst steuert, so gewiß ist zugleich die ganze Gestalt seiner Selbststeuerung, der bewußteren wie der unbewußteren, ein Verflechtungsprodukt, nämlich herangebildet in einem kontinuierlichen Hin und Her von Beziehungen zu anderen Menschen« (ebd., S. 47). So kommt er zu dem Schluss, dass, entgegen einer landläufigen Auffassung, »die Gesellschaft nicht nur das Gleichmachende und Typisierende, sondern auch das Individualisierende [ist]« (ebd., S. 90).

Vor dem Hintergrund dieser Überlegungen wird klar, dass all jene irren, die meinen, dass Gesellschaft nur ausgehend vom willkürlichen rationalen Handeln der Individuen zu verstehen ist, dass es also keine übergeordneten, die Individuen verbindende Zusammenhänge gibt. Auf dieser falschen Prämisse beruht nicht nur das wirtschaftswissenschaftliche Konstrukt des *homo oeconomicus*, also des Menschen, dessen Handeln sich in rational begründeten ökonomischen Entscheidungen zur Befriedigung seiner Wünsche erschöpft, sondern auch der Neoliberalismus, der die radikale Individualität zum Programm erklärt hat, am klarsten Margret Thatcher mit ihrem Bekenntnis: »Ich kenne keine Gesellschaft, nur Individuen«.[2]

Zu der Abhängigkeit des Individuums von seinen gesellschaftlichen Verflechtungen kann man sich natürlich ganz unterschiedlich verhalten. Man kann, wie beispielsweise Emile Durkheim (1972), diese Abhängigkeit als eine Notwendigkeit ansehen, die das Individuum schlicht hinzunehmen hat, da es ohne Gesellschaft gar nicht existieren würde; oder man kann umgekehrt diese Abhängigkeit kritisch betrachten, wie Rousseau es tut, dessen Verständnis von Individualität auch für die Pädagogik prägend wurde. Die Gesellschaft ist Rousseau zufolge per se schädlich für das Individuum, da sie es nötige, für andere, statt für sich selbst zu sein. Deswegen meint Rousseau auch, man könne nur entweder einen Menschen, also ein Individuum mit all seinen natürlichen Potenzialen, oder einen Bürger, also ein gesellschaftskonformes Wesen, erziehen, beides zugleich sei unmöglich (Rousseau 1971, S. 13). Dies ist natürlich keine historisch praktikable Alternative, weswegen Rousseau sein Erziehungstraktat *Emile* als Roman, also als fiktives Setting für eine idealtypische Erziehung, verfasste. Wie auch immer man sich dazu stellt: Die Spannung zwischen Individuum und Gesellschaft ist unauflösbar, man kann höchstens darauf bauen, wie beispielsweise Kant und Schleiermacher, dass die Spannung sich mit dem gesellschaftlichen Fortschritt verringern wird, solange man bei der Erziehung, so Kant, »den zukünftig möglich bessern Zustand des menschlichen Geschlechts« (Kant 1964, S. 704) im Auge behält.

Die einseitige Auflösung dieses Dilemmas zugunsten des Individuums bleibt also eine Fiktion, unter der die Pädagogik natürlich leidet, insofern sie, mit Rousseau, die Entfaltung des Kindes zu ihrer Sache gemacht hat. Deswegen erfreut sich die Reformpädago-

---

2 Zitiert nach: https://www.welt.de/print-welt/article557392/Helfersyndrom.html.

gik auch großer Beliebtheit, verspricht sie doch, die Individualität heranwachsender Menschen vor der Entfremdung in der modernen Gesellschaft zu bewahren. Dieses Anliegen soll hier keineswegs diskreditiert werden, ich will aber im Folgenden zeigen, dass die mit der Reformpädagogik genährten Hoffnungen auch ideologisch für ganz andere als pädagogische Zwecke ausgenutzt werden können.

3 Woher kommt der Individualitätshype?

3.1 Zwei widersprüchliche gesellschaftliche Diskurse

Die heutige Rede von Individualisierung speist sich im Wesentlichen aus zwei Diskursen, die in den 1970er- und 1980er-Jahren entstanden, nämlich der Heterogenitätsdebatte und dem Neoliberalismus.

Der Heterogenitätsdiskurs dreht sich im Kern um die Aufwertung von individuellen Besonderheiten gegenüber dem normierenden Ganzen der Gesellschaft. Er beruht einerseits auf den Emanzipationsbewegungen unterdrückter Minderheiten in der Folge des Mai 68, andererseits auf der postmodernen Philosophie, die im Zuge der Auflösung traditioneller Orientierungsmuster und davon vorgegebener Lebensentwürfe die »Patchworkidentität« als neues Ideal ausrief. Niemand sollte mehr auf eine bestimmte Identität festgelegt werden, sondern sich immer wieder gleichsam neu erfinden können. Besondere Merkmale, die von der gesellschaftlichen Normalität abwichen, galten nunmehr, zugespitzt gesagt, als Auszeichnung, die besondere Wertschätzung verdiene.

Was dabei unter »Heterogenität« bzw. »Vielfalt« zu verstehen ist, bleibt allerdings häufig so vage, dass man Schwierigkeiten hat, sich vorzustellen, wie unter dieser Prämisse ein gesellschaftliches System funktionieren soll oder wie man noch Machtfragen stellen könnte. Der Komplexität des Verhältnisses von Individuum und Gesellschaft, wie Elias es entfaltete, scheint dieser Ansatz jedenfalls nicht gerecht zu werden, er versucht aber, das Manko mit einem normativen Überschuss zu kompensieren, der die Wertschätzung von Vielfalt und deren Anerkennung als gesellschaftliche Ressource einklagt. Würde man sich stattdessen damit begnügen, schlicht die Tatsache zu konstatieren, dass in einer modernen Gesellschaft Vielfalt herrscht, müsste man eine gesellschaftspolitische Debatte über mehrere Fragen führen: Was soll warum als Ressource gelten? Welche Prioritäten soll man dabei setzen und warum gerade diese? Wie verhalten sich Vielfalt und gesellschaftliche Integration zueinander, insbesondere angesichts flagranter gesellschaftlicher Ungleichheit, die mit der Vielfaltsbrille eher rosa gefärbt als scharf gesehen wird. Wenn man diese Fragen nicht stellt und öffentlich diskutiert, überlässt man das Feld jenen, die das Problem mit vereinfachenden Programmatiken angehen, sei es die AfD mit der Nation oder der Neoliberalismus, der für die gesellschaftliche Integration keine Debatten braucht, sondern nur ein Instrument dazu kennt: den Markt.

Mit dieser Prioritätensetzung mag der Neoliberalismus als absoluter Gegensatz zum Vielfaltsdiskurs erscheinen, ist es aber bei genauerem Hinsehen nicht. Sein wesentliches Kennzeichen, das ihn vom traditionellen Liberalismus unterscheidet, ist die Übertragung der Marktgesetze auf alle gesellschaftlichen Bereiche. Während im traditionellen Wirtschaftsliberalismus Konkurrenz, Effizienzsteigerung und Profitmaximierung nur für den ökonomischen Bereich galten, versucht der Neoliberalismus, möglichst sämtliche gesellschaftlichen Subsysteme nach diesen Prinzipien zu steuern, unabhängig davon, ob dies ihrer eigenen Logik entspricht oder ihrer gesellschaftlichen Funktion zuträglich ist. Die Folgen dieser Politik im Gesundheits- und Bildungswesen oder in der sozialen Fürsorge, um nur drei Beispiele zu nennen, dürften bekannt sein und wurden von Binswanger treffend als »sinnlose Wettbewerbe« analysiert (Binswanger 2010).

Ein neuer Blick auf das Individuum

Wichtiger für uns sind hier die Konsequenzen, die diese Doktrin für die einzelnen Menschen hat. Im traditionellen Liberalismus war die Freiheit des Wirtschaftsbürgers gekoppelt an die politische Freiheit des Staatsbürgers, sich aktiv an der Gestaltung der gesellschaftlichen Verhältnisse zu beteiligen. Auf diese Weise waren individuelle Interessen und die Entwicklung der Gesellschaft miteinander verschränkt.

Ein wesentliches Merkmal des Neoliberalismus ist, dass er diese Kopplung aufbricht und den Menschen auf seine Rolle als Wirtschaftssubjekt reduziert, das sich im Wesentlichen durch zwei Eigenschaften auszeichnet: zum einen durch das (unterstellte) Bestreben, sein Handeln allein an rationalen Marktentscheidungen zur Maximierung seines individuellen Wohlbefindens zu orientieren (*homo oeconomicus*); zum anderen durch die Fähigkeit und Bereitschaft, sein Leben flexibel an Marktbedingungen anzupassen, um den eigenen Wert als Humankapital zu bewahren oder zu steigern. Damit hat der Neoliberalismus in gewisser Weise ein neues Menschenbild kreiert, für das der französische Philosoph Michel Foucault, der bereits in den 1980er-Jahren als erster diese Entwicklung beschrieb, den Begriff des »unternehmerischen Selbst« prägte. Der Begriff wurde später von dem Freiburger Soziologen Ulrich Bröckling in den deutschen Kontext eingeführt und genauer ausbuchstabiert (Bröckling 2007). Bröckling spricht hier ausdrücklich vom »unternehmerischen Selbst« als einer neuen »Subjektivierungsform«, um die normative Kraft zu verdeutlichen, mit der der traditionelle Subjektbegriff von diesem auf ökonomisches Funktionieren reduzierten Menschenbild ausgehebelt wird.

Während diese Ideologie unter dem Einfluss des Ökonomen und Nobelpreisträgers Milton Friedman in den USA und Großbritannien bereits seit Anfang der 1980er Jahre von Reagan bzw. Thatcher durchgesetzt wurde, war bis zum Ende des Jahrhunderts im politischen Diskurs Deutschlands noch wenig davon zu spüren. Dies änderte sich erst mit der inzwischen wohl als »historisch« zu bezeichnenden sog. »Ruck-Rede« des damaligen Präsidenten Roman Herzog, der forderte, dass angesichts der globalen Entwicklungen ein »Ruck« durch die deutsche Gesellschaft gehen müsse, wolle das Land nicht als Wirtschaftsstandort ins Hintertreffen geraten. Die bis heute aufschlussreiche Rede stimmte die Deutschen erstmals auf den »Sound« des Neoliberalismus ein, indem sie die Bürgerinnen und Bürger dazu aufrief, mehr individuelle Selbständigkeit und Risikobereitschaft an den Tag zu legen, dem »Zwang zu Veränderungen« nicht auszuweichen, sondern Flexibilität zu entwickeln, da jeder sich an den Gedanken gewöhnen müsse, »später einmal in zwei, drei oder sogar vier verschiedenen Berufen zu arbeiten«. Dafür müsse man bereits bei den Jugendlichen ansetzen, »bei dem, was wir mit unserem Erziehungs- und Bildungssystem vermitteln« (Herzog 1997, S. 8).

Im Subtext der Herzog-Rede tritt ein drittes wichtiges Moment des Neoliberalismus zum Vorschein, nämlich die Behauptung, dass er aufgrund objektiver globaler Gegebenheiten alternativlos sei, wie bereits Thatcher es für ihre Reformen in England behauptet hatte: »There is no alternative«. Der Satz bringt klar zum Ausdruck, dass der Neoliberalismus »liberal« zwar noch im Namen trägt, die Freiheit aber faktisch abschaffen will.

Blicken wir auf die beiden Diskurse der Heterogenität und des Neoliberalismus zurück, so wird erkennbar, dass sie, bei allen Unterschieden in Herkunft und Zielsetzung, in einem wesentlichen Punkt konvergieren, nämlich der Verabsolutierung des Individuums, das von seinem gesellschaftlichen Kontext isoliert wird. In den Schlagworten dieser Diskurse ausgedrückt muss sich das »unternehmerische Selbst« eine »Patchworkidentität« zulegen, um als Marktsubjekt bestehen zu können, und umgekehrt reduziert sich die scheinbar so offene Patchworkidentität auf eben dieses »unternehmerische Selbst«, wenn der Markt die einzige noch denkbare Klammer der gesellschaftlichen Integration bleibt.

Dass damit das Verhältnis von Individuum und Gesellschaft substantiell verkürzt wird, braucht nach den einleitenden Überlegungen nicht weiter ausgeführt zu werden, hinzuweisen ist aber auf die politische Konsequenz, dass das Individuum die Konsenszone markiert, indem sich traditionell eher »linke« Positionen (Emanzipation von Minderheiten, Entfaltungsmöglichkeiten des Einzelnen) und eher rechte Positionen (wirtschaftsnah und auf Unterordnung hin ausgerichtet) treffen können, was einen politisch klar markierten Einspruch erschwert.

In diesem Konsens spiegelt sich, so meine Vermutung, eine verbreitete Ratlosigkeit hinsichtlich der Integrationsprobleme in spätmodernen Gesellschaften. Die Frage treibt Soziologen seit mindestens zwei Jahrzehnten um; exemplarisch genannt seien hier nur Ulrich Beck und Wilhelm Heitmeyer. Beck befasste sich seit den 1980 Jahren mit den gesellschaftlichen Konsequenzen der Pluralisierung und den damit einhergehenden Orientierungsproblemen. Daraus resultierte seine explizite Frage, ob die heutige Gesellschaft überhaupt noch integrierbar sei (Beck & Beck-Gernsheim 1996). Heitmeyer prognostizierte auf Basis seiner Langzeitstudie zu den »Deutschen Zuständen«, dass »Desintegration zu einem Schlüsselwort zukünftiger gesellschaftlicher Entwicklungen avancieren wird« (Heitmeyer 1997, S. 9). In einer solchen Situation erscheint es naheliegend, sich an das Individuum als einzig verbleibende Größe, die noch steuerbar erscheint, zu wenden und es mit dem Appell auf den Weg zu schicken, es müsse selbst sehen, wo es bleibe.

3.2 Die ökonomische Einbahnstraße zur Individualisierung nach 1970

Die Individualisierungsdiskurse fallen zusammen mit einschneidenden sozio-ökonomischen Veränderungen, die ab den 1970er-Jahren, beginnend mit der Ölkrise, die jahrzehntelange Phase des wirtschaftlichen Wachstums nach dem Zweiten Weltkrieg beendeten. Damit endete auch die Quasi-Vollbeschäftigung, die nicht nur breiten Bevölkerungskreisen einen zumindest bescheidenen Wohlstand und dem Sozialstaat volle Kassen bescherten. Ab 1975 begann dann die Phase der strukturellen Arbeitslosigkeit, d. h. man begann, sich auf einen bestimmten Anteil von Menschen einzustellen, die langfristig vom Arbeitsmarkt und damit auch von voller sozialer Teilhabe ausgeschlossen sein würden. Mit dem nachfolgenden Aufstieg des Investorkapitalismus, der mit ihm einhergehenden Liberalisierung der Finanzmärkte und der Entwicklung des Neoliberalismus zur politischen Leitdoktrin wuchs der Rationalisierungsdruck auf Unternehmen, der wiederum eine Deregulierung des Arbeitsmarkts nach sich zog, so dass befristete Arbeitsverhältnisse, flexibel einzukaufende Leiharbeit und Scheinselbständigkeit zunahmen. Türcke hat diese Entwicklung zugespitzt auf die Formel gebracht: »Keine Arbeit haben ist schlecht; also ist Arbeit haben gut. Die Konditionen, unter« denen man arbeitet, sind sekundär« (Türcke 2016, S. 61). Die Zuspitzung macht deutlich, dass Erwerbsarbeit zum zentralen Faktor gesellschaftlicher Integration wurde und damit Arbeitslosigkeit die Gefahr der Exklusion erhöhte. Damit hatte der Neoliberalismus ein materielles Argument, um seine Alternativlosigkeit zu propagieren, indem er glaubhaft zu machen versuchte, es komme allein auf das Individuum und seine Bereitschaft zur flexiblen Anpassung an sich verändernde Marktbedingungen an, so dass sich »altlinke« Fragen nach Eigentums- und Machtverhältnissen erübrigten. Pädagogisch schlug sich diese Entwicklung v. a. in der Parole vom »lebenslangen Lernen« und der »neuen Lernkultur« nieder.

4 Was ist und was will die »neue Lernkultur«?

4.1 Ursprung der »neuen Lernkultur«

Das Konzept der neue Lernkultur entstand in den 1980er-Jahren im Kontext der betrieblichen Weiterbildung. Dabei dürfte der oben skizzierte sozio-ökonomische Umbruch Mitte der siebziger Jahre eine wesentliche Rolle gespielt haben, aus dem sich veränderte Produktionsweisen und Managementstrategien (Stichwort »lean management«) ergaben. Den Arbeitnehmern und Arbeitnehmerinnen wurden nun neue und komplexere Qualifikationen abverlangt, vor allem hinsichtlich der selbstverantwortlichen Wahrnehmung ihrer Aufgaben. Daher wurden einschneidende Veränderungen in der grundsätzlichen Einstellung zum Lernen gefordert, das nun auf die individuelle Persönlichkeit als ganze und umfassende Handlungskompetenz hin ausgerichtet werden sollte.

Etwa ab der Jahrhundertwende wurde, zunächst nur konzeptionell, damit begonnen, die neue Lernkultur auch auf die Schule zu übertragen, wo man ebenfalls einen »Paradigmenwechsel«, also eine »grundsätzliche Veränderung der Perspektive auf und von Unterricht«, anstrebte (Landesinstitut 2009, S. 5). Nun ging es um die Vermittlung von »aktivem Handlungswissen« statt »trägem Wissen« und einen »zumindest in Teilen selbstbestimmten« Lernprozess zur »Förderung einer individuellen ganzheitlichen Persönlichkeit« (ebd., S. 19 f.). Von den Lehrkräften wird dementsprechend gefordert, »den Einzelnen zu betrachten: Die einzelne Schülerin, den einzelnen Schüler mit ihren/seinen jeweiligen Stärken und Schwächen, um alle Lernenden möglichst individuell und passgenau zu fördern und zu begleiten« (ebd., S. 8).

Um den Kulturbruch zu markieren, wurde eine neue Begrifflichkeit eingeführt, die alle wesentlichen Dimensionen des Unterrichts umfasste: Schulen wurden zu »Häusern des Lernens«, sie bestanden jetzt nicht mehr aus Klassenzimmern, sondern aus »Lernlandschaften«, »Lernumwelten« oder »Lernateliers«, in denen die zu »Lernpartner(inne)n« mutierten Schülerinnen und Schüler »selbstgesteuert« »Lernjobs« erledigen und dabei nicht mehr von Lehrkräften, sondern von »Lernbegleiter(inne)n« oder »Coaches« unterstützt werden. Damit veränderten sich auch die Zielsetzungen von Unterricht, der nun mit »Binnendifferenzierung« und »individueller Förderung« behauptete, dem Individuum stärker Rechnung zu tragen als traditioneller Unterricht.

Von »Erziehung« und »Bildung« ist bei alldem nicht mehr die Rede, weswegen es bemerkenswert erscheint, dass bei der Einführung der neuen Lernkultur m. W. weder aus der schulischen Praxis noch aus der Bildungspolitik oder der Erziehungswissenschaft die Frage gestellt wurde, inwiefern überhaupt ein für Erwachsene konzipiertes Lernkonzept bruchlos auf Kinder und Jugendliche übertragen werden kann. So konnte sich der neue Jargon überraschend schnell durchsetzen. Die neue Lernkultur wurde bildungspolitisch vorangetrieben und man begann mit deren schulischer Umsetzung. Es bestand also anscheinend ein massives Interesse daran, die Arbeitskräfte von morgen bereits im Vorfeld so zu formen, dass sie ökonomisch anpassungsfähig werden. Dies belegt folgendes Zitat aus der bereits angeführten Broschüre des baden-württembergischen Landesinstituts. Die Schülerinnen und Schüler sollen »kompetent gemacht werden, ihr Lernen selbst zu steuern und zu verantworten [...]. Schulische Bildung bereitet auf lebenslanges Lernen vor und entscheidet über berufliche und gesellschaftliche Teilhabemöglichkeiten« (Landesinstitut 2009, S. 6). Schauen wir also einmal genauer hin, was hier mit »Selbststeuerung« gemeint ist und wie sie praktiziert wird.

4.2 Das selbstgesteuerte Individuum

Die plakative Art, mit der das Individuum ins Zentrum der neuen Lernkultur gerückt und deren humane Absichten hervorgehoben werden, lässt sich exemplarisch an der Formel eines ihrer Protagonisten, des Schweizer Schulgründers Peter Fratton, zeigen, die »neues« und »altes« Lernen gegenüberstellt: »8V« vs. »7G«. Das Neue bedeutet »Auf vielfältigen Wegen, mit vielfältigen Menschen, auf [sic!] vielfältigen Orten, zu vielfältigsten Zeiten, mit vielfältigen Materialien, in vielfältigen Schritten und vielfältigen Ideen in vielfältigen Rhythmen zu gemeinsamen Zielen«. Alt und out ist demgegenüber: »Alle gleichaltrigen Schüler haben beim gleichen Lehrer, zum gleichen Zeitpunkt, im gleichen Zimmer, mit dem gleichen Lehrmittel das gleiche Ziel gleich gut zu erreichen« (zitiert nach Dammer 2012, S. 100).

Nicht nur bei Fratton, sondern generell in der neuen Lernkultur spielt das »Selbst« eine Schlüsselrolle, was sich an den vielen damit gebildeten Komposita ablesen lässt. Neben der »Selbstbestimmung«, bei der man noch an Kant denken mag, tauchen auch eher der Psychologie entnommene Begriffe wie »Selbstkompetenz«, »Selbstregulierung«, »Selbstkontrolle« auf oder Termini aus der Managementsprache wie beispielsweise »Selbstorganisation«, »Selbstmanagement« und »Selbstführung«, die eher an Disziplinierung als an Autonomie denken lassen. Bedeutungsüberschneidungen und -unterschiede dieser Begriffe und damit verbundener Vorstellungen von Individualität werden in den Darstellungen der neuen Lernkultur kaum diskutiert, was für eine gewisse theoretische Nonchalance spricht. Klar ist aber, dass es bei dem Selbst weniger um die damit bezeichnete körperliche, seelische und geistige Einheit geht, sondern eher um ein aus eigenem Antrieb heraus aktives Individuum. Ich möchte hier nicht auf die unterschiedlichen Implikationen der genannten Komposita eingehen, sondern die »Selbststeuerung« herausgreifen, da dieser Begriff am häufigsten auftaucht und man bereits an ihm erkennt, welch unterschiedliche Vorstellungen sich mit ein und demselben Begriff verknüpfen lassen.

Selbststeuerung lässt sich einerseits ableiten aus dem amerikanischen Konzept des *self-directed learning*, einer »Idealvorstellung, die verstärkte Selbstbestimmung hinsichtlich der Lernziele, der Zeit, des Ortes, der Lerninhalte, der Lernmethoden und Lernpartner sowie vermehrter Selbstbewertung des Lernerfolgs beinhaltet«. Unerlässlich ist dabei allerdings, das Verhältnis von Selbst- und Fremdsteuerung dem Kompetenzstand der Lernenden anzupassen (Konrad & Traub 1999, S. 12 und 54). In der »neuen Lernkultur« wird allerdings ein radikaleres Verständnis von Selbststeuerung zugrundegelegt, das sich auf die Kybernetik und den Konstruktivismus beruft.[3]

---

3 Vgl. dazu ausführlicher den Beitrag von Matthias Burchardt in diesem Band.

Aus diesen Voraussetzungen ergibt sich, dass man Unterricht nur individualisiert denken kann, was natürlich in der Praxis auf zwei gravierende Probleme stößt: Zum einen werden die schulischen Inhalte verbindlich von Lehrplänen bzw. heute Bildungsstandards definiert und nicht von sich selbst steuernden Lernern, zum anderen führt dies, in Verbindung mit der Schulpflicht, dazu, dass man, vorsichtig formuliert, nicht durchweg mit sich motiviert selbst steuernden Lernern rechnen darf. Was dann zu tun ist, sagt uns eine Broschüre des baden-württembergischen Ministeriums für Kultus, Jugend und Sport: »Da eine (Lern-) Gruppe in der Regel keine natürlichen gemeinsamen Ziele hat und die individuellen Wünsche und Bedürfnisse der Lernenden beim Wegfall der Steuerimpulse durch die Lehrperson kollidieren können, muss Selbstorganisation und Zielorientierung unbedingt miteinander gekoppelt werden« (zit. n. Krautz 2017, S. 2). Diese kybernetisch-technoide Beschreibung dessen, was einmal schlicht »Lernerfolgskontrolle« hieß, belegt, dass es in der neuen Lernkultur nicht um Selbstbestimmung im aufklärerischen Sinne, sondern darum geht, Lernarrangements zu schaffen, in denen die Schülerinnen und Schüler aus eigenem Antrieb lernen, was man von ihnen erwartet. Der Druck von außen reicht dafür natürlich nicht aus, entscheidend ist, dass sie die Selbststeuerung als Lernhaltung auch verinnerlichen. Um das zu erreichen, werden, z.T. aus dem betrieblichen Qualitätsmanagement übernommene, Instrumente entwickelt, wie Kompetenzraster, Selbsteinschätzungsbögen, Feedback oder Zielvereinbarungen mit der Lehrkraft. Sie alle laufen darauf hinaus, einen Schein von Freiheit und Selbstbestimmung zu erwecken, bezwecken aber das Gegenteil. Zum einen verwandelt sich das seinem Begriff nach unteilbare Individuum in ein Bündel überprüfbarer Kompetenzen und Teilkompetenzen, wird also »dividuell«, wie Gilles Deleuze es nannte (Deleuze 1993); zum anderen wird es zur permanenten Selbstkontrolle bei der Erfüllung äußerlich auferlegter Pflichten erzogen. Der Fortschritt gegenüber dem klassischen Behaviorismus besteht hier nur darin, dass der Hund die Klingel, mit der sein Sabbern ausgelöst wird, nun selbst bedient.

4.3 Die Lehrkraft als »Lernbegleiter« und »Coach«

Die Maxime, dass Schülerinnen und Schüler möglichst selbstgesteuert lernen sollen, bringt es mit sich, dass auch die Lehrkraft ihr bisheriges professionelles Selbstverständnis verändern muss. Sie soll nicht mehr primär als Instrukteur handeln, sondern als »Lernbegleiter(in)« oder, wie es auch öfter heißt, als »Coach«. In diese Rolle zu schlüpfen heißt keineswegs, dass die Lehrkraft sich in der neuen Lernkultur einfach aus dem Unterrichtsgeschehen zurückzöge, im Gegenteil: Sie ist dafür zuständig, im Rahmen der vorgegebenen Kompetenzraster oder Bildungspläne individuell zugeschnittene Aufgaben (jetzt »Lernjobs«) zu entwickeln und gemeinsam mit den Lernenden deren jeweilige Fortschritte zu diagnostizieren, zu evaluieren und davon ausgehend die nächsten Lernschritte festzulegen. Neu ist bei alldem allerdings v. a. der Jargon, nicht die Grundidee, wenn man an Montessoris »Hilf mir, es selbst zu tun« oder an Carl Rogers denkt, der die Lehrkraft als *facilitator* verstand, um den Schülerinnen und Schülern *Freedom to learn* (1969) zu ermöglichen. In die Regelschulen hatte diese Ideen freilich bis zur neuen Lernkultur nur wenig Eingang gefunden, obwohl es einige Gründe gibt, die zunächst einmal für sie sprechen.

Der erste Grund ist die grundsätzliche Forderung an Erziehende, sich selbst durch die Erziehung überflüssig zu machen. Stärker noch wiegt das lernpsychologische Tatsachenargument, dass es einen strukturellen Unterschied zwischen Lehren und Lernen gibt, dass also aus dem »das haben wir doch durchgenommen« nicht »das habt ihr doch gelernt« folgt. Diese Tatsache wird zwar gemeinhin ignoriert, um die traditionelle Lehrerrolle zu rechtfertigen, die ja von der Unterstellung lebt, ihre Vermittlungsfunktion sei für erfolgreiches Lernen unabdingbar. Den Erfolg kann aber faktisch nur der oder die Lernende selbst bewirken. Bereits in Platons *Symposion* wird die naive Auffassung kritisiert, Wissen ließe sich umstandslos von einem Kopf in den anderen übertragen, wie Wasser, das an einem Wollfaden von einem vollen Becher in einen leeren rinne (*Symposion*, 175d).

Die neue Lernkultur hat somit gute Argumente auf ihrer Seite, mit der sich die Kritik auseinandersetzen muss. Beginnen wir mit der Forderung, der oder die Erziehende müsse sich selbst überflüssig machen. Solange man an aufklärerischen Erziehungsvorstellungen festhalten will, steht dieses Prinzip außer Zweifel, die Norm sagt aber noch nichts darüber aus, wie dieser Prozess aus pädagogischer und entwicklungspsychologischer Sicht gestaltet werden soll, also in welchen Schritten ein junger Mensch zu sich selbst freigesetzt wird bzw. umgekehrt, an welchen Punkten er in welcher Form erzieherischer Anleitung und Unterstützung bedarf. Erklärt man die Selbststeuerung zum zentralen Unterrichtsprinzip, so riskiert man, das Kind mit dem Bade auszuschütten.

Natürlich ist das Erziehen als Austarieren von Selbst- und Fremdsteuerung immer ein mühsamer und fehleranfälliger Prozess, dem Verzicht darauf liegt aber ein systematischer Fehlschluss zugrunde, nämlich dass Erziehung gleichzusetzen sei mit Unterdrückung kindlicher Individualität. Aus Elias' Überlegungen kann man entnehmen, dass dies nicht stimmt, und auch die pädagogische Tradition liefert reichlich Begründungen dafür. In Reinkultur finden wir diesen Fehlschluss bei dem bereits erwähnten Peter Fratton, der vier »Urbitten« aus der vermeintlichen Perspektive von Kindern und Jugendlichen formuliert, nämlich:

»Bringe mir nichts bei.
Erkläre mir nicht.
Erziehe mich nicht.
Motiviere mich nicht.«
(Fratton 1980)

Der Verzicht darauf, Kinder und Jugendliche in ihrem Entwicklungs- und Bildungsprozess anzuleiten, läuft auf systematisch angestrebte Beziehungs- und Bindungslosigkeit hinaus, die nichts als ein auf sich selbst gestelltes, fungibles Individuum zurücklässt. Es handelt sich um eine inszenierte Scheinfreiheit, die, wie wir sahen, mit gleichzeitiger maximaler Selbst- und Fremdkontrolle in einen Selbstzwang überführt wird, der dem Individuum dann so alternativlos erscheint, wie es von den Rahmenbedingungen behauptet wird.

In Frattons »Urbitten« wird auch die Rolle der Lehrkraft in Bildungsprozessen angesprochen und zwar als radikaler Verzicht auf jegliche instruktive Tätigkeit. Auf die Frage eines Schülers, warum er sich mit Goethes *Faust* auseinandersetzen soll, erwidert Fratton, dass der Frager sich dies selbst erschließen müsse. Wenn dann nichts anderes als eine Übung der Konzentration und der Ausdauer dabei herauskomme, sei ihm das auch recht (vgl. Dammer 2012, S. 99). Dies mag ein Extrembeispiel sein, es entspricht aber ganz der Logik der Selbststeuerung bzw. der Coachfunktion, die offensichtlich davon ausgeht, dass eine Lehrkraft nicht dazu da sei, durch ihre Erfahrung und ihr fachliches Wissen den Schülerinnen und Schülern neue Horizonte der objektiven Kultur zu erschließen und die damit verbundenen Ansprüche der Enkulturation erkennbar zu machen.

Es ist jedoch naiver Rousseauismus, anzunehmen, Schülerinnen und Schüler wären allein auf der Basis ihrer Fähigkeiten, ihres Vorwissens und ihrer Motivation bereit und in der Lage, kognitive Schemata, ihnen bis dahin fremdes Weltwissen, überhaupt ihren, durch Alter und Sozialisation bedingt, begrenzten Horizont allein aus eigener Kraft zu überschreiten.

4.4 Selbststeuerung als reformpädagogischer »Trojaner«

Wenn die neue Lernkultur sich so offensichtlich von herkömmlichen pädagogischen Auffassungen und Praktiken abkehrt, ist es erklärungsbedürftig, warum sie sich dennoch auch in Pädagogenkreisen eines breiten Zuspruchs erfreut. Dies liegt, so meine These, v. a. daran, dass es ihr gelingt, zentrale Motive der Reformpädagogik aufzugreifen und sich damit scheinbar in deren Tradition zu stellen. Die Wertschätzung des individuellen Kindes, von dem aus Erziehung zu denken sei, Montessoris Devise »Lass es mich selber tun«, generell die Absicht, freies Lernen ungehindert von den Fesseln der traditionellen Institution Schule zu ermöglichen, und nicht zuletzt auch die Rolle des Erziehenden als freundschaftlichem Begleiter des Kindes – all dies sind positiv besetzte Ideen der Reformpädagogik, die die neue Lernkultur in modernisiertem Gewand wieder aufgreift. Sie sind dazu angetan, gerade bei pädagogisch engagierten Lehrkräften auf Akzeptanz zu stoßen, denen dann entgehen mag, dass die neue Lernkultur mit dem Jargon ganz andere Zwecke verfolgt als die ursprüngliche Reformpädagogik. Wollte diese sich gegen die Entfremdungstendenzen, die mit der Modernisierung einhergingen, wenden, so führt die neue Lernkultur gerade die Imperative der Modernisierung als Argument für ihre Notwendigkeit an. Zudem sollte nicht vergessen werden, dass es der Reformpädagogik ernsthaft um das Ausprobieren freierer Unterrichtsarbeit ging, die nichts mit dem Abarbeiten von Kompetenzkatalogen zu tun hatte.

Auch diejenigen, die nicht spezifisch reformpädagogisch orientiert sind, bekommen in der neuen Lernkultur rhetorisch etwas geboten, nämlich Versatzstücke, die an Mündigkeit als dem zentralen Motiv aufklärerischer Pädagogik erinnern. Mündigkeit wird im Anschluss an Kant als Fähigkeit zu kritischer Urteilskraft und als der Mut verstanden, von ihr Gebrauch zu machen. Damit ist das Ideal eines autonomen, sein Leben eigenverantwortlich und vernünftig gestaltenden Individuums umrissen. Kant hatte den Begriff »Mündigkeit« zwar nicht primär pädagogisch, sondern politisch verstanden, er avancierte aber spätestens Anfang der 1970er Jahre mit Heinrich Roths *Pädagogischer Anthropologie* und dem schmalen Bändchen *Erziehung zur Mündigkeit*, in dem Vorträge und Interviews Adornos versammelt sind, zu einem Leitbegriff der Pädagogik.

Explizit ist von Mündigkeit in der neuen Lernkultur nicht die Rede, die zahlreichen mit »Selbst« gebildeten Komposita, der zentrale Stellenwert von Individualität, die Betonung von Eigenverantwortlichkeit, vor allem aber die scheinbare Enthierarchisierung des pädagogischen Verhältnisses lassen sich jedoch leicht mit dem traditionellen Begriff assoziieren. Dass es allerdings nur weniger semantischer Schritte bedarf, um die herkömmlichen Konnotationen von Mündigkeit für Anpassungszwecke zu instrumentalisieren, belegt folgendes Zitat des Schulleiters und *spiritus rector* des Schweizer Instituts Beatenberg, einem der Flaggschiffe der neuen Lernkultur:

> »Lernende sind aktiv Gestaltende. Sie lernen selbst und ständig; sie sind Unternehmer ihrer selbst. Lernen versteht sich gleichsam als ein lustvolles Entdecken eigener Stärken zum Nutzen einer erfolg-reichen [sic!] Lebensgestaltung. [...] Learning to be able sagt man jenseits des grossen Teiches: Sich in die Lage versetzen, den sich wandelnden Herausforderungen der Zukunft gewachsen zu sein. Kurz: selbstwirksam sein, an sich und seine Fähigkeiten glauben. Oder noch kürzer: Fit for Life!« (Müller 2003, S. 2).

Ohne Zweifel impliziert Mündigkeit auch die Fähigkeit der Selbstbehauptung angesichts ihr zuwiderlaufender gesellschaftlicher Anforderungen. Dies wird mit »fit for life« aber einseitig übersetzt, denn »fit« bedeutet wörtlich »gut angepasst« und zwar an die »sich wandelnden Herausforderungen der Zukunft«, in der sich das Individuum als »Unternehmer seiner selbst« zu beweisen habe. Es fällt auf, dass Müller hier in leichter Abwandlung das »unternehmerische Selbst« als Menschenbild normativ voraussetzt, das von Foucault und Bröckling in kritischer Absicht so genannt wurde.

Während die neue Lernkultur einerseits reformpädagogische Motive »kolonialisiert«, tauchen andererseits zentrale pädagogische Begriffe wie »Erziehung« und »Bildung« nicht mehr auf. Erziehung wird entweder offen negiert, wie in Frattons »Urbitten«, oder verschwindet in der kybernetischen Konstruktion der Selbststeuerung, bei der der Coach möglichst nur noch für die Vorgabe der Sollwerte und dafür zuständig ist, ihre Erfüllung zu kontrollieren. Mit dem Verschwinden des Begriffs »Erziehung« wird auch seine Grundproblematik ausgeklammert, die Kant auf die Formel »Wie kultiviere ich die Freiheit bei dem Zwange?« brachte (Kant 1964, S. 711). Erziehung ist immer mit mehr oder minder starken Formen von Zwang verbunden, muss dabei aber zugleich von der Unverfügbarkeit des Kindes als Subjekt ausgehen. »Unverfügbarkeit« hat dabei eine empirische und eine normative Seite. Empirisch insofern, als jeder Lernprozess ein subjektiver innerer Vorgang ist, den man von außen nur anstoßen, aber nicht bewirken kann; normativ insofern, als Erziehung das Kind bereits als das freie Wesen behandeln muss, zu dem es erst werden soll, weil aus reiner Fremdbestimmung keine Freiheit erwachsen kann.

Erziehung bleibt also, von ihrer Tradition her betrachtet, ein theoretisch ambivalentes und praktisch mühsames Geschäft, dem die neue Lernkultur sich entzieht, denn mit dem kybernetischen Modell der Selbststeuerung versucht sie, die Ambivalenz in Eindeutigkeit zu überführen. So aber bewegt sie sich auf einer Ebene, auf der es keine Freiheit mehr, sondern nur noch technische Notwendigkeit gibt.

Dass in einem solchen Kontext auch nicht mehr von »Bildung«, sondern von »Kompetenzen«[4] die Rede ist, erstaunt nicht, denn auch dieser Begriff lässt etwas verschwinden, das in dem traditionellen Begriff »Bildung« präsent war, nämlich die Idee einer Kontinuität, in der ein Subjekt das individuelle Bild von sich selbst ausprägt sowie die ethische Ausrichtung dieses Prozesses an Humanität. »Kompetenzen« hingegen kann man als eine Ansammlung von Fähigkeiten verstehen, die kein einheitsstiftendes Subjekt mehr voraussetzen, das diesen Fähigkeiten eine persönliche Bedeutsamkeit geben würde, und die ein »Dividuum« zurücklassen, das sich, um im Bildfeld der Kybernetik zu bleiben, Kompetenzen modularisiert nach Bedarf auf die Festplatte laden muss.

Auf einen Nenner gebracht implizieren die traditionellen Begriffe »Erziehung« und »Bildung« einen Ballast, den man in der neuen Lernkultur über Bord werfen möchte, um die einst »Individuen« genannten mit Blick auf ihr künftiges Dasein als »unternehmerisches Selbst« verfügbar zu machen. Wie wichtig das Löschen traditioneller Begriffe für die Durchsetzung alternativloser Herrschaft ist, hat George Orwell sehr anschaulich in der seinem Ro-

---

4 Vgl. dazu meinen Beitrag in diesem Band.

man 1984 angehängten »Kleinen Grammatik des Neusprech« beschrieben:

»Sie (sc. Neusprech) hatte nicht nur den Zweck, ein Ausdrucksmittel für die Weltanschauung und geistige Haltung zu sein, die den Anhängern des Engsoz allein angemessen war, sondern darüber hinaus jede Art anderen Denkens auszuschalten. Wenn Neusprech erst ein für allemal angenommen und die Altsprache vergessen worden war (etwa im Jahre 2050), sollte sich ein unorthodoxer – d. h. ein von den Grundsätzen des Engsoz abweichender Gedanke – buchstäblich nicht mehr denken lassen [...]« (Orwell 1950, S. 341f.).

5 Zusammenfassung: Die neue Lernkultur als neoliberales Vehikel

Am Anfang unserer Überlegungen zur Individualisierung standen die positiven Konnotationen, die der Begriff »Individualität« auslöst und die wir im weiteren Verlauf in den Verlautbarungen der neuen Lernkultur wiederfanden, denken wir an Frattons »Unikate«, an den »ganzen Menschen« oder die »individuelle ganzheitliche Persönlichkeit«, um die es in der Broschüre des baden-württembergischen Landesinstituts zur individuellen Förderung ging. In derselben Broschüre findet man auch die Einlassung einer Erziehungswissenschaftlerin, die die künftig individualisierte Schule mit folgenden Worten preist: »In der Schule wird man mich erkennen und schätzen als jemanden, der einmalig ist auf dieser Welt, unverwechselbar. Ich werde den anderen etwas sein, was es ohne mich nicht gäbe« (Andresen zitiert nach Landesinstitut 2009, S. 52). Wie auch immer dieses Zitat in seinem ursprünglichen Kontext gemeint war, hier wird es zu ideologischem Kitsch, der vergessen lässt, dass etwas anderes am Werk sein könnte als lauterer Humanismus, nämlich der Versuch, die einmalige, unverwechselbare Persönlichkeit auf ihr künftiges Dasein als »Dividuum« einzustimmen, das sich Erfolg und Scheitern selbst zuschreibt und nicht mehr nach ökonomischen Strukturen oder Machtverhältnissen fragt.

Dass die Herstellung dieses Zusammenhangs zwischen neuer Lernkultur und Humankapitalverwertung keine ideologiekritische Übertreibung ist, belegt die auffallende Parallelität zwischen einerseits der Formel »8V vs. 7G«, mit der Fratton die Vielfalt gegenüber dem Gleichschritt des Frontalunterrichts preist (man beachte den militärischen Beiklang!), und andererseits der Forderung des ehemaligen Arbeitgeberpräsidenten Murmann nach »flexible[n], individuelle[n] Lösungen« statt »kollektive[m] Gleichschrittdenken« und einer »tiefgreifende[n] Deregulierung in allen Lebens- und Arbeitsbereiche[n]« (zitiert nach Türcke 2016, S. 8). Man muss sich dann nicht mehr Philosoph nennen, um, wie Richard David Precht, zu dem Schluss zu kommen: »Die richtig verstandenen Interessen der Wirtschaft sind letztlich die gleichen wie die Interessen derjenigen, die möglichst allen Kindern dieser Gesellschaft einen zeitgemäßen Schulunterricht und eine Chance auf ein erfülltes Leben geben wollen« (Precht 2013, S. 20).

Dass Kapital und – zumindest die öffentlichkeitswirksame – Philosophie ins gleiche Horn stoßen, mag ungewöhnlich sein, zeigt aber, wie breit die Allianz der Reformer ist und mindert die Verwunderung über den parteiübergreifenden Konsens in Sachen neue Lernkultur, die, über ihre pädagogischen Versprechungen hinaus, auch deswegen so attraktiv ist, weil sie den Widerspruch der bürgerlichen Gesellschaft zwischen dem Anspruch auf individuelle Entfaltung einerseits und gesellschaftlicher Brauchbarkeit des Individuums andererseits aufzuheben scheint, denn das Individuum wird hier so präpariert, dass es bereit ist, seine »einmalige« und »unverwechselbare« Persönlichkeit möglichst vollständig in den Dienst der marktgerechten Selbstoptimierung zu stellen und dies zudem als seine Erfüllung zu deuten.

Ziel dieser Selbstoptimierung ist, dass das Individuum möglichst keine Widerstandspotentiale gegen seine Verwertung entwickelt, da ihm deren Mechanismen ebenso undurchdringlich bleiben wie

Goethes *Faust* es für Frattons Schüler war, der an dem Text aber immerhin seine Ausdauer und Konzentration hat üben können. Die wird er auf jeden Fall brauchen!

Literatur

Beck, U., Beck-Gernsheim, E. (1996): Individualisierung in modernen Gesellschaften – Perspektiven und Kontroversen einer subjektorientierten Soziologie. In: Dies. (Hrsg.), Riskante Freiheiten (3. Auflage) (S. 10–39). Frankfurt a. M.: Suhrkamp.

Binswanger, M. (2010): Sinnlose Wettbewerbe. Freiburg, Basel, Wien: Herder.

Bröckling, U. (2007): Das unternehmerische Selbst. Soziologie einer Subjektivierungsform. Frankfurt a. M: Suhrkamp.

Dammer, K.-H. (2012): Peter Frattons »Haus des Lernens« – Ein neues Eschaton der Schulreform? Pädagogische Korrespondenz (46), 95–109.

Deleuze, G. (1993): Postskriptum über die Kontrollgesellschaften. In: Ders. (Hrsg.), Unterhandlungen:1972–1990. Frankfurt a. M: Suhrkamp.

Durkheim, E. (1972): Erziehung und Soziologie. Düsseldorf: Schwann.

Ehrenberg, A. (2004): Das erschöpfte Selbst. Depression und Gesellschaft in der Gegenwart. Frankfurt a. M: Campus- Verlag.

Elias, N. (1987): Die Gesellschaft der Individuen. Frankfurt a. M.: Suhrkamp.

Fratton, P. (1980): Meine vier pädagogischen Urbitten. Online verfügbar unter: http://peterfratton.ch/?page_id=478, Zugriff am 19.10.2022.

Heitmeyer, W. (1997): Auf dem Weg in eine desintegrierte Gesellschaft. Einleitung. In: Ders. (Hrsg.), Was treibt die Gesellschaft auseinander? Bundesrepublik Deutschland: Auf dem Weg von der Konsens zur Konfliktgesellschaft. Band I (S. 9–26). Frankfurt a. M: Suhrkamp.

Herzog, R. (1997): Aufbruch ins 21. Jahrhundert. Online verfügbar unter: https://www.bundespraesident.de/SharedDocs/Reden/DE/Roman-Herzog/Reden/1997/04/19970426_Rede.html, Zugriff am: 19.10.2022.

Kant, I. (1964). Über Pädagogik. In: Ders., W. Weischedel (Hrsg.): Werke in zehn Bänden. Band 10 (S. 691–761). Darmstadt: Wissenschaftliche Buchgesellschaft.

Konrad, K., Traub, S. (1999): Selbstgesteuertes Lernen in Theorie und Praxis. München: Oldenbourg.

Krautz, J. (2017): Neoliberaler Ökologismus. »Markt« und »Natur« als Steuerungsparadigmen der »Neuen Lernkultur«. In: M. Burchardt, R. Molzberger (Hrsg.), Bildung im Widerstand. Festschrift für Ursula Frost. Würzburg: Königshausen&Neumann.

Landesinstitut für Schulentwicklung Baden-Württemberg (2009): Neue Lernkultur. Lernen im Fokus der Kompetenzorientierung. Individuelles Fördern in der Schule durch Beobachten – Beschreiben – Bewerten – Begleiten. Stuttgart: LS.

Müller, A. (2003): Lernen ist eine Dauerbaustelle. Online verfügbar unter: https://institutbeatenberg.ch/images/publikationen-undmaterialien/dossiers/artikel_lernen_als_dauerbaustelle.pdf., Zugriff am 16.10.22.

Orwell, G. (1950): 1984. Online verfügbar unter: https://ia600701.us.archive.org/13/items/GeorgeOrwell-1984romanDeutsch/GOrwell1984.pdf., Zugriff am 16.10.22.

Platon (1957): Sämtliche Werke. Band 2. Herausgegeben von Ernesto Grassi. Hamburg: Rowohlt.

Precht, R. D. (2013): Anna, die Schule und der liebe Gott. Der Verrat des Bildungssystems an unseren Kindern. München: Goldmann.

Rousseau, J.-J. (1971): Emil oder Über die Erziehung. München, Wien, Zürich, Paderborn: Schöningh.

Türcke, C. (2016): Lehrerdämmerung. Was die neue Lernkultur in den Schulen anrichtet. München: C. H. Beck.

Selbststeuerung

Matthias Burchardt

Eine dominante Lehrerrolle, reine Wissensvermittlung und der sog. Frontalunterricht gehören nach wie vor zu den immer wieder gern bemühten Gemeinplätzen der Schul- und Unterrichtskritik, sicher auch deshalb, weil dem Kritiker Aufmerksamkeit und Zustimmung garantiert scheinen. Das geflügelte Wort vom »Nürnberger Trichter«, welcher ursprünglich allzu optimistisch die Lehrbarkeit der barocken Poetik angepriesen hat, steht ex negativo für die fachliche wie pädagogisch-praktische Einsicht, dass zwischen Lehren und Lernen kein triviales Wirkungsverhältnis besteht. In der Schule wird zwar gelehrt und gelernt, aber das Lernen wird nicht durch das Lehren *hergestellt*. So weit, so gut, doch manchen Kritikern geht es allerdings noch um mehr als die Prüfung der theoretischen Grundlagen der Erziehungswissenschaft oder um ein vertieftes Verständnis der unterrichtlichen Praxis, nämlich um eine programmatische Delegitimierung: Lehrerzentrierung, Wissensvermittlung und Frontalunterricht gelten dann als Konzepte, die nicht nur wirkungslos, sondern auch rückständig, moralisch verwerflich, wenn nicht politisch reaktionär seien. Lehrkräfte sollen – nach dem Willen vieler Bildungspolitiker – deshalb zu Lernbegleitern transformiert werden, das Wissen soll der Kompetenz weichen, Vermittlung durch eigene Exploration ersetzt werden und der sog. Frontalunterricht durch Formen des selbstorganisierten Lernens abgelöst werden. An die Stelle der Klasse tritt dann die diverse Lerngruppe oder der individuierte Lerner, welche in Lernarrangements mit determinierenden Ablaufprozeduren und digitalen Lernmitteln zum Bildungserfolg kommen. Da es sich bei den intendierten Konzepten nicht nur um kleinere Variationen der bestehenden Lehr- und Unterrichtspraxis handelt, sondern um eine Totaltransformation der Schule, ist auch vielfach von einer »Neuen Lernkultur« die Rede, ohne welche die Herausforderungen von Inklusion und Heterogenität gar nicht zu bewältigen seien. Zwar ist die Neue Lernkultur den Beweis ihrer überlegenen Lernwirksamkeit oder zumindest ihrer behaupteten sozialemanzipatorischen Funktion schuldig geblieben, wird aber gleichwohl im bildungspolitischen Raum als bevorzugte Programmatik angesehen, insbesondere weil Schulen, welche schon vor 2020 den lehrergeführten Unterricht abgeschafft hatten, angeblich erfolgreicher die Zeiten des Distanzunterrichts unter Lockdownbedingungen bewältigt hätten.

1 Konzepte selbstgesteuerten Lernens im Kontext der PISA-Reformen

Dieser Artikel möchte mit »Selbststeuerung« einen Schlüsselbegriff der Neuen Lernkultur unter die Lupe nehmen und auf seine anthropologischen und pädagogischen Implikationen hin überprüfen. »Selbststeuerung« formuliert dabei sowohl eine Voraussetzung als auch eine Norm der Neuen Lernkultur, die im Wesentlichen aus einer Übertragung von Momenten der klassischen Lehrerrolle auf Materialien, Medien, Prozeduren oder eben auf die selbstgesteuerten Lerner beruht. Dies ist programmatisch durch das PISA-Konsortium grundgelegt in einer Modellierung des Lernens als Umsetzung des Flexibilitätsimperativs im Zuge lebenslänglicher Lernzwänge:

> »Selbstreguliertes Lernen ist gleichzeitig Ziel und Mittel schulischer Lernprozesse. [...] Das Untersuchungskonzept [...] geht von einem dynamischen Modell lebenslangen Lernens aus, das kontinuierliches Weiter-, Um- und Neulernen verlangt« (Deutsches Pisa-Konsortium 2001, S. 28).

Diese Umkonfiguration der Schülerrolle zum selbstregulierten Lerner kann als Emanzipation von der Fremdsteuerung durch die Lehrkraft oder auch als Unterwerfung unter das Diktat der Selbststeuerung im Kontext von Anpassungsdruck gedeutet werden. In jedem Fall obliegt den Kindern und Jugendlichen nach diesem Ansatz nicht nur das Lernen, sondern auch die Organisation desselben. Dies betrifft neben der Aufgabenauswahl und deren Bearbeitung unter Verwendung von effektiven Lösungsstrategien und der Bewirtschaftung der eigenen Bewältigungsressourcen auch die Selbstmotivation und Selbstdisziplinierung – bis hin zur abschließenden Kontrolle der Ergebnisse und der Evaluation der eigenen Effizienz. Die relativ anspruchsvolle Leistung, nicht nur zu lernen, sondern das Lernen auch noch organisieren zu müssen, bedarf einer eigenen Abrichtung, weil Kinder dies nicht von selbst beherrschen, wenn sie mit dem Schuleintritt zu Einwohnern der neuen Lernkultur werden sollen. Sie müssen erst lernen, auf diese Weise zu lernen. Deshalb gibt es Einheiten in »Lernen lernen«, in denen sie für die material- und prozeduralgestütze Pädagogik ertüchtigt und dadurch verfahrensgängig gemacht werden sollen. Exemplarisch wird dies an einem programmatischen Text unter der Überschrift »Erwerb des Lernen Lernens (Lernkompetenz)« aus dem Schulversuch »Selbstständige Schule NRW« unter Federführung der Bertelsmann-Stiftung im Zuge der PISA-Reformen. Dort heißt es:

»Damit werden die Lernprozesse selbst zum Gegenstand des Unterrichts. Es geht darum, mit den Schülerinnen und Schülern gemeinsam nicht nur zu reflektieren, was sie gelernt haben, sondern auch wie sie es gelernt haben. Das bedeutet, für jedes Fach die erfolgreichen Lernwege und Lernstrategien zu erfassen und bewusst zu machen. Das Ziel ist, Expertise für das eigene Lernen zu gewinnen« (Selbständige Schule 2005, S. 6).

Die Lerner sollen also nicht nur *etwas lernen* oder das *Lernen selbst erlernen*, sondern das ›Lernen Lernen erwerben‹, also eine dreifache Iteration des Lernens, die eine permanente Neujustierung und Optimierung ermöglichen soll. Dabei richtet sich der Fokus auf drei Bereiche der Selbststeuerung (hier »Selbstregulation« genannt):

»Dabei spielt die Fähigkeit zur Selbstregulation des eigenen Lernens eine bedeutsame Rolle. Es handelt sich bei der Selbstregulation um ein ›dynamisches Wechselspiel zwischen kognitiven, metakognitiven und motivationalen Aspekten des Lernens‹ (Deutsches Pisa-Konsortium 2001, S. 272). Den Ausführungen im 6. Kapitel der PISA-Studie folgend, können diese Aspekte wie folgt gekennzeichnet werden:

Auf der kognitiven Ebene geht es um die Kenntnis, Auswahl und Anwendung von bereichsspezifischen und allgemeinen Lernstrategien zur Informationsverarbeitung und Problemlösung, verbunden mit Wissen um deren Wert und Nutzen. Dabei versteht man unter einer Strategie eine bewusst einsetzbare, häufig aber automatisierte Folge von Handlungsschritten, die in einer bestimmten Situation aus dem Handlungsrepertoire abgerufen und situationsadäquat eingesetzt wird, um Lern- oder Leistungsziele zu erreichen. Dazu gehören insbesondere Lern- und Problemlösestrategien.

Auf der metakognitiven Ebene handelt es sich um Strategien zur Steuerung des Lernprozesses. Hierzu zählen die Planung (z. B. des Lernziels und der Mittel, die zur Zielerreichung notwendig sind), die Überwachung (z. B. des Lernfortschritts), die Steuerung (z. B. durch die Veränderung der Mittel), die Kontrolle und Bewertung der Zielerreichung sowie die Kenntnis eigener Stärken und Schwächen beim Lernen.

Auf der motivationalen Ebene zeichnen sich selbstregulierte Lerner dadurch aus, dass sie in der Lage sind, sich selbstständig Ziele zu setzen, sich selbst zu motivieren, Lernvorgänge gegenüber konkurrierenden Handlungswünschen abzuschirmen und Erfolge und Misserfolge angemessen zu verarbeiten.« (ebd., S. 7)

Der Fokus des Lerners, bei dem es sich in vielen Fällen um Kinder und Jugendliche handeln wird, wird in dieser Modellierung vom Lerngegenstand oder den pädagogischen Beziehungen abgezogen und auf die innere Organisation der Steuerungsinstrumente gelenkt. Der Lerner erscheint als *Strategos* (Feldherr), der sich auf der kognitiven Ebene mit dem Lernen als Informationsverarbeitung und Problemlösung, auf der metakognitiven Ebene mit der Steuerung, Kontrolle und Evaluation seiner Lernprozesse und auf der motivationalen Ebene die leistungsförderlichen Emotionsressourcen im Kontext von Selbstdisziplinierung, Setzung, Erreichung oder Verfehlung der Lernziele bewirtschaftet.

Im programmatischen Vokabular, das in dieser Form in keiner einschlägigen Bildungstheorie vorkommt, finden sich Anklänge an den Pragmatismus (»Problemlösen«), an die Kognitionspsychologie (»Informationsverarbeitung«) und an das Projekt- und Selbstmanagement. Das verbindende Element aller funktionalistischen und ökonomistischen Konzepte aber bildet ein technokratisch-kybernetisches Steuerungsmodell.

2 Die Geburt der neuen Lernkultur aus dem Geiste des Flugabwehrgeschützes

Die Konzeption der Selbststeuerung changiert zwischen einer beschreibenden Modellierung und einer normativen Programmatik. D. h. die Autoren des PISA-Konsortiums möchten nicht allein oder in erster Linie *erkennen*, wie Lernen geschieht, sondern vielmehr darüber *verfügen*, wie Lernen geschehen soll. Dabei begehen sie allerdings einen Kategorienfehler, weil Begrifflichkeiten und Modelle aus dem technischen Bereich unzulässigerweise auf den Menschen übertragen werden. Das leitende Hintergrundmodell ist nämlich der kybernetische Regelkreis. Der *Kybernetes* ist eigentlich der antike Steuermann, der die Aufgabe hat, das Schiff an das Ziel zu bringen, das der Kapitän vorgibt. Dazu muss er in der Lage sein, eine Positionsbestimmung vorzunehmen, um dann den Kurs festzulegen, auf dem er das Schiff zum Ziel steuert. Da er dem Unbill der Natur ausgeliefert ist, muss er den Prozess immer wieder neu durchlaufen, um Kursabweichungen durch Nachsteuern zu korrigieren. Die Kybernetik formalisiert und automatisiert diese Rationalität in einem Modell informationell gekoppelten Messens und Regelns: Das System soll eine vorgegebene Zielgröße (Soll-Wert) erreichen. Dazu muss es zunächst mittels eines Messfühlers den gegebenen Zustand (Ist-Größe) erheben, um dann durch ein Regel-Element die Abweichung korrigieren und somit auf kontingente Außenbedingungen reagieren. Ein gutes Beispiel ist die moderne Heizung: Im Unterschied zum ungeregelten Holzofen, bei dem wir durch Brennstoff- und Luftzufuhr eigenhändig dafür sorgen müssen, dass er die gewünschte Wärme liefert, ohne dass wir den Raum überheizen, findet sich im Heizkörper mit Thermostat eine Funktion der Selbststeuerung. Wir geben die gewünschte Temperatur vor, Stufe 3 beispielsweise entspricht 21 Grad, und der Warmwasserzulauf wird entsprechend reguliert, so dass idealerweise die Raumluft permanent auf diesem Wert verbleibt, ohne dass jemand dazu von außen eingreifen müsste. Formalisiert gesprochen: Der angegebene Soll-Wert (21 Grad) wird mit dem vom Messfühler erhobenen Ist-Wert abgeglichen. Sofern der Wert unterschritten ist, wird der Warmwasserzulauf (Regelgröße) geöffnet, bis der Soll-Wert erreicht ist. Die Kommunikation zwischen den Mess- und Steuerelementen erfolgt über Feedback, also über das Wiedereinspeisen von gewonnenen Informationen in das System. Damit kann das Regel-System flexibel auf Störungen oder Veränderungen in der Außenwelt (Kälteeinbruch oder Sonnenschein) und die Auswirkungen der eigenen Regulationen reagieren. Der Freiburger Soziologe Ulrich Bröckling analysiert die Karriere des Feedbackmodells ausgehend von dem technischen Konzept, wie es vom Vater der Kybernetik Norbert Wiener im Zweiten Weltkrieg zur Idee einer Verbesserung der Flugabwehr (Anti-Aircraft-Predictors) genutzt wurde. Wiener erläutert den Vorzug der kybernetischen Technik:

»Wir können also ein Flakgeschütz konstruieren, welches durch seine Bauart den statistischen Ablauf der Bewegung des Zielflugzeuges selbst beobachtet, ihn dann in ein Regelungssystem einarbeitet und schließlich dieses Regelungssystem benützt, um die Geschützstellung rasch an die beobachtete Position und Bewegung des Flugzeugs anzupassen. Das heißt: Wir konstruieren eine Maschine, die ein Element des Lernens enthält« (Wiener 1958, S. 58).

Bemerkenswert ist, dass hier die menschliche Fähigkeit des Lernens der Maschine zugeschrieben wird. Technisch beschreibt Bröckling diese lernanaloge Funktion: »Komplexere Rückkopplungssysteme minimieren nicht nur die Oszillation um die Führungsgröße, sondern veranlassen das System gegebenenfalls auch zur Neujustierung des Soll-Werts oder sogar zum Wechsel in der Programmierung seiner Operationen« (Bröckling 2017, S. 199 f.).

Im Konzept des selbstgesteuerten Lerners findet nun eine Rückübertragung des Lernmodells von der Maschine auf den Menschen statt. Schon bei Wiener handelt es sich um einen Anthropomorphismus, also um eine Vermenschlichung der Maschine, wenn er dem kybernetischen System die Fähigkeit des Lernens zuspricht. In den Lernkonzeptionen des PISA-Regimes findet sich nun ein Technomorphismus, die Maschinisierung des Menschen. Die scheinbare Parallele der technischen Problemlösung durch kybernetische Informationsverarbeitung im Regelkreis zum selbstgesteuerten Lerner ist verführerisch: Schüler sollen gesetzte Lernziele erreichen (Soll-Wert), sie erhalten Feedback über ihren erhobenen Leistungsstand (Ist-Wert) und nutzen Strategien der Problemlösung und Informationsverarbeitung, der Lernplanung und -organisation und Selbstmotivation (Regelgröße), um sich schließlich ans Ziel des Lernerfolgs zu bringen. Es ist offensichtlich möglich, Lernen kybernetisch zu beschreiben. Allerdings geschieht dies um den Preis einer kategorialen Nivellierung des Unterschieds von Mensch und Maschine. Schon Martin Heidegger hatte auf die ontologische Indifferenz hingewiesen, welche dem Siegeszug des kybernetischen Modells zugrundeliegt (vgl. Heidegger 1988, S. 64 f.). Die Kybernetik ist gleichgültig gegenüber den Unterschieden in der Seinsweise der Gegenstände, die zu erklären sie sich anmaßt; sie weitet ihr Modell über physiologische Prozesse des Körpers (Regulation der Sauerstoffsättigung des Blutes), technische Vorgänge (Thermostat, selbstfahrende Autos) und kulturelle Tätigkeiten (Bildung) aus. Wollte man diese Praxis mit einem wertenden Unterton bezeichnen, könnte man sagen, dass die Formierung der Kinder und Jugendlichen zu selbstgesteuerten Lernern inhuman sei, in dem Sinne, dass die Dignität der humanen Existenz begrifflich und operativ nivelliert wird.

3 Rückfragen und Modellkritik

Aber was soll das sein, die humane Existenzweise, wenn nicht Wortklauberei oder nostalgische Beschwörung einer längst verblichenen Diskursfigur? Schließlich hat das kybernetische Modell doch einen hohen explikativen Wert und zeitigt in der Transformation und funktionalen Optimierung der Wirklichkeit gewaltige Fortschrittseffekte. Ist der Mensch nicht – wie Günther Anders (Anders 1994) herausgearbeitet hat – längst in seiner Imperfektheit von den Maschinen beschämt und sollte seine Antiquiertheit eingestehen? Sind die pädotechnischen Interventionen im Bildungssektor nicht gar ein notwendiger Schritt der Überwindung des Menschen zugunsten einer transhumanistischen Vollendungsfigur? Fordert nicht die Digitalisierung aller Lebensbereiche zwangsläufig ihr Pendant im selbstgesteuerten Menschen? Schließlich belässt es dieser gesellschaftliche ›Megatrend‹ ja nicht beim Dasein der Technik, sondern vollzieht sich als »Technisierung des Daseins« (Anders 1995, S. 207), einem scheinbar naturnotwendigen Prozess, der sich in disruptiven Geschichtsereignissen seinen Weg bahnt und dabei sogar die Möglichkeit seiner reflexiven Thematisierung überwindet, insofern ein vor- oder außertechnischer Standpunkt in Vergessenheit gerät oder gar ganz verloren geht?

»Vermutlich stirbt das Bedürfnis, nach der modernen Technik zu fragen, im gleichen Maße ab, in dem die Technik die Erscheinungen des Weltganzen und die Stellung des Menschen in diesem entschiedener prägt und lenkt« (Heidegger 1988, S. 64.).

Wir erblinden gewissermaßen gegenüber der Denk- und Gestaltungsherausforderung, die auch mit der technischen Realisierung der Kybernetik als Digitalisierung verbunden ist, weil wir sie immer schon im Lichte des technisierten Daseins betrachten. Eine angemessene Thematisierung der Technik misslingt also deshalb, weil diese längst den Horizont bildet, in dem wir uns den Dingen und uns selbst zuwenden.

Die pädagogische Verantwortung aber kann sich nicht zufrieden geben mit einer schlichten Umsetzung von ideologischen Programmen oder technoevolutionären Disruptionen, wenn sie sich in irgendeiner Weise den Gedanken von Aufklärung und Mündigkeit verbunden sieht. Sie muss ihre Praxis auf eine diskursive und systematische Klärung von Grundbegriffen und -phänomenen gründen und darf ihre Orientierung nicht aus interessengeleiteten programmatischen Setzungen beziehen. Um diesem Diskurs nicht vorzugreifen, wohl aber seine Notwendigkeit hervorzuheben, sollen nun einige Rückfragen an die technomorphe Modellierung des Lerners gestellt werden.

Technik funktioniert im Rahmen der Naturgesetze und ist insofern durch das Kausalitätsprinzip determiniert. Der Mensch ist ein Wesen der Freiheit, das zwar unter den Bedingungen der *conditio humana* existiert, sich zu diesen aber willentlich verhalten kann und muss. Freiheit ist aber nicht nur ein Anthropologicum, sondern auch ein Anspruch an unsere politische und gesellschaftliche Existenz. Dieser Anspruch artikuliert sich im Gedanken der Emanzipation von Kontrolle und Unterwerfung unter ungerechtfertigte Herrschaftsansprüche durch Selbstermächtigung im Sinne von Aufklärung und Mündigkeit.

Kann die Figur des selbstgesteuerten Lerners der Freiheit des Menschen gerecht werden, wenn sein Innenleben mit einer kybernetischen Maschine gleichgesetzt wird? Steht nicht zu befürchten, dass lediglich eine Firmware für effektives Social Engineering aufgespielt wird? Ulrich Bröckling hat auf die Ambivalenz des Begriffes der Selbststeuerung am Beispiel Kurt Lewins hingewiesen:

> »Die Herausforderungen eines effizienten Social Engineering erschienen ihm dabei vergleichbar mit jenen, denen sich Wiener bei der Entwicklung automatischer Flakgeschütze gegenübergesehen hatte. Lewins Forschungen und die draus entwickelten pädagogischen und sozialpolitischen Programme changierten zwischen einem sozialtechnologischen Planungsoptimismus, der den Aspekt der Selbst*steuerung* betont, und einem demokratischen Ethos, das die Seite der *Selbst*steuerung stark machte« (Bröckling 2017, S. 200).

Kann die Grenze zwischen dem steuernden Selbst und dem gesteuerten Selbst noch aufrechterhalten werden? Um welches Selbst handelt es sich überhaupt, wenn dieses bloß als strategischer Insasse eines Kontingenzbewältigungscockpits fungiert? Ist es noch Subjekt, Person, Individuum oder gar Mensch?

Weiterhin wären die einzelnen Elemente des Regelkreises daraufhin zu befragen, inwieweit in der reduktionistischen Formalisierung noch der Eigensinn menschlicher Existenzvollzüge erhalten bleiben kann, die doch für Lernen und Bildung maßgeblich sein könnten:

> »Sprache ist kein Signalsystem, das Messwerte weiterleitet oder Regelbefehle erteilt. Urteilskraft ist nicht auf die Operation zu reduzieren, Soll- und Ist-Werte miteinander zu vergleichen. Selbsterkenntnis forderte schon das Orakel von Delphi, meinte damit aber etwas gänzlich anderes als kriteriengestützte Evaluation. Freiheit ist mehr und anderes als ein Instrument zur strategischen Optimierung von Anpassungsleistungen. Die leibliche Dimension der Motivation ist eine Weise des Weltverstehens und wird unzulässig verkürzt, wenn sie auf eine manipulierbare Lernerfolgsressource eingedampft wird« (Burchardt 2016, S. 130).

4 Der politische Wille zur Funktionalisierung von Bildung

Sprache, Freiheit, Urteilskraft, Selbsterkenntnis und leibliches Zur-Welt-Sein bilden wesentliche anthropologische Momente, welche nicht nur Lernen und Bildung ermöglichen, sondern auch als Bahnen und Ziele der Menschwerdung betrachtet werden. Ihre technomorphe Verkürzung im Selbststeuerungsmodell unterbietet nicht nur die Komplexität des Lern-Phänomens, sondern lässt auch die emanzipatorischen und humanistischen Ansprüche verkümmern, die einst mit dem Begriff der Bildung verknüpft waren.

Ehrlicherweise muss man allerdings eingestehen, dass ein solcher Bildungsbegriff heutzutage ähnlich antiquiert sein könnte, wie der Mensch. Der Bildungsbericht der Bundesrepublik Deutschland, der sämtliche Aktivitäten des Landes erhebt und normativ orientiert, ist bereits geprägt von außerpädagogischen und antiaufklärerischen Kategorien:

> »Er [der Bildungsbericht] orientiert sich an einem Bildungsverständnis, dessen Ziele in den Dimensionen *individuelle Regulationsfähigkeit, gesellschaftliche Teilhabe und Chancengleichheit* sowie *Humanressourcen* Ausdruck finden« (Autorengruppe Bildungsberichterstattung 2020, S.1).

Wie im Untertitel des Berichtes anklingt, geht es um »Bildung in einer digitalisierten Welt«. Die Um- oder Einbettung des Bildungsbegriffes in technische (»Regulationsfähigkeit«), soziologische (»gesellschaftliche Teilhabe«) und ökonomistische (»Humanressourcen«) Kategorien unterstreicht in diesem Zusammenhang die instrumentelle Grundauffassung von Bildung, welche nach dem politischen Willen fortan gelten soll. Anthropologisch, bildungstheoretisch und ethisch allerdings bleiben damit viele Fragen offen. Dies wäre nicht weiter zu bedauern, wenn es sich allein um ein theoretisches Desiderat handeln würde, doch die politisch programmatische Formulierung mündet in einer pädotechnischen Formierung einer ganzen Generation, welche die ungeklärten Probleme existenziell austragen muss.

Literatur

Anders, G. (1995): Off limits für das Gewissen. Briefwechsel mit dem Hiroshima-Piloten Eatherly. In: G. Anders (Hrsg.), Hiroshima ist überall (S. 191–360) München: C.-H. Beck Verlag

Anders, G. (1994): Die Antiquiertheit des Menschen. 1. Band: Über die Seele im Zeitalter der zweiten industriellen Revolution. München: C.-H. Beck Verlag

Autorengruppe Bildungsberichterstattung (2020): Bildung in Deutschland 2020. Ein indikatorengestützer Bericht mit einer Analyse zu Bildung in einer digitalisierten Welt. Bielefeld: wbv Publikation. Online verfügbar unter: https://www.bildungsbericht.de/de/bildungsberichte-seit-2006/bildungsbericht-2020/pdf-dateien-2020/bildungsbericht-2020-barrierefrei.pdf, Zugriff am 11.6.2022.

Bröckling, U. (2017): Feedback: Anatomie einer kommunikativen Schlüsseltechnologie. In: M. Hagner, E. Hörl (Hrsg.), Die Transformation des Humanen. Beiträge zur Kulturgeschichte der Kybernetik (2. Auflage) (S. 326–347). Frankfurt a. M.: Suhrkamp.

Burchardt, M. (2016): Selbstgesteuertes Lernen – Roboter im Klassenzimmer. In: K. Zierer, J. Kahlert, M. Burchardt (Hrsg.), Die pädagogische Mitte (S. 121–134) Bad Heilbrunn: Julius Klinkhardt

Deutsches Pisa-Konsortium (2001): Pisa 2000. Basiskompetenzen von Schülerinnen und Schülern im internationalen Vergleich. Opladen: Leske+Budrich.

Heidegger, M. (1988^3): Das Ende der Philosophie und die Aufgabe des Denkens. In: M. Heidegger (Hrsg.), Zur Sache des Denkens (3. Auflage) (S. 61–80). Tübingen: Max Niemeyer.

Selbständige Schule (2005): Lehren und Lernen für die Zukunft. Guter Unterricht und seine Entwicklung im Projekt »Selbständige Schule«. Online in: www.selbststaendige-schule.nrw.de, Zugriff am 26.09.2022.

Wiener, N. (1958): Mensch und Menschmaschine. Frankfurt a. M.: Ullstein Taschenbuch Verlag.

Kompetenz

Karl-Heinz Dammer

1 Was sind eigentlich Kompetenzen?

Diese Frage mag naiv klingen, erscheint aber durchaus gerechtfertigt angesichts der Inflation von Komposita mit dem Begriff »Kompetenz«, deren Sinn sich einem nüchternen Leser mit kritischem Restverstand häufig nicht erschließt. Seit rund zwei Jahrzehnten erleben wir einen Kompetenz-Hype, dessen wesentlicher Auslöser die PISA-Studie und die ihr zugrundeliegende Kompetenzdefinition war. Diese Definition wurde danach für längere Zeit in verschiedensten Zusammenhängen aufgegriffen, häufig ohne dass die Zitierenden eine klare Vorstellung davon hatten, was da eigentlich definiert (oder nicht definiert) wurde. Das Zitieren selbst reichte offensichtlich aus, um zu signalisieren, man sei auf dem Stand der Debatte. Der unkritische Umgang sollte jedoch nicht darüber hinwegtäuschen, dass dieser Kompetenzbegriff nicht nur die Rede über Bildung und das Schulsystem verändert hat, sondern bis zu einem gewissen Grad auch Ausdruck eines sich wandelnden Menschenbildes ist. Was hinter diesem Hype steckt – und auch, was von ihm verborgen wird – soll im Folgenden erörtert werden.

Zunächst gilt es zu klären, warum der Begriff »Kompetenz« zu einem Hype werden konnte, obwohl er ursprünglich etwas anderes bedeutete als in der durch PISA prominent gewordenen Definition und obwohl er schon vorher in verschiedenen wissenschaftlichen Kontexten anders verwendet worden war. Vor diesem Hintergrund soll die Definition hinsichtlich ihres faktischen Gehalts genauer analysiert und in ihren politischen und gesellschaftlichen Kontext eingebettet werden. Das führt uns abschließend zu den beiden Fragen, warum es schwierig ist, ein klares Konzept von Kompetenz zu entwickeln, unter welchen Bedingungen man aber dennoch den Begriff sinnvoll verwenden kann.

2   Die Gründe des Kompetenzhypes

Der erste Grund für den Kompetenzhype ist grammatischer und semantischer Natur: »Kompetenz« lässt sich nahezu beliebig mit anderen Nomen kombinieren und kann auf alle erdenkliche Wissens- und Könnensbereiche angewandt werden. Was die Komposita betrifft, so reichen sie (dokumentiert!) von der »Alltagsorganisations-«, über die »Eisbären-«, »Haar-« und »Jeans-« bis hin zur »Schlangenlinien-« und »Zweigelt-Kompetenz«. Wer nicht genügend gelernt hat, braucht »Abschreibkompetenz«; wer Daten in einen Rechner eingeben kann, verfügt über »Tastaturkompetenz«;

die »Liebeskompetenz« hilft uns im Zwischenmenschlichen und mit der »Mañana-Kompetenz« kann man den lieben Gott einen guten Mann sein lassen usw. Bereits 2014 wurden im öffentlichen Sprachgebrauch nicht weniger als 2.323 Komposita mit »Kompetenz« gezählt (Grabowski 2014, S. 10).

Dementsprechend kann man sich einer geneigten Kundschaft als Experte für was auch immer andienen: die spezialisierte Floristin mit ihrer »Staudenkompetenz«, die Fachklinik mit ihrer »Arthrosekompetenz« oder der Makler mit seiner »Immobilienkompetenz«. Bisweilen genügt sogar die bloße Erwähnung des Begriffs »Kompetenz« ohne nähere Bestimmung, um dem Publikum zu imponieren. Wer kann ahnen, dass sich hinter dem Logo »neue Kompetenz« eine Beratungswebsite für verschiedene Lebensprobleme verbirgt oder dass »Kompetenz – gut zu wissen« einen Schreinerbetrieb bewerben soll?

Wenn der Kompetenzbegriff letztlich als bloßer Trigger für alle möglichen Assoziationen eingesetzt werden kann, wird er tendenziell bedeutungslos, er passt immer – oder nie, soweit man noch den Anspruch hat, mit Sprache etwas Bestimmtes auszudrücken. Als passende Definition für Kompetenz ergäbe sich daraus »irgendeine Fähigkeit zu irgendwas«.

Sprachkritisch betrachtet handelt es sich bei »Kompetenz« um ein »Hochwertwort« bzw. ein »Plastikwort«. »Hochwertwörter« zeichnen sich dadurch aus, dass im jeweiligen Verwendungskontext ihre lexikalisierte Bedeutung (Denotation) hinter die mit dem Wort verbundenen Assoziationen (Konnotation) zurücktritt, wobei es hier, dem Bestimmungswort »Hochwert-« entsprechend, nur um positive Assoziationen geht, wie es bei »Kompetenz« der Fall ist. Mit »Kompetenz« konnotieren wir spontan eine Person, die sich in einem bestimmten Bereich exklusiv auskennt und daher dort souverän und erfolgreich handeln kann, wofür man ihr Vertrauen entgegenbringt.

Hochwertwörter haben primär eine rhetorische bzw. propagandistische Funktion, weswegen sie häufig in der Werbung eingesetzt werden, aber nicht nur dort: Sie sind immer zur Stelle, wenn ein

Redner die Zuhörerschaft für seine Sache einnehmen will, ohne genauer zu erläutern, wovon er spricht oder welche Absichten er verfolgt. Diese Manipulation ist deswegen erfolgversprechend, weil die positiven Konnotationen verhindern, dass man über den Begriff und seine Bedeutung genauer, geschweige denn kritisch nachdenkt. Insofern sind Hochwertwörter, pointiert gesagt, ein Ausschalter für den Verstand. Werden solche Wörter neu in den öffentlichen Sprachgebrauch eingeführt, so kommt als weiterer Effekt eine Art Sogwirkung hinzu: Man möchte sich up-to-date zeigen, suggerieren, dass man mitreden kann und dazugehört, auch ohne zu wissen, worum es dabei geht oder was genau man meint. So entsteht ein Schneeballeffekt, der für eine immer schnellere Verbreitung des Hochwertworts sorgt.

Relativ eng verwandt mit den Hochwertwörtern sind die »Plastikwörter«. Dieser Begriff wurde von dem Tübinger Medienwissenschaftler Bernhard Pörksen geprägt, um einen bestimmten Typus Hochwertwörter zu charakterisieren, die konstitutiv für den Jargon moderner Technokratie sind, wie z. B. »Struktur«, »System«, »Synergie« oder »Fortschritt«. Pörksen hebt fünf Merkmale dieser Wörter hervor:

1. Einen hohen Grad an Abstraktion, der es erleichtert, sie auf möglichst viele Bereiche der Wirklichkeit anzuwenden und diese in einem bestimmten Sinne zu steuern;
2. die Möglichkeit, diese Begriffe untereinander zu verknüpfen und damit die Steuerung zum System auszubauen;
3. die Quantifizierbarkeit, um überprüfen zu können, in welchem Maße sich die Steuerungsabsicht durchgesetzt hat, das damit verbundene
4. Ausklammern von Ethik als Ausdruck reflektierten, verantwortlichen und freien Handelns sowie
5. Geschichtslosigkeit (vgl. Pörksen 1988, S. 111 ff.).

Während die Hochwertwörter allgemein dazu dienen, den Redner und seine Absichten aufzuwerten, haben die Plastikwörter eindeutig eine Herrschaftsfunktion, sind also politisch instrumentalisierbar. Dies gilt auch für den Kompetenzbegriff, auf den die o.g. Kriterien allesamt zutreffen: Die ersten beiden, die grenzenlose Anwendbarkeit und Verknüpfbarkeit, wurden bereits deutlich. Dass auch die beiden folgenden Kriterien, Quantifizierbar- bzw. Messbarkeit sowie das Ausklammern von Ethik, ebenfalls Merkmale von Kompetenz sind, zumindest wenn man der Kompetenzdefinition von PISA folgt, wird sich noch zeigen. Das fünfte Kriterium, Geschichtslosigkeit, trifft insofern zu, als von dieser Kompetenzdefinition inzwischen vorangegangene Arten des Kompetenzverständnisses überlagert werden.

3 Verschiedene Bedeutungen des Begriffs »Kompetenz«

Abgeleitet von dem römischen Rechtsbegriff *competens* (= zuständig, befugt, rechtmäßig) bezeichnet »Kompetenz« seit dem Spätabsolutismus die Befugnis, bestimmte gesellschaftlich institutionalisierte Aufgaben wahrzunehmen. »Kompetenz« in diesem, auch heute noch gebräuchlichen Sinne bezeichnet also keine individuelle Eigenschaft, sondern die Lizenz zu legitimer Herrschaftsausübung in einem klar definierten Bereich. Dabei handelt es sich um komplexere Aufgaben, die fachspezifische Kenntnisse sowie die Fähigkeit einer Person voraussetzen, diese Kenntnisse selbstverantwortlich und sachgerecht in ihrem Zuständigkeitsbereich einzusetzen. In diesem Sinne ist Kompetenz zu verstehen als eine auf der Basis zertifizierter Qualifikationen zugebilligte Entscheidungs- und Handlungsgewalt, die juristisch legitimiert und gesellschaftlich anerkannt ist. Der traditionelle Begriff hat somit eine objektive und eine subjektive Seite, die sich gegenseitig bedingen.

Bis in die 1950er Jahre hinein wurde der Begriff im allgemeinen Sprachgebrauch nur in diesem Sinne benutzt, danach aber auch in verschiedenen wissenschaftlichen Disziplinen aufgegriffen und als

Fachterminus näher bestimmt, wie z. B. in der Linguistik, der Psychologie und der Pädagogik.

In die Linguistik wurde der Begriff Ende der 1950er Jahre von Noam Chomsky eingeführt, der sich u. a. die Frage stellte, warum Kinder ab einem bestimmten Punkt ihrer sprachlichen Entwicklung in der Lage sind, selbstständig grammatisch korrekte Sätze hervorzubringen. Da sie für diese Neubildungen kein exaktes Modell haben, das sie nachahmen könnten, ging Chomsky davon aus, dass diese Fähigkeit als eine Art Universalgrammatik angeboren sein müsse. Unter dieser Prämisse entwickelte er seine generative Transformationsgrammatik, die untersuchen wollte, nach welchen Regeln Strukturen einzelner Sprachen hervorgebracht und verändert werden. Die Fähigkeit dazu nannte er »Kompetenz« und unterschied sie von der »Performanz«, worunter er die Anwendung grammatischer Strukturen in konkreten Sprechhandlungen verstand. Nur diese Performanz ist beobachtbar und erlaubt Rückschlüsse auf die Kompetenz, allerdings keineswegs eindeutig, denn eine fehlerhafte Performanz, die aus unterschiedlichen Gründen entstehen kann, bedeutet nicht zwingend, dass dem Sprechenden die grundsätzliche Kompetenz fehlt – eine für die empirische Erforschung von Kompetenzen wesentliche Einsicht (Chomsky 1969).

Etwa zeitgleich mit Chomsky stieß der Motivationspsychologe Robert W. White auf eine Grundfähigkeit des Menschen, die sich nach damaligem Kenntnisstand weder genetisch, noch entwicklungspsychologisch, noch als Ergebnis bewusst gesteuerter Lernprozesse erklären ließ, sondern Ergebnis einer aktiven Interaktion des Subjekts mit der Umwelt sein musste, die von dem intrinsischen Bedürfnis nach Handlungsfähigkeit und von der Suche nach Selbstwirksamkeitserfahrung angetrieben wird. Das Resultat dieses Bedürfnisses nannte White »Kompetenz«, die somit zu verstehen ist als eine wesentliche Voraussetzung für die Selbstbestimmung eines Subjekts, das sich als aktiver Teil seiner Umwelt erleben will (White 1959).

Ungeachtet der unterschiedlichen Entstehungskontexte haben die beiden Kompetenzkonzepte drei Merkmale gemeinsam:

- Kompetenz gilt als eine angeborene Fähigkeit, ist also nicht von Grund auf zu lernen, sondern höchstens durch das eigene Handeln zu verbessern.
- Kompetenz ist ein nicht empirisch nachweisbares Konstrukt, das zur Erklärung bestimmter Fähigkeiten bzw. Handlungsweisen entwickelt wurde.
- Gegenüber der traditionellen Bedeutung verschiebt sich der Akzent auf das Subjekt und seine individuellen Fähigkeiten, die im traditionellen Verständnis nur Voraussetzung für Kompetenz sind, aber nicht diese selbst.

Bis zu einem gewissen Grad gelten diese drei Merkmale auch für den dritten Bereich, in dem »Kompetenz« als Fachbegriff eingeführt wurde, die Pädagogik. In seiner *Pädagogischen Anthropologie* erhebt Heinrich Roth »Kompetenz« zu einem zentralen Begriff, indem er ihn zur unabdingbaren Voraussetzung von Mündigkeit erklärt. Er unterscheidet dabei drei Arten von Kompetenzen:

> »a) als *Selbstkompetenz* (self-competence), d. h. als Fähigkeit, für sich selbst verantwortlich handeln zu können, b) als *Sachkompetenz*, d. h. als Fähigkeit, für Sachbereiche handlungs- und urteilsfähig und damit zuständig sein zu können, und c) als *Sozialkompetenz*, d. h. als Fähigkeit, für sozial, gesellschaftlich und politisch relevante Sach- oder Sozialbereiche urteils- und handlungsfähig und also ebenfalls zuständig sein zu können« (Roth 1971, S. 180).

Mit dem Verweis auf Verantwortlichkeit, Handlungs- und Urteilsfähigkeit lehnt sich Roth offensichtlich an den traditionellen Kompetenzbegriff an, während die Gleichsetzung von Mündigkeit und Kompetenz als eine pädagogische Interpretation von Whites Motivationspsychologie erscheint bzw. umgekehrt als der Versuch, die pädagogisch nicht operationalisierbare und schillernde Kategorie der Mündigkeit[1] lernpsychologisch zu konkretisieren und pädagogisch gestaltbar zu machen. In diesem Punkt weicht Roth von Chomskys und Whites Konzepten ab, für die Kompetenz im We-

---

1 Vgl. dazu Rieger-Ladich (2002) und Dammer/Wortmann (2014).

sentlichen eine angeborene Fähigkeit war. Auch bei Roth haben wir es also mit einem theoretischen Konstrukt zu tun, das aber auf die Gestaltung der (v. a. unterrichtlichen) Praxis zielt und als solches auch im bildungspolitischen und gesellschaftlichen Kontext seiner Zeit gesehen werden muss: Die beiden Bände der *Pädagogischen Anthropologie* erschienen 1970-71, also zu Beginn der umfassenden Bildungsreform, die in struktureller wie inhaltlicher Hinsicht auf eine Demokratisierung der Schule zielte und für die »Mündigkeit« zu einem pädagogischen Leitbegriff wurde.

Roths neues Verständnis von Kompetenz brachte eine wesentliche Implikation mit sich, die von ihm nicht thematisiert wurde, nämlich die Notwendigkeit, Kompetenzen, wenn sie als normative Zielvorgaben von Unterricht bestimmt werden, in Schülerleistungen dingfest machen und bewerten, sie also empirisch überprüfen zu können. Erste Ansätze dazu wurden in der Berufspädagogik entwickelt, die ab Mitte der 1970er Jahre Roths Kompetenzkonzept aufgriff, weil es ihr geeignet erschien, die gestiegenen Anforderungen an berufliche Bildung didaktisch zu operationalisieren. Angesichts der wachsenden Komplexität technisch gesteuerter Produktion, aber auch von Dienstleistungen, die zunehmend von wissenschaftlichen Grundlagen bestimmt wurden, konnte die berufliche Bildung sich nicht mehr auf die Vermittlung mechanischer Teilfertigkeiten beschränken, sondern musste stärker auf Handlungs- und Urteilsfähigkeit in komplexen Situationen vor dem Hintergrund elaborierten Fachwissens zielen, also auf die Ausbildung »mündiger Facharbeiter« wie die idealtypische Formel lautete. Es ist daher kein Wunder, dass Roths für die Pädagogik allgemein formuliertes Konzept zunächst in der beruflichen Bildung auf fruchtbaren Boden fiel, zumal es dort angesichts klarer definierter Aufgabenfelder einfacher war, Kompetenzen halbwegs präzise zu definieren und anhand manifester Leistungen zu überprüfen, was im allgemeinpädagogischen Bereich wesentlich schwieriger ist. So entwickelte sich auch der Kompetenzgedanke im beruflichen Bereich wesentlich schneller weiter und führte 2008 zur Formulierung des »Europäischen Qualifikationsrahmens« (EQR). Dieser ist in unterschiedliche Kompetenzbereiche und -stufen unterteilt, die es erlauben sollen, berufliche Qualifikation europaweit einheitlich zu bestimmen. Die Konjunktur des Begriffs in der beruflichen Sphäre dürfte mit dazu geführt haben, dass etwa ab Mitte der 1980er Jahre »Kompetenz« auch im allgemeinen Sprachgebrauch immer häufiger zur Bezeichnung anspruchsvoller beruflicher Qualifikationen benutzt wurde, so dass sich der Akzent noch stärker als in der ursprünglichen Bedeutung auf das individuelle Vermögen verschob.

Die allgemeinbildenden Schulen blieben demgegenüber von den Entwicklungen im berufsbildenden Bereich bis zur Jahrtausendwende unberührt; hier wurde der Kompetenzbegriff erst mit der ersten PISA-Studie (2001) eingeführt, avancierte dann aber überraschend schnell zu einem neuen Leitbegriff des Unterrichts. Bevor wir uns diesem Konzept und seinen Hintergründen zuwenden, sei noch die zeitgleich entstandene pädagogische Neufassung des Kompetenzbegriffs von Löwisch (2000) erwähnt, weil sie einen bemerkenswerten Kontrapunkt zu PISA darstellt.

Löwisch unterscheidet Kompetenzen nicht, wie Roth es zumindest grob tat, nach Bereichen, sondern nach zwei Qualitätsniveaus, nämlich einerseits Kompetenzen ersten Grades, die zur praktischen Bewältigung des beruflichen wie privaten Lebens notwendig sind und im Rahmen der Erziehung erworben oder auch später gelernt werden können, und andererseits Kompetenzen zweiten Grades, worunter Löwisch Reflexions- und Urteilsfähigkeit versteht, die über die Erziehung hinaus einen individuellen Bildungsprozess voraussetzen.

4 Das Kompetenzkonzept der PISA-Studie

4.1 Weinerts Kompetenzdefinition

Die durch die PISA-Studie rasch kanonisch gewordene Definition stammt ursprünglich aus einem Aufsatz von F.-E. Weinert, in dem dieser Sinn und Zweck sog. »Large-scale-Studien« erläutert, also breit angelegter Studien, mit denen international die Leistungsfähigkeit von Schülerinnen und Schülern und damit im Endeffekt auch der jeweiligen Bildungssysteme gemessen werden soll. Sie lieferten, so Weinert, die wissenschaftliche Grundlage für eine objektive Datenbasis, von der ausgehend mit gezieltem Ressourceneinsatz Verbesserungen im Bildungssystem vorangetrieben werden könnten, um das jeweilige Land als Wirtschaftsstandort zu sichern (Weinert 2001).

Durch diesen Kontext ergeben sich bereits im Vorhinein einige Einschränkungen für das Verständnis des Kompetenzbegriffs:

- Er wird für nur einen bestimmten praktischen bzw. politischen Zweck definiert.
- Wenn es um die Sicherung von Wirtschaftsstandorten geht, müssen Kompetenzen – und sei es in einem weiten Sinne – auf ökonomische Brauchbarkeit hin ausgerichtet sein.
- Wenn eine wissenschaftlich gesicherte Datenbasis geschaffen werden soll, muss der Begriff so gefasst werden, dass er für eine empirische Messung taugt.

Speziell für die PISA-Studie kommt als weitere Einschränkung hinzu, dass es dort nur um muttersprachliche, mathematische und naturwissenschaftliche Basiskompetenzen von Schülerinnen und Schülern am Ende der Pflichtschulzeit geht, also strukturell nur um einen kleinen Ausschnitt des Bildungssystems und inhaltlich keineswegs um alles, was in der Schule gelernt wird, weswegen man sich fragen mag, wie der Anspruch begründet ist, daraus ein umfassendes Urteil über die Leistungsfähigkeit eines ganzen Bildungssystems ableiten zu können.

In dem hier skizzierten Rahmen definiert Weinert »Kompetenzen« als

> »die bei Individuen verfügbaren oder durch sie erlernbaren kognitiven Fähigkeiten und Fertigkeiten, um bestimmte Probleme zu lösen sowie die damit verbundenen motivationalen, volitionalen und sozialen Bereitschaften und Fähigkeiten, die Problemlösungen in variablen Situationen erfolgreich und verantwortungsvoll nutzen zu können« (ebd., S. 27 f.).

Zumal angesichts der eingangs erwähnten steilen Karriere des Begriffs lohnt ein genauerer Blick auf diese Definition, die einerseits sehr eng, andererseits sehr weit ist. Sehr eng insofern, als Kompetenzen hier auf den kognitiven Bereich beschränkt werden und weil ihr einziger Zweck darin zu bestehen scheint, Probleme lösen zu können. Ist folglich ein nicht gelöstes Problem ein Indiz für Inkompetenz? Oder anders gefragt: Bin ich nur dann kompetent, wenn ich Probleme löse? Erfordert das Erkennen eines Dilemmas, für das es keine eindeutige Lösung gibt, nicht sogar ein hohes Maß an Kompetenz, insbesondere einer Kompetenz zweiten Grades im Sinne Löwischs?

Bemerkenswert in diesem ersten Teil der Definition ist auch die Verwendung der Präposition »bei« in Zusammenhang mit »verfügbar«, denn sie impliziert, dass das betreffende Individuum nur für die Bereitstellung der erwünschten Kompetenzen zuständig ist, darüber verfügen wollen andere. Wenn beispielsweise ein Bäcker Brötchen backt, so will er sie nicht selbst essen, sondern hält sie für seine Kunden verfügbar. Durch »bei« wird also dem Einzelnen die Verfügungsgewalt über seine Kompetenzen genommen, er ist zwar noch Ursache der Kompetenz, aber nicht mehr Zweck, wie es bei Chomsky, White oder Roth der Fall war. Verstünde man Kompetenz in deren Sinne, hätte in Weinerts Definition statt »bei« »für« oder »von ... verfügbar« stehen müssen.

Während der erste Teil der Definition sehr eng erscheint, weitet der zweite Teil den Kompetenzbegriff in diffuser Weise aus, indem er ihm eine ganze Reihe weiterer Bestimmungsmerkmale hinzufügt, die, dem Sinn und Zweck einer Definition nach, alle notwendig gegeben sein müssen, damit man vom Vorhandensein einer Kompetenz sprechen kann. Zunächst sind dies Motivation und Wille, bei denen es sich aber nicht um stabile psychische Phänomene handelt, sondern deren Vorhandensein von verschiedenen äußeren und inneren Faktoren abhängt. Ich kann gute Gründe haben, in einer bestimmten Situation nicht motiviert oder willens zu sein, von meiner Kompetenz Gebrauch zu machen, was aber nicht (bzw. nur nach Weinerts Definition) den Schluss erlaubt, dass ich nicht grundsätzlich darüber verfüge. Während es sich bei »Motivation« und »Volition« immerhin noch um vergleichsweise präzise definierte psychologische Begriffe handelt, ist dies bei den »sozialen Bereitschaften und Fähigkeiten« nicht der Fall, abgesehen davon, dass auch diese genauso kontingent wären wie die beiden erstgenannten Bedingungen.

Damit nicht genug, wird ein Mensch auch nur dann für kompetent erklärt, wenn er seine Kompetenzen erfolgreich zu nutzen versteht; folglich ist er inkompetent, wenn er dabei scheitert, obwohl auch dies auf äußere Faktoren zurückzuführen sein kann. Zu guter Letzt muss dieser Mensch sich beim Einsatz seiner Kompetenzen auch noch als verantwortungsvoll erweisen, was aber als verantwortungsvoll gilt, wird von äußeren Normen bestimmt, kann also im Rahmen dieser Definition weder genau festgelegt noch überprüft werden. Inhaltlich betrachtet sind Kompetenzen also ethisch gleichgültig, so dass, um ein krasses Beispiel zu wählen, auch ein Selbstmordattentäter als kompetent gelten kann, insofern er in der Lage ist, eine Bombe zu bauen und damit nicht nur sich selbst, sondern auch andere Menschen »erfolgreich« umzubringen, weil er in Verantwortung seinem ethischen Horizont gegenüber meint, Ungläubige töten zu müssen.

Als Fazit lässt sich festhalten, dass Weinerts Begriffsbestimmung nicht den Bedingungen einer wissenschaftlichen Definition genügt, sondern den Begriff »Kompetenz« mit Attributen überfrachtet, die seinen korrekten Gebrauch nahezu unmöglich machen. Was dürfte noch als Kompetenz gelten, wenn all die genannten Faktoren notwendig gegeben sein müssten? Vor allem aber wirft die Definition bezogen auf den empirischen Anspruch der Large-scale-Studien die Frage auf, wie die aufgeführten Merkmale, zumal in ihrem Zusammenspiel, wissenschaftlich valide überprüft werden sollen.

Die Unklarheit der Definition dürfte mit für den inflationären und diffusen Gebrauch gesorgt haben, umgekehrt kann man sich aber auch fragen, wieso die Ungereimtheiten so wenigen Menschen aufgefallen sind bzw. warum die durchaus artikulierte Kritik an dem Konzept auf taube Ohren stieß.

4.2 Bedeutung des Kompetenzbegriffs für die PISA-Studie

Der Kompetenzbegriff ist der theoretische und methodische Kern der PISA-Studie, denn die Kompetenzmessung dient dazu, letztlich die Leistungsfähigkeit von Bildungssystemen zu bestimmen. Das zentrale Argument für seine Einführung war daher auch, dass Kompetenzen im Gegensatz zu Bildung objektiv messbar seien. Das ist insofern richtig, als dem Bildungsbegriff eine Vielzahl von z. T. widersprüchlichen Merkmalen zugeschrieben wird und er insofern nicht klar genug definierbar ist, um eindeutige Messungen zu erlauben. Nun sahen wir allerdings, dass Ähnliches auch für Weinerts Kompetenzbegriff gilt, was seine Propagandisten aber nicht davon abhält, an der Messbarkeitsbehauptung festzuhalten, allerdings in einer gegenüber Weinerts Definition sehr abgespeckten Form: Faktisch werden in der PISA-Studie nur kognitive Basiskompetenzen in der Beherrschung der Muttersprache, den Naturwissenschaften und der Mathematik getestet; dafür hätte es genügt, wenn Weinert seine Definition auf den einleitenden Teilsatz beschränkt hätte.

An der Messabsicht selbst gibt es nichts auszusetzen, sobald man den Kompetenzbegriff in der schulischen Praxis einsetzt, da Schülerleistungen qualitativ bestimmt werden müssen und faktisch von jeher werden. Es spricht auch zunächst einmal nichts dagegen, diese Messung auf eine scheinbar solide wissenschaftliche Basis zu stellen, um sie nicht allein der häufig – sei es zu Recht oder zu Unrecht – beklagten Willkür von Lehrkräften zu überlassen. Dabei taucht aber das Grundproblem auf, von einer Performanz auf eine Kompetenz schließen zu müssen, was unvermeidbar mit dem bereits in Zusammenhang mit Chomsky angesprochenen Dilemma verbunden ist, dass man einerseits auf die beobachtbare Performanz angewiesen ist, da man ansonsten überhaupt keinen Zugang zu der Kompetenz bekäme, dass andererseits aber die Performanz keinen sicheren Aufschluss über das Vorhandensein der Kompetenz gibt und noch weniger über klar voneinander abgrenzbare Niveaus der Beherrschung.

Da die Performanz keine objektive Auskunft über die Kompetenz geben kann, wird die Objektivität bei PISA auf dem Umweg über ein mathematisches Modell hergestellt, auf dessen Basis die Korrespondenz einer Aufgabenlösung mit einem bestimmten Kompetenzniveau berechnet wird. Dieses Modell ist so komplex, dass es selbst mit empirischen Methoden Vertrauten Rätsel aufgibt. Für unseren Zusammenhang genügt es, sich klarzumachen, dass die Objektivität der Kompetenz bzw. des Kompetenzniveaus nicht als Gegebenheit festgestellt, sondern mathematisch produziert wird und dass folglich dieses Produkt nicht zu verwechseln ist mit der psychischen Realität im Kopf der Probanden. Hinzu kommen weitere Faktoren, die die behauptete Exaktheit verwässern, hier aber ebenfalls nebensächlich sind, entscheidend ist die Bilanz, dass aller Wissenschaftlichkeit zum Trotz Zweifel an der Objektivität PISA-Ergebnisse angebracht sind und es daher erstaunlich ist, mit welcher Selbstverständlichkeit sie lange als gültige Aussagen nicht nur über Schülerleistungen, sondern über das gesamte Schulsystem kolportiert wurden. Dies kann mehrere Gründe haben: (a) Die methodische Komplexität, von der auch ohne genauere Sachkenntnis auf eine wissenschaftlich verlässliche Vorgehensweise geschlossen wird, (b) den tief in der Geschichte modernen Denkens verankerte Glaube an die Objektivität mathematischer Berechnungen oder (c) die sinnfällige Inszenierung der Ergebnisse in Rankingtabellen, die »Hoch-« und »Minderleister« auf einen Blick erkennbar zu machen scheinen und daher (d) die Öffentlichkeit, oder zumindest die veröffentlichte Meinung, regelmäßig in Aufruhr versetzen und die Bildungspolitik zum Handeln zwingen. So wurde denn auch die Kompetenzorientierung in, verglichen mit bisherigen Bildungsreformen, atemberaubender Geschwindigkeit in den Schulen für alle Fächer verbindlich implementiert, obwohl überhaupt noch keine fachspezifischen Modelle vorlagen. Dies wurde dann eiligst nachgeholt, wobei die Frage der jeweiligen fachlichen Inhalte in den Hintergrund geriet (vgl. Klein 2016). Hauptzweck des Unternehmens ist dabei nicht die Verbesserung des Unterrichts, die nie im Vorfeld ernsthaft überprüft wurde, sondern die Möglichkeit einer regelmäßigen Kontrolle der Schulen auf der Basis unangefochtener Messmethoden.

Fazit: Durch die Einführung des Kompetenzkonzepts entstand eine langfristige Symbiose zwischen Wissenschaft (als notwendigem Datenlieferant) und Politik (die ihre Entscheidungen durch Daten legitimieren kann), die mit jeder Wiederholung der PISA-Studie von Neuem bekräftigt wird. Insofern fungiert das Kompetenzkonzept auch als ein Herrschaftsinstrument, dessen Wirkungen im Folgenden kurz beschrieben werden sollen.

5 Die Folgen der Kompetenzorientierung für das Menschenbild, die Gesellschaft und die Politik

Ob »Kompetenz« im öffentlichen Diskurs inzwischen »Bildung« als Leitkategorie abgelöst hat, ist eine offene Frage, die Inflation des Kompetenzbegriffs ist aber ein Indiz dafür, dass sich das Sprechen über Schule und Bildung verändert hat, denn es werden nun deutlich stärker als zuvor die Brauchbarkeit und Anwendbarkeit von Bildung, häufig in Verbindung mit ökonomischer »Standortsicherung« in der »Wissensgesellschaft«, betont. Daher erscheint es angebracht, sich einige wesentliche Unterschiede zwischen Bildung und Kompetenz vor Augen zu führen:

1. Beide Begriffe wenden sich primär an das Individuum, der Kompetenzbegriff jedoch mit dem Ziel der Vereinzelung, während die Individualität im Bildungsbegriff in der anthropologischen Perspektive von Humanität aufgehoben ist.
2. Damit eng verbunden ist die stets auch ethische Dimension des Bildungsbegriffs. Für Weinerts auf Problemlösungen fixierten Kompetenzbegriff gilt dies nicht. Weinert spricht zwar von »verantwortungsvoll«, der Begriff bleibt in seiner Definition aber ethisch leer, abgesehen davon, dass er nur eines von mehreren additiv aneinandergereihten Attributen ist.
3. Auch wenn man Bildung im Hinblick auf bestimmte Wirklichkeitsbereiche oder Facetten menschlicher Fähigkeiten hin spezifizieren kann, so liegt dem Begriff selbst doch stets die Vorstellung einer integralen Persönlichkeitsentfaltung zugrunde, wohingegen dem Kompetenzbegriff eine modularisierte Vorstellung des Menschen innewohnt, die den Akzent auf die Bewältigung äußerer Anforderungen legt, für die man, nach Weinert, je »bestimmte Fähigkeiten und Fertigkeiten« braucht. Anders gesagt:
4. Im Bildungsbegriff geht es stets primär um das Selbstverhältnis und -verständnis des Individuums, im Kompetenzbegriff um dessen Handlungsfähigkeit.
5. Insofern impliziert der Bildungsbegriff immer auch die Möglichkeit, in kritische Distanz zu bestehenden Verhältnissen zu gehen, während der Kompetenzbegriff auf die Anpassung an Vorfindliches zielt.

Pointiert lassen sich die Unterschiede in der Formel zusammenfassen: Es gibt keine Bildung ohne Kompetenzen, wohl aber Kompetenzen ohne Bildung – allein schon deswegen, weil der Kompetenzbegriff das Individuum zum Zweck der Messung tendenziell beliebig fragmentiert. Für unseren Zusammenhang wesentlich ist, dass der Kompetenzbegriff ethisch neutral und damit funktional in beliebigen Zusammenhängen unabhängig von der Frage nach den Zwecken verwendet werden kann. Die Fähigkeit, Zwecke zu reflektieren, zu beurteilen und auf dieser Basis Entscheidungen zu treffen, ist in Weinerts Kompetenzbegriff nicht vorgesehen, wohl aber ein konstitutiver Bestandteil der Bildungsidee.

Auch wenn er ethisch neutral ist, entfaltet der Kompetenzbegriff eine eigene Form von Normativität, die Lutz Koch (2004) treffend »normative Empirie« nennt. Damit ist gemeint, dass die auf empirische Messverfahren zugeschnittene Modellierung der Kompetenzen, also die wissenschaftliche Methode, darüber entscheidet, was als Kompetenz gelten kann und was nicht und damit in der praktischen Konsequenz auch, was schulisch relevante (nämlich messbare) Bildung ist und was nicht. In dem Maße, wie sich der Kompetenzbegriff im öffentlichen Diskurs durchsetzt – und sei es nur aus den trivialen Gründen, die oben im Zusammenhang mit den Plastikwörtern erwähnt wurden –, drohen Dimensionen des Bildungsbegriffs, die über Kompetenz hinausgehen, in Vergessenheit zu geraten.

In der Gegenüberstellung der beiden Begriffe wird erkennbar, dass es hier um mehr geht als die künftige Ausrichtung schulischer Arbeit, nämlich unterschiedliche Menschen- und damit auch Gesellschaftsbilder. Beurteilt man das Kompetenzkonzept auf dieser Ebene, muss man zunächst bedenken, dass die PISA-Studie von der OECD in Auftrag gegeben wurde und somit primär von ökonomischen Interessen motiviert ist, was auch in Weinerts Verweis auf die Abhängigkeit des Wirtschaftsstandorts von Bildung deutlich wurde. Dieses spezifische Verständnis von »Kompetenz« beschränkt sich jedoch nicht auf die OECD, auch der in puncto Kompetenz ausgesprochen kenntnisreiche Berufsbildungstheoretiker John Erpenbeck betont, dass es bei Kompetenzen primär darum gehe, Individuen im Kontext spätmoderner Gesellschaften anpassungs- und handlungsfähig zu machen (Erpenbeck & Rosenstiel

2007, S. XXXVII). Unausweichlich sei dies, so Erpenbeck an anderer Stelle, wegen tiefgreifender ökonomischer Umbrüche, nämlich der »Ablösung von formellen, bürokratischen, hierarchischen Organisations- und Unternehmensformen durch informelle, variable, sich selbst organisierende Netzwerkstrukturen« (Erpenbeck 2010, S. 1270), die den Arbeitenden ein wesentlich höheres Maß an Selbstorganisationsfähigkeit abverlangten (Erpenbeck, 2014). Daraus leitet Erpenbeck die weitreichende Schlussfolgerung ab, dass sich nur mit einer konsequenten Kompetenzorientierung die Folgen der Globalisierung und der von Ulrich Beck so bezeichneten »Risikogesellschaft« bewältigen ließen.

Was dies konkret bedeutet, lässt Weinerts Kompetenzdefinition klar erkennen. Die willkürlich erscheinende Aufzählung von Attributen (motivational, volitional etc.), die weder einer präzisen Bestimmung von »Kompetenz« noch dem erklärten Zweck der Messbarkeit dient, bekommt einen Sinn, wenn man sie als die Formulierung eines möglichst totalen Anspruchs auf das Individuum begreift, das seine sämtlichen kognitiven, psychischen und sozialen Fähigkeiten der Lösung von Problemen widmen soll, die es in der sozio-ökonomischen Wirklichkeit vorfindet. Von dieser ist zwar bei Weinert nicht explizit die Rede, was aber sonst sollte mit der Sorge um den Wirtschaftsstandort und mit dem Verweis auf Umbrüche in der Arbeitswelt gemeint sein?

Die Reduktion von Bildung auf das Lösen von Problemen hat eine wesentliche Nebenfolge. Ein Mensch kann dieser Logik nach nur dann als kompetent gelten, wenn er die Probleme gelöst hat, was im Umkehrschluss bedeutet, dass ungelöste Probleme als Indiz seiner Inkompetenz gelten, die er sich selbst zuzuschreiben hat. Auf diese Weise lassen sich nicht nur Menschen beliebig für fremde Zwecke mobilisieren, sondern es kann auch vermieden werden, dass sie auf die Idee kommen, nach verursachenden sozio-ökonomischen Strukturen oder politischen Machtverhältnissen zu fragen.

Pointiert gesagt: Mit dem Kompetenzbegriff macht sich das sozioökonomische System gegen Kritik immun. Die Entwicklung der Verhältnisse scheint schicksalhaft über die Köpfe der kompetenten

Individuen hinwegzugehen, so dass ihnen als einzige Handlungsmöglichkeit die Anpassung dergestalt bleibt, dass die jeweils geforderten Kompetenzen »bei« ihnen »vorfindlich« sind, wie Weinert es in dieser Hinsicht sehr treffend formuliert. Der Bildungsbegriff und auch die Aufklärung gingen vom Gegenteil aus, nämlich dass der seine Potenziale frei entfaltende Mensch seine persönliche und kollektive Geschichte vernünftig gestalten könne. Beschränkt man den Kompetenzbegriff und seine Zwecke in dieser Weise, würde er also eine Verabschiedung der Aufklärung bedeuten.

Dies ist aber nicht zwingend, wie die einleitenden Ausführungen zu den verschiedenen Kompetenzkonzepten vor Weinert zeigen, in denen Selbstwirksamkeit (White) und Mündigkeit (Roth) eine zentrale Rolle spielten. Will man aber den Kompetenzbegriff vor seiner ökonomischen »Kolonialisierung« bewahren, muss man sich zunächst über seine Tücken im Klaren sein.

6 Probleme einer klaren Bestimmung des Kompetenzbegriffs

Den bisherigen Überlegungen lässt sich entnehmen, dass und warum es schwierig ist, »Kompetenz« eindeutig zu definieren: Sie wird nicht nur in unterschiedlichen theoretischen bzw. disziplinären Zusammenhängen unterschiedlich verstanden, sondern auch für entgegengesetzte Zwecke (Selbstbestimmung vs. Anpassung) in Anspruch genommen; der inflationäre und völlig diffuse Gebrauch des Kompetenzbegriffs tut ein Übriges, um dessen Klarheit zu verwässern. Erpenbeck dürfte daher Recht haben, wenn er »Kompetenz« weniger als ein eindeutig definierbares theoretisches Konzept ansieht, sondern eher als ein (politisches oder pädagogisches) Programm, mit dem unterschiedliche praktische Absichten verfolgt werden können. Diese (auch dem Bildungsbegriff) fehlende

Eindeutigkeit ist nicht unbedingt ein Nachteil, man muss aber um ihre Gründe und Konsequenzen wissen.

Sobald man in der Wissenschaft Begriffe verwendet, die auch in der Alltagssprache geläufig sind, stößt man auf das Problem der präzisen semantischen Abgrenzung, zumal dann, wenn man es mit einem so schillernden Konzept wie »Kompetenz« zu tun hat. So gelingt es beispielsweise Erpenbeck und v. Rosenstiel (2007, S. XXXV f.), »Kompetenz« von ihrer Bedeutung nach ähnlichen Begriffen wie »Merkmal«, »Eigenschaft«, »Fertigkeit«, »Qualifikation« und »Fähigkeit« abzugrenzen, die Unterscheidungen verschwimmen aber schnell wieder, wenn es darum geht, Kompetenz selbst zu bestimmen, da es fast unvermeidbar ist, sich dabei direkt oder indirekt eines oder mehrerer der anderen Begriffe zu bedienen (vgl. ebd., S. XXXVII; Gnahs et al., 2007, S. 25 f. oder auch Weinerts Definition).

Ein Begriff, der in diesem definitorischen Zusammenhang auffallend wenig vorkommt, ist der des »Wissens«, obwohl es als unerlässlich für Kompetenzen erscheint: Eine Chirurgin sollte von ihrer Operationskompetenz nicht ohne genaues Wissen über die Anatomie und das Zusammenspiel verschiedener Körperorgane Gebrauch machen, auch wenn dieses Wissen allein für eine gute Operateurin nicht ausreicht. Im Gegenteil stößt man im gängigen Kompetenzdiskurs immer wieder auf Kritik am »bloßen«, gern auch »toten« oder »trägen« Wissen«, das nutzlos sei, solange man es nicht zu irgendetwas gebrauche. Die Situationen, in denen ich Wissen – das seiner Struktur und seinen Zwecken nach stark differenziert ist – aktuell anwenden muss, können aber sehr vielfältig sein, und die künftigen Situationen, in denen ich ein bestimmtes Wissen brauche, sind nicht vorhersehbar. Die Brauchbarkeit von Wissen lässt sich also nicht im Vorhinein bestimmen, weswegen es auch unsinnig ist, das sog. »Vorratslernen« abzuwerten. Ich muss mir, auch im Sinne der Kompetenzorientierung, Wissensvorräte anlegen, um für möglichst unterschiedliche Anwendungssituationen gewappnet zu sein. Die Anwendung ist allerdings insofern wichtig, als häufig abgerufenes Wissen sich verfestigt, man also sicherer darüber verfügt als über nur vorrätig gehaltenes, aber nicht benutztes Wissen.

Soll »Kompetenz« nicht als Plastikwort enden, so muss des Weiteren der Bereich spezifiziert werden, für den eine Kompetenz gelten soll. Allgemein beispielsweise von »Handlungskompetenz« oder »Problemlösungskompetenz« zu sprechen, hat wenig Sinn, da es in der Praxis immer um bestimmte Handlungen und bestimmte Probleme geht, die jeweils unterschiedliche Kompetenzen erfordern. Die Schwierigkeit dabei ist, die Grenzen eines Handlungsbereichs und die Qualität der in ihm sich stellenden Anforderungen genau zu bestimmen. Klar ist, dass Kompetenz sich nicht auf routinisierte Handlungsabläufe, sondern auf Aufgaben bezieht, die sachbezogene Urteilskraft und Selbständigkeit in der Anwendung fachlicher Qualifikationen erfordern.

Zu klären wäre schließlich auch, ob Kompetenzen, wie bei Weinert, zwingend auf die Lösung von Problemen ausgerichtet sein müssen. Sicherlich bin ich nur dann ein kompetenter Uhrmacher, wenn die defekte Uhr nach meiner Reparatur wieder richtig geht, oder ich bin nur dann grammatisch kompetent, wenn ich eine bestimmte Struktur in verschiedenen Situationen immer wieder richtig anwende und damit, wenn man das so nennen will, Kommunikationsprobleme löse. Bei diesen Beispielen handelt es sich um relativ eindeutige Probleme, deren Lösung überprüfbar ist und in dem Maße, wie sie mir immer wieder gelingt, auf meine Kompetenz schließen lässt. Je mehr man den Begriff aber auf komplexere Handlungen und dementsprechende Probleme bezieht, desto mehr müssen zum einen möglicherweise qualitativ ganz unterschiedliche Kompetenzen miteinander verknüpft werden und zum anderen kann mit wachsender Komplexität auch die Schwierigkeit zunehmen, zu eindeutig richtigen Lösungen zu kommen, was in sozialen Handlungssituationen eher die Regel als die Ausnahme ist.

Eine grundsätzliche Frage wäre darüber hinaus, was überhaupt als Problem gelten soll. Wenn jemand ein Musikstück spielen, ein schmackhaftes Mahl zubereiten oder einen Roman mit Verstand lesen will, so braucht er dafür zweifelsohne Kompetenzen, aber hat er auch ein Problem? Ein ebenso heikles Kriterium ist die Problem*lösung*, nicht nur wegen der häufig fehlenden Eindeutigkeit, sondern auch, weil es das Vorhandensein von Kompetenz vom Erfolg einer Handlung abhängig macht. Ich kann aber durchaus nicht motiviert sein, ein Problem zu lösen, oder andere gute Gründe dafür haben, es nicht zu lösen, ohne deswegen inkompetent zu sein. Weiterhin kann die Lösung eines Problems nicht allein von mir, sondern auch von äußeren Umständen abhängen usw. Man kann auch die Perspektive umkehren und fragen, ob das präzise Erkennen eines Problems, die Reflexion darüber und die mögliche Erkenntnis, dass es keine eindeutig richtige Lösung gibt, nicht auch Kompetenzen erfordert.

Geht man von Whites oder Roths Kompetenzbegriff aus, bei dem der Selbstzweck aus der Perspektive des Individuums im Vordergrund steht (als Selbstwirksamkeit oder Mündigkeit), so wäre das Kriterium des Problemlösens unsinnig.

Jenseits der definitorischen Abgrenzungsprobleme wirft der Kompetenzbegriff eine Reihe von Fragen auf, für die bisher noch keine befriedigenden Antworten gefunden worden sind, vielleicht auch gar nicht gefunden werden können.

Es wäre relativ müßig, sich mit Kompetenzen zu befassen, wenn es lediglich um die Frage ihres Vorhandenseins oder Nicht-Vorhandenseins ginge, denn sowohl deren Förderung als auch deren Bewertung setzt unterschiedliche Ausprägungsgrade voraus. Dafür bedarf es theoretisch überzeugender und empirisch überprüfter Kompetenzstufenmodelle. Ein Problem dieser Modellbildung ist allerdings die Unterstellung, der Kompetenzerwerb und unterschiedliche Grade der Beherrschung ließen sich in einer linearen, klar strukturierten Weise abstufen. Schwierig wird dies zum einen dort, wo es um kognitiv anspruchsvolle Kompetenzen wie Urteils- oder Reflexionsfähigkeit oder um im weiteren Sinne ästhetische Fähigkeiten geht, zum anderen aber auch, wenn in komplexeren Handlungssituationen Kompetenzen aus unterschiedlichen Bereichen zusammenwirken müssen. Psychologisch zu klären wäre dann, was ein Individuum zu solchen Integrationsleistungen befähigt und inwieweit dies von außen gezielt beeinflusst werden kann, womit wir bei der Frage nach der Erlernbarkeit von Kompetenzen sind.

Wenn man den Begriff »Kompetenz« auf erlernbare Fähigkeiten beschränken will, dann muss man genetische Dispositionen dafür ausschließen, was im Einzelfall schwierig sein dürfte. Weinert lässt daher diese Frage wohlweislich offen, wenn er von »verfügbaren oder erlernbaren« Kompetenzen spricht. Man wird sich an diesem Punkt mit der neurowissenschaftlichen Einsicht zufriedengeben müssen, dass in der Entwicklung eines Menschen von seinen ersten Lernprozessen an genetische und Umweltfaktoren nicht mehr auseinanderzudividieren sind, dass also genetische Faktoren immer in Rechnung gestellt werden müssen, ihr Anteil am Erlernen bestimmter Kompetenzen aber nicht feststellbar ist.

Zu guter Letzt kommt man in institutionellen Lernzusammenhängen auch nicht um die Diagnose und Bewertung von Kompetenzen herum. Im Bereich der beruflichen (Weiter-)Bildung gibt es dazu inzwischen eine Fülle von Verfahren, die sich aber stets nur auf bestimmte Merkmale konzentrieren wie persönliche Eigenschaften oder kognitive Leistungsfähigkeit, von denen aus sich nicht zwingend auf das Vorhandensein einer Kompetenz schließen lässt. In noch größerem Maße dürfte dies für den allgemeinbildenden Bereich gelten, da es im alltäglichen Schulbetrieb undenkbar ist, dass Kompetenzen bei jeder Prüfungsgelegenheit mit aufwändigen wissenschaftlichen Verfahren getestet werden, zumal man von einer einmalig überprüften Leistung noch nicht auf das prinzipielle Vorhandensein einer Kompetenz schließen kann, die sich überzeugend erst dann zeigt, wenn in unterschiedlichen Situationen immer wieder richtige Lösungen gefunden werden.

7 Wie kann man mit dem Kompetenzbegriff produktiv umgehen?

Ungeachtet der offenen Fragen lässt sich auf der Basis der besprochenen Konzepte Kompetenz definieren als ein generatives Vermögen, Sach- und Regel- bzw. Methodenwissen anzuwenden, um Anforderungen systematisch und stabil zu bewältigen. Für diese Anforderungen muss einerseits ein gewisser Komplexitätsgrad angenommen werden, der wiederum Urteilskraft voraussetzt, also die Entscheidung, was warum richtig zu tun ist; andererseits müssen der Anforderungsbereich und der Komplexitätsgrad begrenzt sein, damit die Kompetenzen klar benennbar bleiben.

Von dieser Grundlage aus ließe sich eine Brücke zum Bildungsbegriff schlagen, denn wenn Kompetenz mehr sein soll als bloß eine isolierte Fähigkeit oder Qualifikation, so muss Reflexionsfähigkeit hinzukommen, also das Vermögen zu entscheiden, ob überhaupt gehandelt werden soll und wenn ja, wie und was ggf. aus der Handlung folgt. D. h. zum Handeln selbst muss auch seine Bewertung hinzukommen. Hierbei kann man sich auf Löwischs Unterteilung von Kompetenzen ersten und zweiten Grades berufen. In diesem Sinne wäre dann die Kompetenz zugleich nach außen (adäquate Bewältigung der Situation) und nach innen (auf mich selbst als Handelnden) gerichtet und dann auch umfassender als der traditionelle Bildungsbegriff, der sich auf das Innen konzentriert.

Gehen wir von einem solchen Kompetenzverständnis aus, dann folgt daraus, dass sich die Qualität einer Kompetenz einerseits und ihre Operationalisierbarkeit und Bewertung andererseits konträr zueinander verhalten: In dem Maße, wie der Anspruch an eine Kompetenz steigt oder man gar von der Integration von Kompetenzen in komplexen Handlungskontexten ausgehen muss, sinkt die Möglichkeit, diese Kompetenzen zu operationalisieren und zu bewerten – und umgekehrt: je einfacher die Operationalisierung und Bewertung, desto weiter entfernt man sich von einem komplexen Kompetenzverständnis. Diese Spannung verweist letztlich wieder auf das Menschenbild, das man dem Kompetenzkonzept zugrundelegt: Das Bild eines funktional bestimmten Wesens, das ihm gestellte Aufgaben überprüfbar abarbeiten kann, also fremdbestimmt ist, oder das Bild eines Wesens, dass sich über Kompetenzen als ein selbständig handlungsfähiges Subjekt erfährt.

Literatur

Chomsky, N. (1969): Aspekte der Syntaxtheorie. Frankfurt a. M: Suhrkamp.
Erpenbeck, J. (2010): Kompetenz. In: H. J. Sandkühler (Hrsg.), Enzyklopädie Philosophie (Neuauflage) (S. 1269–1273). Hamburg: Meiner.
Erpenbeck, J. (2014): Stichwort »Kompetenzen«. Online verfügbar unter: http://www.diezeitschrift.de/32014/kompetenz-01.pdf, Zugriff am 18.10.22.
Erpenbeck, J., Rosenstiel, L. von (2007): Handbuch Kompetenzmessung. Erkennen, verstehen und bewerten von Kompetenzen in der betrieblichen, pädagogischen und psychologischen Praxis (2., überarbeitete und erweiterte Auflage). Stuttgart: Schäffer-Poeschel.
Gnahs, D. (2007): Kompetenzen – Erwerb, Erfassung, Instrumente. Bielefeld: Bertelsmann.
Grabowski, J. (2014): Kompetenz: ein bildungswissenschaftlicher Begriff. In: Ders. (Hrsg.), Sinn und Unsinn von Kompetenzen. Fähigkeitskonzepte im Bereich von Sprache, Medien und Kultur (S. 9–28). Opladen, Berlin, Toronto: Budrich.
Klein, H. P. (2016): Vom Streifenhörnchen zum Nadelstreifen. Das deutsche Bildungswesen im Kompetenztaumel. Springe: zu Klampen.
Koch, L. (2004): Normative Empirie. In: Heitger, Marian u. a., Kritik der Evaluation von Schulen und Universitäten (S. 39–55). Würzburg.
Löwisch, D.-J. (2000): Kompetentes Handeln. Bausteine für eine lebensweltbezogene Bildung. Darmstadt: Wissenschaftliche Buchgesellschaft.
Pörksen, U. (1988): Plastikwörter. Die Sprache einer internationalen Diktatur. Stuttgart: Klett-Cotta.
Roth, H. (1971): Pädagogische Anthropologie. Band II. Hannover: Schroedel.
Weinert, F. E. (2001): Leistungsmessung in Schulen – eine umstrittene Selbstverständlichkeit. In: Ders. (Hrsg.), Leistungsmessungen in Schulen (S. 17–31). Weinheim und Basel: Beltz.
White, R. W. (1959): Motivation reconsidered: The Concept of Competence. Psychological Review 66, 297–333.

Geschlechtergerechtes Sprechen.
Gender-Neusprech: Begriffsverwirrung
und pädagogische Verantwortung

Monika Barz

In der Öffentlichkeit wurden über viele Jahrzehnte hinweg kontroverse Debatten über eine geschlechtergerechte Sprache geführt. Es herrschte Uneinigkeit über die Bedeutung des generischen Maskulinums im Hinblick auf die sprachliche Repräsentanz der weiblichen Bevölkerungshälfte. Nach der Jahrtausendwende hatte sich die Debatte langsam beruhigt. Es wurde zunehmend selbstverständlicher, in Beidnennung von Bürgerinnen und Bürgern zu sprechen und Teilnehmerinnen und Teilnehmer zu begrüßen, wenn im öffentlichen Raum gesprochen wurde. Aktuell flammt die alte Debatte über geschlechtergerechte Sprache wieder auf (Türcke 2021; Bundeszentrale für politische Bildung 2022). Sie ist verwirrender geworden. Sprachveränderungen und Frauenemanzipation werden attackiert. Was ist passiert? Neusprechphänomene im Zusammenhang mit ›Geschlecht‹ zu durchschauen ist nicht einfach und wird im Weiteren ausführlich beleuchtet werden.

Die bereits vertraut gewordene geschlechtergerechte ›Frauensprache‹ mit Beidnennung oder Schreibweise mit großem ›I‹ ist in der Öffentlichkeit mit einer sogenannten ›Gendersprache‹ gleichgesetzt worden. In ihr wird Bürger*innen mit Genderstern (*), Doppelpunkt (:) oder Unterstrich(_) geschrieben und eine Mini-Sprechpause eingelegt, die Glottisschlag genannt wird. ›Gendersprache‹ nimmt unter der Hand eine fragwürdige Neudefinition von Geschlecht vor. Sie transportiert mit der vermeintlichen Begründung, die ›Vielfalt von Geschlecht‹ zu repräsentieren, einen völlig neuen, vom Körper losgelösten Geschlechtsbegriff, der auf Gefühlen und selbstkonstruierten Identitäten aufbaut und ›Geschlechtsidentität‹ genannt wird. Die Folgen einer Neudefinition von Geschlecht wirft viele Fragen auf. Das Neusprechphänomen ›Gendersprache‹ und das klassische geschlechtergerechte Sprechen in ›Frauensprache‹ sind nicht das Gleiche, auch wenn im Sprachgebrauch Worte wie ›geschlechtergerecht‹ und ›gendergerecht‹ beliebig gegeneinander ausgetauscht werden und die dahinterliegenden Haltungen verdeckt bleiben.

Die Reaktionen auf eine Neusprechvariante mit Genderstern und Glottisschlag reicht von euphorischer Zustimmung und bereitwilliger Umsetzung in den Medien in den links-liberalen Milieus, bis hin zur lautstarken Empörung aus feministischen Kreisen und der politischen Instrumentalisierung für Attacken gegen Frauenemanzipation von der rechtsradikalen Seite. Alles ist problematisch. Neudefinitionen von Geschlecht im Zuge von ›Gendersprache‹ bedürfen einer selbstkritischen Debatte in allen Milieus. Eine zwar wohlmeinende, aber unkritische Übernahme spielt jenen in die Hände, die eine Gleichstellung von Frauen aus rechtsradikalen Motiven heraus torpedieren.

Aus Politik- und Erziehungswissenschaft werden fachliche Stimmen laut, die eine selbstkritische Debatte befördern und den aktuellen Umgang mit Geschlecht beleuchten. Sie warnen vor dem Postulat einer weitreichenden Selbstkonstruktion und Selbstschöpfung, die keine Grenzen mehr kennt (Ahrbeck & Felder 2022, S. 20) und verwehren sich gegen eine Darstellung geschlechtlicher Selbstbestimmung als Errungenschaft feministischer Freiheit (Holland-Cunz 2021; S. 2 f.). Sie verweisen auf damit zusammenhängende, problematische Individualisierungstendenzen in Bildungsplänen (Kirschner 2019; S. 43) und eröffnen tiefere Einblicke in politische und gesellschaftliche Konsequenzen, die mit poststrukturalistischem Denken der Postmoderne verbunden sind (Dammer 2022; S. 259 ff.).

Vor diesem Hintergrund wird im Folgenden ein Bogen vom Spannungsverhältnis in Sprache, Grammatik, generischem Maskulinum und Zweigeschlechtlichkeit bis hin zur Verwirrung über ›Vielfalt von Geschlecht‹ samt der damit verbundenen pädagogischen Verantwortung für pubertierende Jugendliche gespannt.

1 Sprache, Grammatik und Geschlecht

Ziel von Sprache ist, sich untereinander zu verständigen. Mit Sprache wird zum Ausdruck gebracht, was wahrgenommen, gesehen und erlebt wird. Achtsam zu sprechen, heißt zu versuchen, niemanden zu übergehen. Wer weiß heute noch, dass unter den viel gelobten ›Vätern des Grundgesetzes‹ auch hoch qualifizierte und engagierte Parlamentarierinnen waren? Die Gesellschaft kann nicht nur auf ›Väter‹, sondern auch ›Mütter des Grundgesetzes‹ stolz sein. Sprache verleiht Macht, Wirklichkeit zu gestalten und sie handelnd zu verändern. Die konkrete Aufforderung aus der Linguistik kann Pädagoginnen und Pädagogen ermutigen, Sprache ernst zu nehmen und bewusst zu entscheiden, wie sie der weiblichen Hälfte der Bevölkerung begegnen wollen.

Angestoßen durch feministische Sprachwissenschaftlerinnen wird seit den 1980er Jahren kritisiert, dass das generische Maskulinum die deutsche Sprache strukturiert und Frauen unsichtbar macht (Pusch 1984). So ist es grammatikalisch korrekt, von 30 Teilnehmern einer Veranstaltung zu sprechen, selbst wenn es mehrheitlich Teilnehmerinnen waren.

Die Gleichberechtigung von Männern und Frauen ist politisch unstrittig. Geschlechtergerecht zu kommunizieren, Frauen und Mädchen einzubeziehen, sie sprachlich zu benennen und nicht im generischen Maskulinum als ›Mitgemeinte‹ zu behandeln, genießt zunehmend Akzeptanz in der Bevölkerung. Zur Umsetzung genügt ein klarer *Wille*. Wer *will*, kann inklusiv sprechen und schreiben: Weibliche Formen sind Teil der deutschen Sprache, im Duden aufgeführt und ohne Fehlerrisiko nutzbar (Rat der Deutschen Rechtschreibung 2021).

Das generische Maskulinum bedeutet in der deutschen Sprache die Verwendung der männlichen Sprachform, um eine geschlechtsneutrale Aussage zu machen: Studenten demonstrieren gegen Klimapolitik, Politiker diskutieren mit Wählern, Wissenschaftler entwickeln neue Heilmethoden, Pädagogen diskutieren Bildungspläne, Physiker erforschen die Antarktis etc. Das Ergebnis des generischen Maskulinums ist die alltägliche Unsichtbarkeit weiblicher Existenz. Die Chefredakteurin des Dudens weist darauf hin, dass die männliche Form nie wirklich generisch wirkt, sondern eher männliche Bilder assoziiert werden und eben nicht Bilder von Männern *und* Frauen (Kunkel-Razum 2022). Vielfältige Studienbefunde deuten auf die negative Wirkung des generischen Maskulinums hin und geben Hinweise auf erfolgreiche Lösungen (Stahlberg & Czesny 2001; Verwecken & Hannover 2015).

Wird zum Beispiel danach gefragt, wer der liebste Romanheld, der Lieblingssportler oder -musiker sei, so behindert die männliche Sprachform die gedankliche Einbeziehung von Frauen. Wird die Sprachform ›Lieblingssportlerin/Lieblingssportler‹ oder ›LieblingssportlerIn‹ verwendet, erhöht sich die gedankliche Einbeziehung von Frauen um ein Vielfaches. Bei Beidnennung ist der Effekt am größten.

Kinder nehmen mit höherer Wahrscheinlichkeit an, dass Frauen in einem Männerberuf ebenso erfolgreich sind wie Männer, wenn der Beruf in Beidnennung ›Polizistin/Polizist‹ bezeichnet wird.

Junge Frauen zeigen sich stärker an einem Training für den ›Unternehmer von morgen‹ interessiert, wenn die Werbung sich an ›Unternehmerinnen und Unternehmer von morgen‹ richtet.

Die Studien zeigen, dass die Verwendung weiblicher Sprachformen vielfältige Möglichkeiten eröffnen, Geschlechterstereotypen bei Kindern, Jugendlichen und Erwachsenen zu reduzieren und sie zur Entfaltung ihrer Begabungen zu ermutigen. Das generische Maskulinum kann durch eine Beidnennung ersetzt werden, da männliche und weibliche Sprachformen integraler Bestandteil der deutschen Sprache sind.

2 Zweigeschlechtlichkeit

2.1 Naturwissenschaft und Geschlecht

Was ist ›Geschlecht‹ und wie viele gibt es? Dies sind Fragen, die in Lehrbüchern der Sexualmedizin beantwortet werden (Beier & Bosinski & Loewit 2021, S. 66f). Genetik und Entwicklungsbiologie orientieren sich bei der Definition von Geschlecht an den Keimzellen. Die Spezies Mensch besteht aus zwei Geschlechtern. Als weibliche Körper werden jene bezeichnet, die auf die Produktion großer Keimzellen (Eizellen), als männliche Körper jene, die auf die Produktion kleiner Keimzellen (Spermien) ausgerichtet sind (Ponseti & Stirn 2019). Die menschliche Spezies ist binär angelegt. Eizellen und Spermien ermöglichen getrenntes Erbgut und damit Variationen in der Evolution. Wäre dies nicht, so gäbe es nur geklonte Menschen.

Intergeschlechtlichkeit ist kein weiteres Geschlecht, es ist eine Variante der Geschlechtsentwicklung, die gleichzeitig zu Anlagen des weiblichen *und* männlichen Geschlechts geführt hat. Seit Januar 2019 ist es in Deutschland möglich, bei diagnostizierter Intergeschlechtlichkeit als offiziellen Geschlechtseintrag ›divers‹ zu wählen oder ihn offen zu lassen. Bei Stellenanzeigen ist seitdem der Zusatz (m, w, d) für männlich, weiblich und divers zu finden. Gemäß statistischen Erhebungen liegt der Anteil Intergeschlechtlicher bei den Neugeborenen bei circa 0,007% (Deutscher Bundestag 2019b, S. 2). In der Zeit von Januar 2019 bis Ende September 2020 haben bundesweit 394 Menschen vom Geschlechtseintrag ›divers‹ Gebrauch gemacht oder auf einen Geschlechtseintrag verzichtet (Bundesministerium des Inneren 2021, S. 1).

Auf der Basis wissenschaftlicher Gegebenheiten definiert der Duden eine Frau als eine »erwachsene Person weiblichen Geschlechts«, einen Mann als eine »erwachsene Person männlichen Geschlechts« und Intersexualität und Intergeschlechtlichkeit als das »Vorkommen von männlichen und weiblichen Geschlechtsmerkmalen in einem Individuum« (Duden 2022). Eine sachliche Abwägung über die Bedeutung der Intergeschlechtlichkeit für neue Sprachformen wird erschwert, wenn Intergeschlechtlichkeit fälschlicherweise als drittes oder nicht-binäres Geschlecht bezeichnet oder mit transgeschlechtlichen Männern und Frauen gleichgesetzt wird. Hierzu ist wichtig zu wissen:

›Nicht-binär‹ oder ›non-binary‹ ist kein weiteres Geschlecht. Es handelt sich körperlich um Männer und Frauen. Sie drücken durch die selbst gewählte Identitätsbeschreibung ›non-binär‹ aus, dass sie die den Männern und Frauen zugeschriebenen Geschlechterrol*len* ablehnen und ungeachtet ihrer biologisch eindeutigen Geschlechtszugehörigkeit sich den Kategorien ›Mann‹ und ›Frau‹ entziehen möchten.

Transsexualität/Transgeschlechtlichkeit ist ebenfalls kein weiteres Geschlecht. Es sind Männer und Frauen, die an ihrem Geschlechtskörper leiden (medizinisch: Geschlechterdysphorie/Geschlechterinkongruenz) und bei diagnostizierter Transsexualität die Möglichkeit haben, den Geschlechtseintrag zu ändern und sich durch operative und hormonelle Eingriffe dem jeweils anderen Geschlecht angleichen zu lassen. Die Verfahren dazu regelt das Transsexuellengesetz (TSG).

2.2 Queer[1]-theoretische Ansätze und Geschlecht

Innerhalb universitärer Gender-Studies bilden queer-theoretische Ansätze, welche die binäre Aufteilung der Menschheit in zwei biologische Geschlechter in Frage stellen, eine wesentliche Rolle. Sie gehen davon aus, dass nicht nur Geschlechterrollen sozial konstruiert sind, sondern auch das biologische Geschlecht (Butler 1991). Sie zielen darauf ab, das Denken in den zwei Kategorien des Mann- und Frauseins zu überwinden. Die hierarchische Geschlechterordnung wird als ein Problem normativer Zweigeschlechtlichkeit analysiert. Als Auflösung wird angeboten, nicht mehr in den Kategorien Frau und Mann zu denken. Es gilt als Fortschritt, nicht *für* die Gleichstellung von Frauen zu kämpfen, sondern die Kategorie ›Frau‹ zu überwinden. Wenn die Geschlechter nicht konstruiert würden, so lautet die Ursprungsüberlegung Judith Butlers, könnten sie nicht in ein hierarchisches Verhältnis zueinander treten. In der Logik dieser Ansätze gilt alles, was festgelegte biologische Identitäten unterwandert, als subversiv. Die Subversion als politische Kraft wird darin gesehen, dass hybride vieldeutige Identitäten entstehen. Politische Großkategorien wie ›Frau‹ oder ›Mann‹ werden als analytische Struktur- und Machtkategorien verworfen, an ihre Stelle treten intersektionale Analysen. Kritische Stimmen verweisen auf die Überbetonung des Subjektivismus und den Bedeutungsverlust von Wahrheit und Wissen (Kakutani 2019; Holland-Cunz 2021).

Queer-theoretische Ansätze, die hybride Identitätspositionen als Element von Widerstand und politischer Subversion begreifen, bie-

---

1 Queer (englisch): seltsam, eigenartig, verrückt, komisch, suspekt, zweifelhaft.

ten Teilen der LSBTTIQ-Community[2] einen wichtigen theoretischen Bezugsrahmen. Im Deutschen umfasst der Begriff ›Geschlecht‹ eine biologische und eine soziale Dimension, für die im Englischen zwei Begriffe ›sex‹ und ›gender‹ zur Verfügung stehen. Aus der feministischen Kritik an der Fremdzuweisung von Geschlechterrollen (gender) ist eine queer-politische Kritik an der Fremdzuweisung von Geschlecht (sex) geworden. In diesem Kontext gedeihen Vorstellungen einer unbegrenzten Zahl von frei wählbaren Identitäten, die zwischen männlich, weiblich, intersexuell, cis, trans, transsexuell, transgender, gender-queer, queer-feministisch und vieles andere mehr ihr Zuhause finden. Als Grundlage einer Geschlechtszugehörigkeit gilt nicht mehr der eigene Körper, sondern eine selbstdefinierbare ›Geschlechtsidentität‹. Sie ist definiert als subjektives Empfinden eines Individuums, welchem Geschlecht es, ungeachtet des realen Körpers, angehört. Im Ursprung war ›queer‹ ein politischer Begriff, er drückte aus, widerständig zu sein, gegen kulturell erzeugte Vorgaben über Geschlecht. Er wird im Rahmen des Sprechens über sex und gender semantisch verkürzt. Das dahinterstehende politische Widerstandspotenzial wird von einer Debatte über geschlechtliche Identitäten überformt. Judith Butler äußert sich aktuell in einem Interview zu diesen Entwicklungen und betont: »Queer was, for me, never an identity, but a way of affiliating with the fight against homophobia« (Gleeson 2021)[3].

2.3 Bedeutungsverschiebung ›Vielfalt von Geschlecht‹

Die sprachliche Berücksichtigung der ›Vielfalt von Geschlecht‹ wird als Errungenschaft einer offenen und modernen Gesellschaft

---

2 LSBTTIQ-Community steht für den politischen Zusammenschluss lesbischer, schwuler, bisexueller, transsexueller, transgender, intersexueller und queerer Menschen.
3 »Queer war für mich nie eine Identität, sondern eine Möglichkeit, mich dem Kampf gegen Homophobie anzuschließen.«

dargestellt. Im Kontext der Gendersprache hat der politische Anspruch, die ›Vielfalt von Geschlecht‹ sprachlich zu berücksichtigen, Hochkonjunktur und ist gleichzeitig in seiner Bedeutung so unklar und verwirrend wie noch nie. Die Antworten, wer oder was eine sprachliche Berücksichtigung erfahren soll, wenn von ›Vielfalt von Geschlecht‹ die Rede ist, fällt unterschiedlich aus, je nachdem, ob bei ›Geschlecht‹ die biologische oder soziale Dimension im Vordergrund steht.

Ist die biologische Dimension (sex) im Fokus, bedeutet ›Vielfalt von Geschlecht‹, die biologische Realität von männlich, weiblich und intergeschlechtlich anzuerkennen. Diese Forderung war lange Zeit Teil einer aktivistischen Praxis im Engagement für Rechte intergeschlechtlicher Menschen auf ihre Unversehrtheit und der Möglichkeit eines eigenen Geschlechtseintrages. Wie oben beschrieben wurde dies 2019 erreicht. Ausgerechnet die extrem kleine Menschengruppe mit Varianten der Geschlechtsentwicklung als Ursache eines Umbaus von Sprache heranzuziehen, wirft Fragen nach der Sinnhaftigkeit auf.

Ist die soziale Dimension (gender) im Fokus, bedeutet ›Vielfalt von Geschlecht‹, die Realität vielfältiger Möglichkeiten der Geschlechtsrollen-Gestaltung anzuerkennen und allen Menschen die Freiheit zu lassen, die jeweilige Geschlechtsrolle selbstbestimmt ausgestalten zu können und sie nicht durch Klischees einzuschränken. Die Sicherstellung der Freiheit zur unterschiedlichen Ausgestaltung ist sozialpolitisch und bildungspolitisch relevant, nicht aber sprachpolitisch. Sie ist kein Kriterium für die Gestaltung von Sprache.

Weder für die biologische noch für die soziale Dimension des Geschlechtsbegriffs ergibt es einen Sinn, die ›Vielfalt von Geschlecht‹ als Begründung für eine Umgestaltung von Sprache anzuführen. Worum also geht es bei Gendersprache mit Genderstern, Doppelpunkt, Unterstrich und Glottisschlag? Auf dem Hintergrund queer-theoretischer Ansätze wird sichtbar, dass es bei der Umgestaltung der Sprache im Kern um die Umgestaltung des Geschlechtsbegriffes geht.

Über die eingängige Formel der ›Vielfalt von Geschlecht‹ wird ein neuer Geschlechtsbegriff kreiert, der nicht auf biologischen Fakten basiert, sondern auf subjektiven Empfindungen. ›Geschlecht‹ ist im Neusprech dann nicht mehr das, was Menschen körperlich sind, sondern das, was sie glauben, zu sein und als ihre ›Geschlechtsidentität‹ definieren. Es findet eine Bedeutungsverschiebung hin zu einem identitätspolitischen Verständnis von Geschlecht statt.

Die Idee des Gendersterns fußt demnach auf Theorieansätzen einer subjektiv empfundenen Geschlechtsidentität. Anstatt Freiheit und Selbstbestimmung in der Ausgestaltung der Geschlechterrolle zu finden, sucht ein queer-politischer Aktivismus Freiheit und Selbstbestimmung in der Definition der eigenen Geschlechtszugehörigkeit, losgelöst vom Körper.

Die vermeintliche Vielzahl von Geschlechtern erhöht sich künstlich, wenn sprachlich der Begriff ›queer‹ als Sammelbegriff für die gesamte LSBTTIQ-Community verwendet wird und auf diese Weise Menschen mit homosexuellen Orientierungen mit einbezogen werden. So wird die Suggestion vieler neuer Geschlechter verstärkt, obwohl Lesben, Schwule und Bisexuelle schlicht gleichgeschlechtlich liebende Männer und Frauen sind. Sie stellen durch ihre Lebensform zwar die kulturell geprägte Heterosexualität infrage, nicht aber die Zweigeschlechtlichkeit. ›Queer‹ als Sammelbegriff enthält die Gefahr, die lebendige Vielfalt innerhalb der LSBTTIQ-Community zu verdecken, sie auf eine Debatte über vermeintlich neue Geschlechter zu reduzieren und damit politisch die widerständige politische Dimension des queer-Begriffes zu verlieren.

Die Verwirrung, die im Kontext geschlechtergerechten Sprechens im Raum steht, wirkt in Bildungsprozesse hinein und wird wiederum von ihnen weitergetragen.

2.4 Verwirrung pädagogischer Instanzen

Die Infragestellung der Zweigeschlechtlichkeit und die Bedeutungsverschiebung bei ›Vielfalt von Geschlecht‹ ist innerhalb der

LSBTTIQ-Community vollzogen worden, von wohlmeinenden linksliberalen Milieus bereitwillig aufgegriffen und von gesellschaftlichen Akteurinnen und Akteuren weitergetragen worden.

Während der Duden den wissenschaftlichen Stand biologischer Zweigeschlechtlichkeit wiedergibt, finden sich im Bildungsbereich vermehrt Hinweise, Zweigeschlechtlichkeit anzuzweifeln und eine ›Vielfalt von Geschlecht‹ vorschnell im Sinne fluider Geschlechtsidentitäten zu interpretieren und zu verankern. Im Folgenden hierzu drei Beispiele.

Der Bildungsserver Berlin Brandenburg differenziert im Zusammenhang mit »Bildung zur Akzeptanz von Vielfalt (Diversity)« in neun verschiedene »Vielfaltsdimensionen« wie beispielsweise »altersbezogene Vielfalt«, »ethnische Vielfalt«, »religiöse Vielfalt« und »geschlechtliche Vielfalt« (Bildungsserver Berlin Brandenburg 2022a). Alle Dimensionen werden einzeln ausführlich erläutert. Die Darstellung der »geschlechtlichen Vielfalt« beginnt mit dem Hinweis, dass in Schule und Gesellschaft oft selbstverständlich davon ausgegangen wird, »dass es nur zwei Geschlechter gibt«. Es wird nicht ausgeführt, was an dieser Aussage falsch sei und wie viele Geschlechter eine richtige Aussage ergäben. Es wird darauf verwiesen, dass »geschlechtliche Vielfalt« anzuerkennen sei und dabei auf Transgeschlechtlichkeit, Intergeschlechtlichkeit und non-Binarität eingegangen, ohne zu berücksichtigen, dass es sich dabei nicht um Geschlechter handelt (Bildungsserver Berlin Brandenburg 2022b).

Die Bundeszentrale für politische Bildung hat 2017 ein Dossier über »Geschlechtliche Vielfalt-trans*« herausgegeben. Darin lautet der erste Satz »Die Annahme, dass es lediglich zwei Geschlechter gibt (...) ist Teil eines nicht hinterfragten Alltagswissens« (Bundeszentrale für politische Bildung 2017). Auch hier wird nicht ausgeführt, warum es sich bei der Zweigeschlechtlichkeit um eine »Annahme« und nicht um ein naturwissenschaftliches Faktum handelt. Es wird der Eindruck erzeugt, als handele es sich bei »Trans*menschen« um neue Geschlechter, die zu einer ›Geschlechtlichen Vielfalt‹ führen würden.

Im Bildungsplan von Baden-Württemberg wird 2016 unter der Leitperspektive ›Bildung für Toleranz und Akzeptanz von Vielfalt‹ in der Konkretisierung von zehn verschiedenen Vielfaltsdimensionen unter anderem »Staatsangehörigkeit«, »Nationalität«, »Ethnie«, »Religion« und »Alter« aufgezählt. Der Begriff ›Geschlecht‹ als Vielfaltsdimension existiert nicht. Dafür taucht der Begriff »geschlechtliche Identität« auf und scheint die Kategorie ›Geschlecht‹ wie selbstverständlich abzulösen (Bildungspläne Baden-Württemberg 2016). Das Ersetzen von ›Geschlecht‹ durch »geschlechtliche Identität« geschieht, ohne pädagogische Implikationen zu thematisieren.

Exemplarisch an den drei für Bildungsprozesse relevanten Instanzen ist zu sehen, dass der Begriff ›Geschlecht‹ multipel bis hin zu falsch verwendet oder unmerklich durch den identitätspolitischen Begriff der ›Geschlechtsidentität‹ ersetzt wird. Weder »LSBTI-Lebensweisen« und »queer« (Bildungsserver Berlin Brandenburg 2022b) noch »trans*« und »nicht-binäres Leben« (Bundeszentrale für politische Bildung 2017) stellen neue frei wählbare Geschlechter dar. Dies führt zu Begriffsverwirrungen. Es handelt sich schlicht um spezifische Gruppen von Männern und Frauen, die politische Haltungen zum Ausdruck bringen, sich identitätspolitisch verorten und Diskriminierungen ausgesetzt sein können. Dies gilt es, pädagogisch differenziert wahrzunehmen, um sich am Abbau von spezifischen Diskriminierungen qualifiziert beteiligen zu können. Ein undifferenzierter Sprachgebrauch trägt leichtfertig dazu bei, spezifische Diskriminierungsprozesse auf leichtem Wege zu ›entsorgen‹ und im »Trubel um Diversität« unkritisch dazu überzugehen, »Identitäten zu lieben und Ungleichheit zu ignorieren« (Michaels 2021, S. 3).

Begriffsverwirrungen über ›Geschlecht‹ gehen an Jugendlichen nicht spurlos vorbei. Die entwicklungspsychologisch bedingte körperliche Verunsicherung über den eigenen Geschlechtskörper bei pubertierenden Mädchen und Jungen bedarf einer konsequenten pädagogischen Klarheit in der Unterscheidung von Geschlecht und Geschlechtsrolle, von sex und gender, von körperlichen Fakten und gefühlten Identitäten. Auf einen Anstieg an Jugendlichen, die operative Eingriffe wünschen, um ihr Geschlecht zu wechseln, wird seit einigen Jahren von therapeutischen Fachkräften hingewiesen (Korte 2022, S. 43 f.). Die pädagogische Verantwortung besteht in der Aufklärung und Klarheit der Begriffe. Sie sind der Grundstein gelungener Bildungsarbeit, die pubertierende Jugendliche davor schützt, selbstgefährdende Veränderungen ihres Geschlechtskörpers vornehmen zu lassen, wo es um befreiende Veränderungen von Geschlechtsrollen geht. Wie dies angesichts aktueller gesellschaftlicher Begriffsverwirrungen geschehen kann, bedarf breiter pädagogischer Aufmerksamkeit (Ahrbeck & Felder 2022). Nach dem generischen Maskulinum zu rufen, um Gendersprache und Neusprechvarianten abzuwehren, greift zu kurz (Türcke 2021). Es bedarf der konsequenten Kritik an der vermeintlichen Freiheit des Menschen, sein Geschlecht selbst festlegen zu können.

Diese Freiheit gibt es nicht. Als Mensch können wir weder Alter noch Geschlecht selbst festlegen. Ebenso wie die Vergänglichkeit allen Lebens mag dieses naturwissenschaftliche Faktum für Menschen kränkend sein. Was Menschen in Demokratien bestimmen können, ist, wie sie ihr Alter und Geschlecht individuell gestalten wollen. Es ist möglich, selbstbestimmt eine individuelle Altersidentität und Geschlechtsidentität zu entwickeln, die nicht zu den kulturell geprägten Alters- und Geschlechtsstereotypen passt. Das ist Freiheit. Ein 70-jähriger Mensch kann sich jünger fühlen und so verhalten, er darf deshalb *nicht* bei einem Wettbewerb von ›Jugend forscht‹ oder ›Jugend musiziert‹ mitmachen, er muss *nicht* seine monatliche Rentenzahlung zurücküberweisen! Das macht den Unterschied zwischen Fühlen und Fakten aus. Pädagogische Verantwortung liegt darin, dies in Klarheit zu benennen und Kinder und Jugendliche überall dort zu begleiten, wo im körperlichen Entwicklungsprozess Verwirrung entsteht.

2.5 Verwirrung politischer Parteien

Die Bedeutungsverschiebung der ›Vielfalt von Geschlecht‹ hin zur Forderung nach frei wählbaren subjektiv empfundenen Geschlechtsidentitäten ging schleichend vor sich. Schlagartig konflikthaft und zum gesellschaftlichen Sprengstoff ist die Bedeutungsverschiebung geworden, nachdem 2020 von den Oppositionsparteien FDP und GRÜNE Gesetzesänderungen in den Bundestag eingebracht wurden, die anstrebten, ein verändertes Geschlechterverständnis im Sinne einer selbstbestimmbaren Geschlechtsidentität juristisch zu verankern. Ziel sei die »Selbstbestimmung des Geschlechts«, also eine amtliche Registrierung der Geschlechtszugehörigkeit aufgrund einer persönlichen Aussage über das subjektive Empfinden (Deutscher Bundestag 2020a; Deutscher Bundestag 2020b). Diese Gesetzentwürfe lösten Empörung, ungläubiges Staunen und breiten Widerstand aus und wurden im Mai 2021 vom Bundestag von der CDU/SPD Koalition abgelehnt. Die Debatte über die Forderung einer individuellen Selbstbestimmung der Geschlechtszugehörigkeit ist damit nicht beendet. Im Koalitionsvertrag verständigte sich die Ampelkoalition darauf, die Idee nochmals aufzugreifen und als neu gewählte Bundesregierung anzustreben, das Geschlecht »grundsätzlich per Selbstauskunft« festzulegen (Koalitionsvertrag 2021, S. 95). Sie ernannte im Januar 2022 einen Queer-Beauftragten der Bundesregierung. Im Rang eines Parlamentarischen Staatssekretärs stehen ihm zur Umsetzung des »Nationalen Aktionsplans für Akzeptanz und Schutz sexueller und geschlechtlicher Vielfalt« jährlich 70 Millionen Euro zur Verfügung (BMFSFJ 2022; Zinkler 2022). Dieses Geld sei »dringend nötig«, um bisher ehrenamtlich arbeitende Strukturen und Einrichtungen »damit besser ausstatten« zu können (Lehmann 2022 in Zinkler 2022). So erhalten Organisationen und Projekte hohe Fördersummen, wie beispielsweise der Bundesverband Trans* e. V., der in den Jahren 2018 bis 2021 insgesamt 1,2 Millionen Euro erhalten hat (Deutscher Bundestag 2022, S. 14; Engelken 2022, S. 26). Trans* e. V. ist engagierter Lobbyist für das von der Ampelregierung geplante sogenannte Selbstbestimmungsgesetz. Er vertritt nicht nur Transsexuelle, die aufgrund diagnostizierter Geschlechtsdysphorie durch das Transsexuellengesetz geschützt sind, sondern auch »Trans*Personen im weiteren Sinne«. Hierzu zählt Trans* e.V. alle Menschen, »die sich z.B. als transgeschlechtlich, transident, transsexuell, transgender, genderqueer, trans*, trans, nicht-binär, Crossdresser, trans*Frau, trans*Mann bezeichnen« (Bundesverband Trans* e.V. 2022).

Im politischen Sinne angemessen ist, dass eine Regierung sich bemüht, der Diskriminierung von Menschen aus der LSBTTIQ-Community entgegenzuwirken. Zum Abbau von Diskriminierung bedarf es präziser Analysen und Begriffe, um die Differenziertheit dieser Gruppe zu erfassen. Genau betrachtet handelt es sich bei der LSBTTIQ-Community um Männer, Frauen und Menschen, die Anlagen beider Geschlechter haben (Intergeschlechtlichkeit). In ihrem politischen Zusammenschluss aus lesbischen, schwulen, bisexuellen, transsexuellen, transgender, intergeschlechtlichen und queeren Menschen der LSBTTIQ-Community fordern sie die Gesellschaft politisch heraus, ihr jeweils unterschiedliches Leben diskriminierungsfrei leben zu können. Das sicher zu stellen, ist die Aufgabe einer demokratischen, an Menschenrechten orientierten Gesellschaft.

Eine unkritische Übernahme der Formel ›Vielfalt von Geschlecht‹ als Begründung für neue Sprachformen führt zu einer Neudefinition von Geschlecht als unbestimmte Anzahl neuer Geschlechter, die fluide gewechselt werden können und täglich neu definierbar sind. Das scheinbar schlichte Thema, einer geschlechtergerechten Sprache ist komplizierter geworden. Der langjährige Kampf der Frauen um geschlechtergerechte sprachliche Sichtbarkeit als Teilnehmerin und Bürgerin wird aktuell überlagert von der Gendersprache und einhergehend damit von der Negation des Körpers als konstitutiv für die Geschlechtszugehörigkeit.

Nicht nur die Bedeutungsverschiebung bei ›Vielfalt von Geschlecht‹ führt zu Verwirrungen im ›Neusprech-Deutsch‹. Hinzu kommt die Verwirrung, die der Genderstern durch sein umfassendes Eigenleben erzeugt.

3 Eigenleben des Gendersterns

Der Genderstern (*) ist ein deutschsprachiges Phänomen und findet in anderen Sprachen keine Anwendung. Wie in der Einleitung ausgeführt, wird er im deutschsprachigen Raum seit einigen Jahren als Neusprechvariante zwischen männlichem Substantiv und weiblicher Endung, wie beispielsweise bei Teilnehmer*innen oder Mitarbeiter*innen verwendet. Darüber hinaus hat er ein reges Eigenleben entwickelt. Er ist vermehrt nicht nur in der Mitte, sondern auch als Appendix am Ende eines Wortes zu finden, das männliche oder weibliche Menschen beschreibt, wie zum Beispiel Männer, Frauen, Mädchen, Jungen, Lesben, Schwule, Schwester, Bruder und bei Adjektiven wie beispielsweise trans*, queer*, inter*, weiblich* u. a. m. Dort wird der Genderstern gesetzt, um auszudrücken, dass alle Menschen, die sich dem genannten Begriff zugehörig fühlen, angesprochen und bewusst inklusiv mitgedacht sind. Wird der Genderstern beispielsweise bei der Einladung zu einer Freizeit für Mädchen* gesetzt, heißt dies konkret, dass auch Jungen, die sich als Mädchen fühlen, angesprochen und eingeladen sind. Analoges gilt bei einer Freizeit für Jungen*, dort sind auch Mädchen eingeladen, die sich als Junge fühlen. Die Zugehörigkeit zu ›weiblich‹ oder ›männlich‹ basiert in solchen Fällen nicht mehr auf biologischen Tatsachen, sondern auf der subjektiven Wahrnehmung von Zugehörigkeit. Der Genderstern repräsentiert quasi die Auflösung der Geschlechterkategorie. Er verweist auf Beliebigkeit, löst Begriffsdefinitionen auf und ersetzt Fakten durch ein subjektiv wahrgenommenes Gefühl. Eine Schreibweise ohne Genderstern wird von identitätspolitisch orientierten Teilen der LSBTTIQ-Community als exkludierende Sprache interpretiert und als ›transphob‹ kritisiert.

Im Folgenden wird an konkreten Beispielen aus Praxisfeldern dargestellt, wie das Eigenleben des Gendersterns verwirrendes Neusprech nach sich zieht, Jugendliche in ihrer Selbstfindung gefährdet und pädagogische Räume auflöst, die exklusiv geschlechtsbasiert ausgerichtet sind.

3.1 Trans*

Der Genderstern bei trans* wird als Symbol genutzt, »an das sich alle trans-Identitäten anhängen können«. Er wird vor allem im deutschen Trans-Aktivismus verwendet, im englischen wird es inzwischen abgelehnt. Er gilt als Platzhalter »für alle Menschen, die nicht das Geschlecht sind, dem sie bei der Geburt zugewiesen wurden« (Queer-Lexikon 2022). Um bei der Vielzahl von Selbstbezeichnungen für individuelle Identitäten sicherheitshalber niemanden auszuschließen, wird in vielen Projekten bewusst auf eine Konkretisierung der möglichen Identitäten verzichtet, die mit dem Genderstern bei trans* gemeint sein könnten. Dies gilt als inkludierend und fortschrittlich.

Dort wo Konkretisierungen für trans* vorgenommen werden, wie beispielsweise bei einem Angebot für Jugendliche und junge Erwachsene, »die ihr bei der Geburt zugewiesenes Geschlecht als nicht passend empfinden«, wird die Offenheit für alle Jugendlichen betont: »Ganz egal, auf welche Art du trans* bist (transmännlich, transweiblich, nicht-binär, agender, genderfluid, genderqueer, ...), ob du inter bist oder vielleicht noch am Herausfinden – bei uns bist du herzlich willkommen!« (PLUS Mannheim 2022).

Es handelt sich um ein Angebot, das alle Jugendlichen als trans* anspricht, die ihr Geschlecht »nicht passend finden«, sich vielleicht an Geschlechtsrollen (gender) stören, die ihrem Geschlecht zugeschrieben werden und sich eventuell durch die gewählte Selbstbezeichnung »nicht-binär« und »genderqueer« dem normativen Druck von Geschlechtsrollen zu entziehen versuchen.

Jugendliche beim Erwachsenwerden zu unterstützen, ist Kernaufgabe pädagogischen Handelns. Die individuelle Infragestellung von Geschlechtsrollen und -stereotypen ist ein wesentlicher Schritt auf diesem Weg. Sprachliche Genauigkeit hilft Jugendlichen. Eine begriffliche Ausweitung von trans* auf beliebig viele entwicklungsbedingte Infragestellungen des eigenen Seins oder selbstgewählte veränderbare Identitäten schadet Jugendlichen. Es führt zu einer undifferenzierten Vermischung von Transsexualität

(Geschlechtsdysphorie) mit trans*. Der sprunghafte Anstieg unter Jugendlichen, die operative Eingriffe wünschen, um ihre Geschlechtszugehörigkeit zu verändern, wird seit einigen Jahren von therapeutischen Fachkräften als Zeichen für eine weit verbreitete Verwirrung unter Jugendlichen problematisiert (Korte 2022, S. 43 ff.). Dies ist ein Signal. Die entwicklungspsychologisch bedingte körperliche Verunsicherung über den eigenen Geschlechtskörper in der Pubertät bedarf pädagogischer Differenziertheit in Sprache und Aufklärung.

Je offener eine Gesellschaft sich versteht und je selbstverständlicher sie transsexuellen Menschen begegnen will, umso klarer muss Sprache sein. Eine Vermischung von diagnostizierbarer Geschlechtsdysphorie mit trans* banalisiert das Leiden transsexueller Menschen. Es verunsichert alle Mädchen und Jungen, die entgegen klassischen Rollenklischees leben wollen. Zur Orientierung für Jugendliche sind klare Unterscheidungen von Geschlecht (sex) und Geschlechtsrolle (gender) unabdingbar.

3.2 Mädchen* und MINTA*

Der Genderstern als Appendix ist in der pädagogischen Arbeit mit Mädchen weit verbreitet. Die Bundesarbeitsgemeinschaft Mädchen*politik (BAG Mädchen*politik 2022) hat ihn mittlerweile in ihrem Namen integriert. In dieser BAG laufen auf Bundesebene die Fäden feministisch geprägter Mädchenarbeit zusammen. Gemäß eigenem Selbstverständnis gestaltet sie »Politik mit und setzt fachpolitische Impulse in der feministischen Arbeit zur bundesweiten Verankerung von Mädchen*arbeit in Strukturen und Konzeptionen«. In der BAG haben sich bundesweit 21 Mitgliedsorganisationen zusammengeschlossen. Es handelt sich dabei um Landesarbeitsgemeinschaften (LAG), Fachstellen und Arbeitskreise, die auf Länderebene die Mädchenarbeit bündeln (BAG-Mädchen*politik 2022). In den 21 Mitgliedsorganisationen der BAG-Mädchen*politik wird der Genderstern wie selbstverständlich verwendet und selten erklärt.

Dort, wo Erklärungen zu finden sind, heißt es beispielsweise: »Als LAG Mädchen*politik sprechen wir von Mädchen* bzw. jungen Frauen* und beziehen damit alle ein, die sich aktuell als Mädchen* oder als junge Frau* verstehen, sowie Menschen, die sich nicht im System der Zweigeschlechtlichkeit verorten können« (LAG Mädchen*politik Baden-Württemberg 2022).

Die Fachstelle Mädchenarbeit im Saarland verwendet neben dem Genderstern zusätzlich den Begriff MINTA*, um die Zielgruppe ihrer Mädchenarbeit zu beschreiben. MINTA* steht für »Mädchen, intergeschlechtliche, nichtbinäre, trans und agender Personen«. Mit dem Begriff MINTA* möchte die Fachstelle ausdrücklich »Personen einbeziehen, die unter gleichen/ähnlichen patriarchalen Machtstrukturen leiden wie Frauen«. Für ihre Arbeit sei »lediglich die Selbstbezeichnung von Personen« wichtig, die sie als Mitarbeiterinnen nicht »zwangsläufig in eine binäre Geschlechterkategorie einordnen« (Spang 2022, S. 2). Die Infragestellung menschlicher Zweigeschlechtlichkeit wird in Veröffentlichung der Fachstelle durch Bildsprache unterstrichen. Als Karikatur verkündet ein lachender Computer, mit Verweis auf seine binäre Grundstruktur, »binary is for computers« (Spang 2022, S. 2).

In den Leitlinien für die Mädchen*arbeit der ›Bremischen Zentralstelle für die Verwirklichung der Gleichberechtigung der Frau‹ wird die bisher übliche weibliche Zusammensetzung pädagogischer Teams in der Mädchenarbeit problematisiert und darauf hingewiesen, »dass Mädchen andere weiblich sozialisierte Personen/Frauen als Vorbilder brauchen. Trans*- und intergeschlechtliche Menschen sind ebenso Teil von Mädchenarbeit« (Bremische Zentralstelle für die Verwirklichung der Gleichstellung der Frau 2014, S. 5).

Die jeweiligen Erklärungen können als pädagogische Haltung interpretiert werden, wonach innerhalb der Mädchen*arbeit Geschlecht unabhängig von der biologischen Realität als subjektive, vorübergehende Zuordnung eines Individuums begriffen wird. Der Genderstern bei Mädchen* und MINTA* wird eng mit Theorien verwoben, die von einer Vielzahl von Geschlechtern ausgehen, die unabhängig vom Körper fluide und entlang einer gefühlten Geschlechtsidentität im Laufe des Lebens wechseln können.

In der pädagogischen Praxis mit Mädchen geht es um mehr als um Neusprech mit Genderstern. Es geht um die Auflösung der pädagogischen Konzeption einer geschlossenen geschlechtsbasierten Gruppe der ›Mädchen‹. Seit den 1980er Jahren zählt Mädchenarbeit zu jenen gleichstellungsorientierten feministischen Projekten, die – in Ergänzung zu koedukativen Ansätzen – gezielt pädagogische Räume exklusiv für Mädchen geschaffen haben, um in deren Schutz auf die elementaren, oft körperbezogenen Fragestellungen pubertierender Mädchen in geschützten Settings reagieren zu können, ihnen zu helfen, Geschlechtsrollenstereotype aufzubrechen und sie mit ihren vielfältigen Stärken vertraut zu machen. Es bedarf einer kritischen pädagogischen Debatte, warum aktuell eine Sichtweise auf Geschlecht vermittelt wird, die mit naturwissenschaftlichen Gegebenheiten und Rechtsverständnis von Geschlecht nicht deckungsgleich sind. Aus pädagogischer Perspektive ist kritisch zu fragen, welche normativen Kräfte in den Einrichtungen wirksam waren und sind, die Pädagoginnen dazu veranlassen, exklusive Räume für Mädchen aufzugeben. In der Jungenarbeit ist die Tendenz, die Jungen mit Sternchen zu versehen und Jungenräume für Mädchen zu öffnen, nicht so ausgeprägt. Dies weist auf geschlechtsspezifische Normierungen im Hinblick auf Raumaneignung und Raumbeanspruchung hin, die vertiefender pädagogischer Aufmerksamkeit bedürfen (Bourdieu 1991, S. 26 f.).

Viele pädagogisch orientierte Projekte sind darauf angewiesen, jedes Jahr neu, die Existenz durch Zuschüsse zu sichern. Um die Chancen für einen positiven Bescheid zu erhöhen, sind viele dazu übergangenen, ihre Projektanträge an den zuschussgebenden Institutionen auszurichten. In einem verwirrenden Gemisch aus modern geltenden identitätspolitischen Interpretationen von Geschlecht, hohem Engagement für die pädagogische Arbeit im eigenen Projekt und attraktiven Zuschussquellen für queer-orientierte ›inklusive‹ Arbeitsansätze entscheiden sich immer mehr pädagogische Teams für den Genderstern in ihren Selbstdarstellungen.

Derzeit schreiben alle Mitglieder der Bundesarbeitsgemeinschaft Mädchen*politik auf ihren Homepages Mädchen* mit Genderstern und signalisieren damit die Offenheit für einen vom Körper losgelösten Geschlechtsbegriff, der sich nahtlos in die politische Idee einer vermeintlichen Selbstbestimmung von Geschlecht einfügt.

3.3 Frauen*

Erste Erfahrungsberichte aus der Praxis weisen darauf hin, dass auf Mädchen- und Frauenprojekten in den letzten Jahren verstärkt der Druck lastet, als ›transphob‹ zu gelten und als TERF (trans exclusionary radical feminists) angegriffen zu werden, wenn sie das biologische Geschlecht als Grundlage ihrer Organisationsstruktur und Zielgruppe beibehalten. Exklusive Angebote für Mädchen und Frauen gelten als exkludierend und nicht, wie allgegenwärtig gefordert, ›inkludierend‹. Als TERFs werden Frauen- und Lesbengruppen an den Pranger gestellt, die darauf bestehen, »dass es nur zwei Geschlechter gibt und dass die durch körperliche Merkmale voneinander zu unterscheiden sind« (Queer-Lexikon 2022). Die Verunglimpfung reicht bis zur Existenzbedrohung, wenn sie sich kritisch mit Identitätspolitiken und Gesetzentwürfen auseinandersetzen, die eine Neudefinition von Geschlecht vornehmen wollen. 2021 sah sich das traditionelle Lesbenfrühlingstreffen, das ohne den Genderstern in der Ausschreibung in Bremen stattfand, einem Shitstorm bisher unbekannten Ausmaßes ausgesetzt (Guth & Bischoff 2022, S. 54 ff.). Analoge Vorkommnisse bei Männer- und Schwulenversammlungen ohne Genderstern sind nicht bekannt, selbst dann nicht, wenn sie die einzigen in einem Netzwerk sind, die den Genderstern nicht verwenden (Queeres Netzwerk Niedersachsen 2022).

Mädchen- und Frauenorganisationen, die entschieden haben, den Genderstern zu übernehmen, erweitern ihre Zielgruppen und entwickeln dabei sprachliche Neuschöpfungen. So beschreibt zum Beispiel eine Frauenberatungsstelle, die schwangere Mädchen und

Frauen berät, ihre Zielgruppe mit folgendem Neusprech: »Lesben, bisexuelle Frauen*, queere Frauen* sind bei uns ebenso willkommen wie heterosexuelle Frauen, trans* Frauen und intergeschlechtliche oder trans*geschlechtliche Personen, die sogenannte weibliche* Geschlechtsorgane besitzen« (Frauenberatung Verden 2022). Diese Formulierungen zeigen die sprachlichen Verwirrungen, die Teil des pädagogischen Alltags geworden sind und Mädchen und jungen Frauen begegnen können.

Sprachliche Neuschöpfungen zu entwickeln, die die Geschlechtsorgane von Mädchen und Frauen als »sogenannte weibliche* Geschlechtsorgane« bezeichnen und zusätzlich weiblich* mit Genderstern zu versehen, ist im vorliegenden Fall die Entscheidung eines einzelnen pädagogischen Teams. Es ist anzunehmen, dass diese Entscheidung auf einem identitätspolitischen Geschlechtsbegriff basiert, der vom Körper abgelöst wird. Sie ist keine erzwungene Sprachpolitik, die im Sinne von Orwells Roman, staatlicherseits von oben vorgeschrieben wird. Neusprechvarianten entstehen in pädagogischen Teams, die subtil verwoben sein können mit normativem Druck, Innovationsinteresse oder Hilflosigkeit angesichts fachlicher Unkenntnis und fehlender Unterstützung durch eine kritische wissenschaftliche Fachöffentlichkeit, die Orientierung geben könnte.

4 Resumée

Was ist geschlechtergerechtes Sprechen, wenn der verwirrende Nebel rund um menschliche Zweigeschlechtlichkeit, Intergeschlechtlichkeit, Vielfalt von Geschlecht, Genderstern und Glottisschlag sich lichtet? Bis vor Kurzem schien alles ganz einfach zu sein mit einer geschlechtergerechten Sprache. Verwirrend wurde es, als ein ›Neusprech‹-Anspruch entstand, zusätzlich mit einem

Genderstern eine vermeintliche »Vielfalt der Geschlechter«, zu repräsentieren.

4.1 Geschlecht und Sprache

Es wird sichtbar, dass geschlechtergerechte Sprache und die Neusprechvariante der sogenannten Gendersprache nicht das Gleiche sind und auf unterschiedlichen politischen Haltungen basieren. Während geschlechtergerechtes Sprechen gleichstellungspolitisch verankert ist und Frauen sprachlich sichtbar werden lässt, ist die Neusprechvariante der ›Gendersprache‹ identitätspolitisch motiviert. Sie basiert – für viele Nutzerinnen und Nutzer fast unmerklich – auf der Negation der Zweigeschlechtlichkeit und einer Neudefinition von Geschlecht als frei wählbare, veränderbare Geschlechtsidentität, die losgelöst von materiellen Körpern existiert. Die Formel der ›Vielfalt von Geschlecht‹ wird missverständlich bis hin zu missbräuchlich als Begründung für ›Gendersprache‹ benutzt.

Die Zweigeschlechtlichkeit der menschlichen Spezies ist eine biologische Gegebenheit. Die deutsche Sprache hält für Männer und Frauen je eigene Sprachformen vor. Damit werden über 99,9% der Bevölkerung sprachlich repräsentierbar. Eine seltene Variante der Geschlechtsentwicklung (Intergeschlechtlichkeit) als Begründung für den Umbau von Sprache heranzuziehen ergibt keinen Sinn.

Ein Geschlechtsbegriff, der die Bindung an die reproduktive Differenz männlicher und weiblicher Körper außer Acht lässt, macht sexualisierte Gewalt gegen Frauen und strukturelle Diskriminierung ebenso unsichtbar wie die Potentiale, die Mädchen und Frauen für eine Gesellschaft bedeuten. Außerhalb verwirrender Neusprechvarianten war und ist geschlechtergerechtes Sprechen ein einfaches Tun. Es ist ein Sprechen und Schreiben, das die deutsche Sprache in ihrer Gesamtheit mit männlichen und weiblichen Sprachformen nutzt. Die Verwendung weiblicher Sprachformen eröffnet vielfältige Möglichkeiten, Geschlechterstereotypen bei Kindern, Jugendlichen und Erwachsenen zu reduzieren und sie zur Entfaltung ihrer Begabungen zu ermutigen. Das generische Maskulinum kann ohne Fehlerrisiko durch eine Beidnennung ersetzt werden, da männliche und weibliche Sprachformen integraler Bestandteil der deutschen Sprache sind.

4.2 Pädagogische Implikationen

In der pädagogischen Praxis eröffnet die Verwendung weiblicher und männlicher Sprachformen bei Mädchen und Jungen neue Denkräume. Diese Chance im pädagogischen Alltag zu nutzen ist in der Verantwortung aller und kein ›Hexenwerk‹. Schwieriger ist in der Praxis, sich dem Trend des Neusprechs mit kritischen Fragen nach der konkreten Bedeutung des Gendersterns in den Weg zu stellen und aufzuzeigen, dass geschlechtergerechtes Sprechen und Gendersprache mit Genderstern unterschiedliche Zielsetzungen haben.

Neusprechvarianten, die mit einem Sternchen (*) beiläufig neue Geschlechter kreieren, die keine sind, führen zu unverantwortlicher Verwirrung bei Eltern, Kindern und Jugendlichen, insbesondere in einer Zeit, in der auf politischer Ebene Kräfte wirken, die darauf zielen, dass die Geschlechtszugehörigkeit zukünftig grundsätzlich per Selbstauskunft festgelegt werden kann. Die pädagogischen Praxisfelder mit differenzierten Handreichungen und Aufklärungsmaterialien über Sprachverwirrungen im Zusammenhang mit ›Geschlecht‹ und ›geschlechtlicher Vielfalt‹ fachlich zu informieren ist die Herausforderung für die pädagogische Wissenschaft. Die Erfahrung der letzten Jahre lehrt, dass es aktuell Mut braucht, sich im Wissenschaftsbetrieb auf die Seite jener zu stellen, die zwischen Fakten und Fiktionen unterscheiden, die die Zweigeschlechtlichkeit der Spezies Mensch als Ausgangspunkt von Politik machen und deshalb reflexartig in sozialen Medien der Transphobie bezichtigt werden.

In der politischen Debatte über Geschlecht ›per Selbstauskunft‹ sind wissenschaftlich klar definierte Begrifflichkeiten und naturwissenschaftliche Fundierung erforderlich. Es bedarf der Einbeziehung einer explizit pädagogischen Perspektive auf die Folgen für Kinder und Jugendliche, wenn durch geplante Gesetze der Geschlechtsbegriff seiner biologischen Dimension beraubt wird. Es bedarf pädagogischer Klarheit und stützender wissenschaftlicher Netzwerke, um als Pädagoginnen und Pädagogen verunsicherten Eltern, Kindern und Jugendlichen zur Seite zu stehen und im politischen Raum fundiert und mutig die Stimme zu erheben.

Ich schließe diesen Beitrag mit einem Zitat von Hannah Arendt, die sich intensiv mit dem Ursprung totaler Herrschaft auseinandergesetzt hat. Kakutani hat es ihrem Buch ›Der Tod der Wahrheit. Gedanken zur Kultur der Lüge‹ vorangestellt (Kakutani 2019, S. 9). Es verweist auf unser aller Verpflichtung, immer wieder neu wach zu bleiben für die Analyse der Fakten, mit denen politische Veränderungen begründet werden.

»Der ideale Untertan der totalitären Herrschaft
ist nicht der überzeugte Nazi oder der überzeugte Kommunist,
sondern der Mensch,
für den die Unterscheidung zwischen Fakt und Fiktion (...)
sowie die Unterscheidung zwischen Wahr und Falsch (...)
nicht mehr existieren.«

Literatur

Ahrbeck, B., Felder, M. (2022): Geboren im falschen Körper. Stuttgart: Kohlhammer.
Beier, K. M., Bosinski, H. A.G. & Loewit, K. (2021): Lehrbuch Sexualmedizin. Grundlagen und Klinik sexueller Gesundheit in dritter Auflage. Amsterdam: Elsevier Urban & Fischer.
Bundesministerium für Frauen, Senioren, Familie, Jugend (BMFSFJ) (2022): Queer-Beauftragter der Bundesregierung. Online verfügbar unter: https://

www.bmfsfj.de/bmfsfj/ministerium/behoerden-beauftragte-beiraete-gremi
en/queer-beauftragter-der-bundesregierung-194278, Zugriff am 28.082022.

Bildungspläne Baden-Württemberg (2016): Leitperspektiven und Leitfaden Demokratiebildung ›Bildung für Toleranz und Akzeptanz von Vielfalt (BTV)‹. Online verfügbar unter: http://www.bildungsplaene-bw.de/,Lde/Startseite/BP2016BW_ALLG/BP2016BW_ALLG_LP_BTV, Zugriff am 27.08.2022.

Bildungsserver Berlin Brandenburg (2022a): Stichwort Akzeptanz von Vielfalt. Online verfügbar unter: https://bildungsserver.berlin-brandenburg.de/themen/bildung-zur-akzeptanz-von-vielfalt-diversity/vielfaltsdimensionen. Zugriff am 27.08.2022.

Bildungsserver Berlin Brandenburg (2022b): Stichwort: Geschlechtliche Vielfalt. Online verfügbar unter: https://bildungsserver.berlin-brandenburg.de/themen/bildung-zur-akzeptanz-von-vielfalt-diversity/geschlechtliche-vielfalt/. Zugriff am 27.08.2022.

Bourdieu, P. (1991): Physischer, sozialer und angeeigneter physischer Raum. In: M. Wentz (Hrsg.), Stadt-Räume (S. 25–34). Frankfurt a. M.: Campus.

Bremische Zentralstelle für die Verwirklichung der Gleichberechtigung der Frau mit dem Arbeitskreis Mädchenpolitik Bremen (Hrsg.) (2014): Mädchen*arbeit Bremen. Leitlinien. Anreize für die Praxis. Online verfügbar unter: https://www.frauen.bremen.de/maedchen/gremien-13602, Zugriff am 29.08.2022.

Bundesarbeitsgemeinschaft Mädchen*politik (2022): Bundesweite Trägerorganisationen. Online verfügbar unter: https://www.maedchenpolitik.de/verein, Zugriff am 22.08.2022.

Bundesministerium des Innern (BMI) (2021): Rundschreiben Personenstandsrecht vom 29.1.2021 – V II 1 – 20103/27#17. Online verfügbar unter: https://www.personenstandsrecht.de/SharedDocs/kurzmeldungen/Webs/PERS/DE/rundschreiben/2021/geschlechtsangabe.html. Zugriff am 27.08.2022.

Bundesverband Trans* e.V. (2022): Startseite. Online verfügbar unter: https://www.bundesverband-trans.de, Zugriff am 22.08.2022.

Bundeszentrale für politische Bildung (2017): Dossier Geschlechtliche Vielfalt-trans*. Online verfügbar unter: https://www.bpb.de/themen/gender-diversitaet/geschlechtliche-vielfalt-trans/, Zugriff am 27.08.2022.

Bundeszentrale für politische Bildung (2022): Geschlechtergerechte Sprache. Aus Politik und Zeitgeschichte (APuZ), 72, 5–7.

Butler, J. (1991): Das Unbehagen der Geschlechter. Frankfurt a. M.: Suhrkamp.

Dammer, K.-H. (2022): Theorien in den Bildungswissenschaften. Opladen, Toronto: Budrich.

Deutscher Bundestag (2019a): Antwort der Bundesregierung auf die Kleine Anfrage der Fraktion der GRÜNEN. Drucksache 19/9886. Online verfügbar unter: https://kleineanfragen.de/bundestag/19/9886-auswirkungen-und-umsetzung-des-gesetzes-zur-aenderung-der-in-das-geburtenregister-einzutragenden-angaben-dritte. Zugriff am 07.08.2022.

Deutscher Bundestag (2019b): Antwort der Bundesregierung auf die Kleine Anfrage der Fraktion der FDP. Drucksache 19/7586. Online verfügbar unter: https://dserver.bundestag.de/btd/19/075/1907586.pdf. Zugriff am 27.08.2022.

Deutscher Bundestag (2020a): Gesetzentwurf GRÜNE. Bundestagsdrucksache 19/19755. Online verfügbar unter: https://dserver.bundestag.de/btd/19/197/1919755.pdf. Zugriff am 28.08.2022.

Deutscher Bundestag (2020b): Gesetzentwurf FDP. Bundestagsdrucksache 19/20048. Online verfügbar unter: https://dserver.bundestag.de/btd/19/200/1920048.pdf. Zugriff am 28.08.2022.

Deutscher Bundestag (2022): Antwort der Bundesregierung auf die Kleine Anfrage der Fraktion der AFD. Drucksache 20/812. Online verfügbar unter: https://dserver.bundestag.de/btd/20/008/2000812.pdf, Zugriff am 29.08.2022.

Duden (2022): Wörterbuch ›Frau‹, ›Mann‹, ›Intersexualität‹. Cornelsen Verlag GmbH. Online verfügbar unter: https://www.duden.de/woerterbuch. Zugriff am 23.08.2022.

Engelken, E. (2022): Trans*innen? – Nein danke!: Warum wir Frauen einzigartig sind und bleiben. Mönchengladbach: Edition Eva & Adams.

Frauenberatung Verden (2022): Grundsätze der Frauenberatung Verden. Online verfügbar unter: https://frauenberatung-verden.de/team, Zugriff am 29.08.2022.

Gleeson, J. (2021): Interview Judith Butler: »We need to rethink the category of women«. The Guardian, 7. September 2021. Online verfügbar unter: https://www.theguardian.com/lifeandstyle/2021/sep/07/judith-butler-interview-gender, Zugriff am 29.08 2022.

Guth, B., Bischoff, S. (2022): Solibriefe und Statements zum LFT 2021. In: B. Guth, S. Bischoff (Hrsg.), OutSisters InSisters Lesben. Lesbisch- feministisches Begehren um Autonomie. Reader zum Lesbenfrühlingstreffen 2021 Bremen (S. 54–70). Hamburg: Tradition GmbH.

Holland-Cunz, B. (2021): Geschlecht (sex and gender). In: T. Kirchhoff (Hrsg.): Online Lexikon Naturphilosophie. Online verfügbar unter: https://journals.ub.uni-heidelberg.de/index.php/oepn/article/view/85090, Zugriff 29.08.2022.

Kakutani, M. (2019): Der Tod der Wahrheit. Gedanken zur Kultur der Lüge. Stuttgart: Klett-Cotta.

Kirschner, A., Petermann, H.-B. (2019): Zur »Philosophie« einer Ethik ohne Philosophie. Kritische Rückfragen an den baden-württembergischen Bildungsplan 2016. Pädagogische Korrespondenz 56, 37–63. Frankfurt a.M.: Budrich.

Koalitionsvertrag (2021): Mehr Fortschritt wagen. Online verfügbar unter: https://www.spd.de/fileadmin/Dokumente/Koalitionsvertrag/Koalitionsvertrag_2021-2025.pdf.Zugriff am 23.08.2022.

Korte, A. (2022): Geschlechtsdysphorie bei Kindern und Jugendlichen aus medizinischer und entwicklungspsychologischer Sicht. In: B. Ahrbeck, M. Felder (Hrsg.), Geboren im falschen Körper. Stuttgart: Kohlhammer.

Kunkel-Razum, K. (2021): »Das generische Maskulinum wird immer weiter zurückgedrängt«. Ein Interview vom 18.3.2021. Online verfügbar unter: https ://www.zdf.de/gesellschaft/plan-b/interview-kunkel-razum-duden-100.html. Zugriff am 29.08. 2022.

Landesarbeitsgemeinschaft Mädchen*politik (2022): Online verfügbar unter http://www.lag-maedchenpolitik-bw.de, Zugriff am 24.08 2022.

Michaels, W. (2021): Der Trubel um Diversität. Wie wir lernten, Identitäten zu lieben und Ungleichheit zu ignorieren. Berlin: Bittermann.

PLUS Mannheim (2022): ST*ERNCHEN. Online verfügbar unter: https://jugend.plus-mannheim.de/sternchen, Zugriff am 29.08.2022.

Ponseti, J., Stirn, A. (2019): Wie viele Geschlechter gibt es und kann man sie wechseln? Zeitschrift für Sexualforschung, 32, 131–147.

Pusch, L. (1984): Das Deutsche als Männersprache. Frankfurt a.M.: Suhrkamp.

Queeres Netzwerk Niedersachsen (2022): Online verfügbar unter: https://qnn.de/sfn/, Zugriff am 29.08.2022.

Queer-Lexikon (2022): Trans und nicht-binär. Online verfügbar unter: https://queer-lexikon.net/uebersichtsseiten/trans/, Zugriff am 29.08.2022.

Rat der Deutschen Rechtschreibung (2021): Pressemitteilung vom 26. März 2021. Online verfügbar unter: https://www.rechtschreibrat.com/DOX/rfdr_PM_2021-03-26_Geschlechtergerechte_Schreibung.pdf. Zugriff am 29.08.2022.

Spang, S. (2022): Über Mädchen und MINTA*. Newsletter Genderkompetenz-Zentrum Saarland, Ausgabe 1/2022. Online verfügbar unter: https://gps-rps.de/fileadmin/Resources_rti/Public/Redaktion/Saarbruecken/Genderkompetenz-Zentrum/GeKo_Newsletter_1_2022.pdf. Zugriff 23.08.2022.

Stahlberg, D., Sczesny, S. (2001): Effekte des generischen Maskulinums und alternativer Sprachformen auf den gedanklichen Einbezug von Frauen. Psychologische Rundschau, 52 (3), 131–140.

Türcke, C. (2021): Quote, Rasse, Gender(n). Demokratisierung auf Abwegen. Springe: Zu Klampen.

Vervecken, D., Hannover, B. (2015): Yes I can! Effects of gender fair job descriptions on children's perceptions of job status, job difficulty, and vocational self-efficacy. Social Psychology 46, 76-92.

Zinkler, D. (2022): Queer-Beauftragter: ein Kind soll vier Eltern haben dürfen. Berliner Morgenpost, 14. 01. 2022. Online verfügbar unter: https://www.morgenpost.de/politik/article234309357/Queer-Beauftragter-Wie-Familie-in-Deutschland-aussehen-kann.html, Zugriff am 23.08.2022.

Resonanz.
»Nicht gelb! Gelb ist so eine pissige Farbe.«
Unterricht *zwischen* Resonanz und Dissonanz

Anne Kirschner

SmL: »Gelb!«
Lw: »Nehmt ihr gelb?«
SmJ: »Blau!«
Lw: »Was habt ihr für Präsens immer genommen? Damit wir die gleiche Farbe haben.«

[SuS sprechen durcheinander und suchen in ihren Taschen nach bunten Stiften]
SmJ: »Blau, blau«
SwG: »Gelb«
SmA: »Blau«
SmD: »Gelb«
SmI: »Gelb, gelb«
SmL: »Gelb, guck gelb [in einem Singsang] nananana.«
Lw: »[ermahnend] SmL!«
SmJ: »Gelb jetzt also?«
SwG: »[bestätigend] Gelb!«
Lw: »Ich schreib es an die Tafel!«
[SuS sprechen weiter durcheinander und diskutieren über die Farben]
SmK: »Nicht gelb! Gelb ist so eine pissige Farbe.«
[...]
SmD: »Ich hab aber nicht genug Gelb!«
SmJ: »Heul doch!«
Lw: »[ermahnend] s-c-h-t-t, Futur?«
[SuS antworten durcheinander]
SmI: »Lila«
SwH: »Blau«
SmI: »Nicht blau!«
SmU: »Lila, lila.«
SmJ: »Ich will's grün!«
LW: »[ermahnend] S-c-h-t-t! Lila!«
SwG: »Ja, lila.«
SmI: »Lila, ich hab' doch gesagt nicht blau!«
LW: [schreibt mit rosa/lila an die Tafel: Futur]
Sw?: »Ich hab doch gar keine Lila!«
SmI: »Das ist rosa.«
Lw: »Jetzt hört bitte auf zu schreien!«
(Archiv für pädagogische Kasuistik 2010, S. 12 f.)

1 »Was nehmt ihr für Präsens immer?«

Die abgebildete Kommunikationssituation stellt sicher keinen Ausnahmefall dar, denn vielen Deutschlehrkräften und noch mehr Schülerinnen und Schülern kommt die einleitende Frage (so oder so ähnlich) sicher bekannt vor, und so manche Leserinnen und Leser werden sich möglicherweise daran erinnern, sie selbst schon einmal gestellt (oder beantwortet) zu haben. Das hier abgedruckte Unterrichtsgespräch fand 2010 im Rahmen einer Unterrichtsstunde zum Thema »Tempusformen der Verben« in einer 7. Realschulklasse an einer hessischen Haupt- und Realschule statt. Der Unterricht wurde für Forschungszwecke aufgezeichnet und anschließend transkribiert.

In dem für die nachfolgende Auseinandersetzung herausgegriffenen Ausschnitt wird die Darstellung abstrakter grammatischer Formen mit unterschiedlichen Farben thematisiert – ein beliebtes Verfahren, das bereits in der Grundschule, aber auch in weiterführenden Schulen angewandt wird. Auf Ebene der Kommunikationsstrukturen wird im Verlauf des Gesprächs jedoch unmittelbar deutlich, dass die gewählte Form der Vermittlung zunächst schwerlich gelingt und sich stattdessen zu einem Durcheinander aus Zwischenrufen, Schmähungen, Ablehnung, formulierter Hilflosigkeit sowie Ermahnungen auswächst.

Als Ursache des dabei aufkommenden (nicht nur) farblichen Durcheinanders erscheint zunächst die formulierte Absicht der Lehrerin (Lw) zu sein, gemeinsam mit den Schülerinnen und Schülern ein einheitliches Farbsystem zur Darstellung der Tempora festzulegen, ohne restriktive Vorgaben machen zu wollen. Dabei setzt sie jedoch voraus, was sie zu vermitteln versucht, nämlich ein System. Ob die Lernenden eine ferne, unverstandene Systematik (Tempusformen) mithilfe einer anderen, eher (lebens-)nahen Systematik (Farbsystem) besser begreifen lernen (möglicherweise auch ohne eine Vorstellung davon zu haben, was ein System überhaupt ist), steht dabei genauso infrage wie die tradierte Notwendigkeit des Erlernens von Sprache als ein formales Kategoriensystem (statt eines Funktionszusammenhangs). Darüber hinaus kann die Lehrerin ihre zunächst offene Adressierung (»Was nehmt *ihr* für Präsens immer?«) schon strukturbedingt nicht aufrechterhalten, insofern sie mit ihren Entscheidungen (Tafelanschrieb) nur einen Teil der Klasse ansprechen kann, wobei vereinzelte Stimmen (»Ich will's grün!«) notwendig untergehen.

Die vielen, sich hinsichtlich dieses scheinbar demokratischen Zuordnungsprozesses von Zeitform und Farbe im Gesprächsverlauf widersprechenden Wahrnehmungen und Entscheidungen resultieren aber nicht nur aus den fachwissenschaftlichen und -didaktischen Kenntnissen sowie den methodischen Fähigkeiten der Lehrerin, sondern liegen mehrheitlich auch darin begründet, dass die Kinder meist aus verschiedenen Grundschulen (und entsprechend unterschiedlichen »Farbsystemen«) kommen, sie möglicherweise die Farbzuweisung(en) zu den je unterschiedlichen grammatischen Strukturen (Wortarten, Satzglieder, Tempusformen usw.) durcheinanderbringen und sich die Ausstattung ihrer Mäppchen mit Buntstiften ebenso wie ihre persönlichen Farbvorlieben gewöhnlich erheblich voneinander unterscheiden.

Und so erscheint auch dieser Unterricht als ein zeitlich befristetes Konfligieren fachwissenschaftlicher (Unterrichtsgegenstand), didaktischer (Unterrichtsziele), methodischer (Vermittlungsformen), institutioneller (z.B. Klassengröße), sozialer (Kommunikation), wirtschaftlicher (Ausstattung), motivationaler (z.B. Vorlieben) und kognitiver (z.B. Vorwissen) Faktoren. Das von der Frage »Was nehmt ihr für Präsens immer?« ausgehende, kunterbunte Chaos macht dieses nicht immer harmonische Zusammenspiel namens Unterricht unmittelbar sichtbar, könnte aber - so würde wohl die Einschätzung mancher Leserinnen und Leser lauten - samt den damit einhergehenden Unstimmigkeiten bzw. Dissonanzen (»Heul doch!«) mit einer entsprechenden Rück-, Weit- und Umsicht (seitens der Lehrerin) vermieden werden. Anders ausgedrückt: Dieses Klassenzimmer erscheint mitnichten als ein harmonischer, auf Gleichklang gestimmter Resonanzraum, könnte aber einer sein.

2 Exkurs: Resonanz und Pädagogik

Der ursprünglich aus der Akustik stammende Resonanzbegriff kommt in seiner strengen, physikalischen Definition als das Mitschwingen eines Systems unter Einwirkung von periodisch veränderten Kräften in der akustischen Wahrnehmungsforschung zum Einsatz (vgl. Hildebrandt 2019, S. 916). Er dient aber schon lange und in unterschiedlichen Feldern auch als Erklärungs*metapher* für physiologische und psychologische Vorgänge, so z. B. in vielen Glücks- und Erfolgsratgebern aus dem Bereich der Lebenshilfe sowie in unterschiedlichen pädagogischen Teildisziplinen wie z. B. der Musik- und Heilpädagogik.

Eine Rezeption der Resonanz im Kontext von eher allgemeinpädagogischen Überlegungen zu Bildung und Erziehung vollzieht sich dabei v. a. mit der Frage, inwiefern sich dieses metaphorisierte physikalische Phänomen in die pädagogische Praxis übertragen lässt, ohne dabei in einer Beschreibung und Verwendung als »ressourcenfixierte Lebenstechnik« aufzugehen (vgl. Beljan 2018, S. 434). Dieser Zielsetzung ist das im Anschluss an die soziologische Studie *Resonanz. Eine Soziologie der Weltbeziehung* (Rosa 2016) erschienene Buch *Resonanzpädagogik. Wenn es im Klassenzimmer knistert* (Rosa & Endres 2016) verpflichtet. Der Soziologe Hartmut Rosa und der Pädagoge sowie Referent für die Fortbildung von Lehrkräften Wolfgang Endres legen damit eine dem vorherrschenden Kompetenzparadigma[1] gegenübergestellte, alternative Perspektive auf das Lehren und Lernen vor. Wenig später wurde Rosas soziologisch motivierter Resonanzbegriff mit anschließenden Publikationen weiterhin in pädagogische Kontexte als »neue Perspektive auf Bildung« (Beljan 2019) und Quelle »neuer Denkmuster« in Schule und Unterricht (Endres 2020) überführt.

Nicht nur für aktuell im Schulbetrieb Tätige liefert die »Resonanzpädagogik« samt den darin problematisierten Beziehungen

---

1 Vgl. hierzu auch den Beitrag von Karl-Heinz Dammer in diesem Band.

zwischen Lernenden, Lehrkraft und Unterrichtsgegenstand wohl eine zutreffende und aktuelle Beschreibung schulischer »Baustellen«, die in der selbst zugewiesenen Zielsetzung, »[...] auch schwierigen [sic!] Fälle zum Blühen, zum Aufblühen zu bringen« (Rosa & Endres 2016, S. 71), zum Ausdruck kommt. Bereits vor zehn Jahren gibt in einer Umfrage der Vodafone Stiftung Deutschland etwa die Hälfte der 536 befragten Lehrkräfte an, dass viele Schülerinnen und Schüler kein Interesse am Unterricht (54 %) und sie (die Lehrkräfte) zunehmend mit sozialen Konflikten und Gewalt zu tun hätten (52 %) (vgl. Vodafone Stiftung Deutschland 2011). Diese Befunde dürften heute immer noch aktuell, wenn nicht gar noch deutlicher sein. Nicht wenige mögen deshalb in der Resonanzpädagogik fruchtbare Ansatzpunkte und praktikable Auswege aus Unterrichtsstörungen und Konfliktspiralen sowie der häufig auch daraus resultierenden Verkürzung der viel beschworenen »effektiven Lernzeit« erkennen.

Der Erziehungswissenschaftler Michael Winkler weist hingegen in kritischer Absicht zum einen auf das Fehlen von Dissonanz, also Missklang und Nicht-Übereinstimmung, als Wesensmerkmal von Bildung und zum anderen auf die metaphorische Illustration (vs. begriffliche Fundierung) der Resonanzpädagogik hin (vgl. Beljan & Winkler 2019, S. 61). Wenn man außer Acht lässt, dass (auch schulische) Bildung und Erziehung ein historisch gewachsenes Spannungsgefüge bilden, so meine These, gerät jedoch aus dem Blick, dass sich dieses weder widerspruchsfrei beschreiben noch mit operationalisierenden (Kompetenz) oder metaphorisierenden (Resonanz) Ansätzen überwinden lässt. Diese These wird im Folgenden und weiterhin entlang des o. g. Unterrichtsgesprächs entfaltet und diskutiert.

3 »Nicht gelb! Gelb ist so eine pissige Farbe.«

In dem Gesprächsanlass (»Okay, wollen *wir* mal die Farben festlegen!«) erscheint die mit dem Resonanzbegriff verbundene Intention von Rosa und Endres, die Beziehungen zwischen Lernenden, Lehrkraft und Unterrichtsgegenstand zu stärken, zunächst enthalten zu sein, insofern die Idee eines gemeinsam hergestellten Farbsystems zur Vermittlung der Tempusformen an die sinnliche Wahrnehmung der Schülerinnen und Schüler anknüpft. Darüber hinaus kann die gewählte Form der Adressierung (»Was nehmt *ihr* für Präsens immer?«) als Hinwendung zu Subjektivität (Ich bin gefragt!) und Gefühl (insofern Farben Gefühle auslösen und repräsentieren können) gelesen werden.

Doch angesichts der Beobachtung, dass die Vermittlung der Sache im Gespräch zunächst auf Ebene der Auseinandersetzung über ihre Repräsentationsform geführt wird, die wiederum in wiederholten Ermahnungen (»S-c-h-t-t!«) sowie wechselseitigen Schmähungen (»Heul doch!) und Abwertungen (»Gelb ist eine pissige Farbe«) resultiert, im Rahmen derer einzelne kindliche Stimmen (»Ich will's grün!«) gar nicht erst gehört werden, scheint, trotz der Bemühungen der Lehrerin, kein Resonanzraum zu entstehen.

Mit wohl solchen und ähnlichen Situationen vor Augen stellen Rosa und Endres entsprechend fest, dass, wo Bildung ausschließlich als Aneignungsprozess (z. B. von Tempusformen) verstanden wird und wechselseitige Wahrnehmung und Anerkennung ausbleiben, es zu jenen Abwertungen, Abstoßungen und Zurückweisung komme, die auch in der Äußerung: »Nicht gelb! Gelb ist so eine pissige Farbe!« erkennbar sind. Rosa verwendet hierfür Ausdrücke wie »Repulsion«, »Entfremdung« und »Indifferenz«. Diese Modi stellen sich ein, wenn es nicht gelingt, Unterrichtsgegenstand, Lernende und Lehrperson in einen wechselseitig verbundenen Sprechzusammenhang zu bringen. Vor diesem Hintergrund wird die Schule als »Entfremdungsraum« der Schule als »Resonanzraum« gegenübergestellt, in welchem idealerweise die »eigene Stimme [je]des Kindes zur Entfaltung kommt« (vgl. Rosa & Endres 2016, S. 31, Änd. d. Verf., AK).

Damit dies gelingt, genüge es nicht, Unterrichtsgegenstände bloß zu erwerben, denn »[e]rst wenn ich sie zum Sprechen bringe, kann ich sie mir anverwandeln« (ebd., S. 16 f.). Mit dem Ausdruck »Anverwandlung« belehnt Rosa ein Charakteristikum der Phänomenologie, nämlich die Auffassung, dass Wirklichkeit nur existiert, insofern sie eine Wirklichkeit *für* uns ist, also aus dem Sinnzusammenhang unserer Wahrnehmung resultiert. Wendet man diese Logik auf das o. g. Szenario an, dürfte es dort nicht um eine bloße (zumal kompetenzorientierte) Aneignung der Tempusformen (Objekt) durch die Schülerinnen und Schüler (Subjekt) gehen, vielmehr müsste die Lehrkraft den Zeitformen (»Stoff«) etwas abringen, sodass diese (für die Lernenden wahrnehmbar) »zu sprechen«, »zu atmen« und »zu leben« beginnen (vgl. ebd., S. 48).

4 »Ich schreib es an die Tafel!«

Die Lehrerin entscheidet sich im Verlauf jedoch dafür, die Gelb- oder-Blau-Diskussion nach einer kurzen Ermahnung (»S-c-h-t-t«) mit einem Tafelanschrieb (vorerst) zu beenden, was sodann auf Seiten einiger Schülerinnen und Schüler zu den bereits erwähnten Abwertungsmodi führt. Auch hier mündet das Zugeständnis einer zunächst selbständigen Artikulationsmöglichkeit in eine disziplinierende Maßnahme (vgl. Helsper 1996, S. 560). Werner Helsper erkennt in solchen Kommunikationsmustern grundlegende Antinomien (hier: Autonomie vs. Heteronomie) des Handelns von Lehrerinnen und Lehrern (vgl. ebd., S. 521).

Diese Antinomien sind als inhärente Widersprüche schon seit Beginn der modernen Pädagogik in den Reflexionen über Bildung und Erziehung sowohl auf begrifflicher als auch auf materieller Ebene dokumentiert. Bereits Rousseau erkennt in solch divergierenden Zweckbestimmungen einen strukturellen und unauflöslichen Widerspruch der Pädagogik, insofern man sich zwischen der Erziehung zum gesellschaftlich-funktionalen *Bürger* und der Erziehung des *Menschen* entscheiden müsse, denn es sei unmöglich, jemanden zugleich als Mensch und Bürger zu erziehen (vgl. Rousseau 2010, S. 18). Auch wenn er sich im *Émile* für die Erziehung des Menschen entscheidet, so kann dies nur mehr als Hinweis auf jene unauflösliche Dialektik von Individuum und Gesellschaft gelesen werden, insofern es sich hier um einen Roman handelt, in dem die gewählte erzieherische Praxis im besten Fall als anzustrebendes, aber unerreichbares Ideal oder eben nur als Fiktion zu haben ist.

Für das o. g. Szenario ist dieser Aspekt insofern relevant, als hieran erkennbar wird, dass die Lehrerin mit ihrer Entscheidung die zuvor angestoßenen individuellen Erfahrungen zugunsten des Fortbestandes ihres Unterrichts als Organisationsform kollektiven Denkens unterbindet. Im Zusammenhang mit dem hier aufscheinenden Widerspruch der Pädagogik zwischen Individuum (Anrufung individueller Erfahrungsräume) und Gesellschaft (Aufrechterhaltung einer kollektiven Organisationsstruktur) steht zuletzt auch Rosas Intention, die *Resonanz* als subjektiven Anverwandlungsprozess von Welt der *Kompetenz* als objektivierbaren Aneignungsmodus gegenüberzustellen. Mit dieser Form der Kompetenzkritik entzieht Rosa Schülerinnen und Schüler einem Diskurs, der sie überwiegend und mit Blick auf ihre gesellschaftliche Nützlichkeit (employability) als multifungible Fähigkeitsreservoirs adressiert. Im Unterschied dazu betont er ihre unverfügbare Subjektivität sowie den Wert der daraus resultierenden individuellen Wirklichkeitsbezüge und -beziehungen.

In diesem Zusammenhang weist er alles, was Abwertung, Abstoßung und Zurückweisung auslösen könnte, als Gegenteil von Resonanz zurück. Entsprechend identifiziert der Soziologe Aspekte der Züchtigung und Disziplinierung als (immer noch unstrittig vorhandene) »schwarze Seite der Pädagogik«, bei der es darum gehe, dass kindlich Ungeordnete, Chaotische oder gar Gefährliche zu bekämpfen und umzuformen (vgl. Rosa & Endres 2016, S. 42). Dieser Rekurs führt jedoch zu einer Vereinseitigung des Erziehungsbegriffs, der im Interview zwischen Rosa und Endres sodann auch nur einmal verwendet wird. Die (ebenso unstrittig vorhandene) »weiße Seite« der Erziehung wird dabei im Resonanzbegriff mit Hilfe der klassischen Metapher vom Wachstum der Pflanze reformuliert, denn:

> »[a]uch ein Kaktus kann sich nicht öffnen, wenn er nicht von der Sonne beschienen wird und eine Mindestmenge an Wasser bekommt. Das ist diese Resonanz, dieser Resonanzraum, der erstmal erzeugt werden muss, bevor ich die Blüte sehen kann« (ebd., S. 72).

Das hier erzeugte Bild wird jedoch nicht als Ausgangspunkt eines Sorgeverhältnisses begriffen, sondern – als ebenfalls mögliche Perspektive auf Erziehung – in einem, an Resonanz geknüpftes Bildungsverständnis aufgelöst. Auf diese Weise folgen Rosas Ausführungen einem seit längerem (auch innerhalb des Kompetenzparadigmas) beobachtbaren Verdrängungszusammenhang von Bildung und Erziehung, innerhalb dessen der Bildungsbegriff die Grenzen des historisch begründeten Zuchtgedankens überwindet und den Erziehungsbegriff zunehmend ersetzt (vgl. Meyer-Drawe 1999, S. 166). Damit ist gemeint, dass wenn man (z. B. mit dem klassischen Pädagogen Johann Friedrich Herbart) den Aspekt der Zucht positiv denkt und an Bildung anschließt (Erziehung hat Bildung, nicht Unterordnung zum Ziel), das Element der Unterordnung als produktives Moment im Bedeutungsfeld des Erziehungsbegriffs erhalten bliebe. Während Herbart die Erziehung in diesem Zusammenhang noch selbstverständlich als einheimischen Begriff der Pädagogik betrachtet (Herbart 1982), verschwindet er zunehmend von der Sprachoberfläche gegenwärtiger pädagogischer Diskurse. Wo er dennoch, wie bei Rosa, auftaucht, scheitert er häufig an Zuschreibungen, die ihn als veraltetes und unwirksames Konzept ausweisen, das ausschließlich als eine gegen Widerstände gerichtete, äußere Abrichtung (»die schwarze Seite der Pädagogik«) charakterisiert wird.

Nicht nur mit Blick auf die o. g. Farbdiskussion wird vor dem Hintergrund der bisherigen Ausführungen fraglich, ob jeder Unterricht, der Aspekte von Unterordnung und Disziplinierung aufweist, per se zurückzuweisen ist. Zu berücksichtigen ist dabei, dass diese Aspekte die notwendige Kehrseite von Partizipation und Autonomie sind, die weder aufgelöst noch vereinseitigt werden kann. Unterrichtliches Handeln ist eben nie nur »schwarz« oder »weiß«, sondern changiert zwischen den Tönen, weshalb sich Erziehungspraxis auch nicht linear aus theoretischen Modellbildungen ableiten lässt, sondern von konkreten situationsspezifischen und individuell bedingten Gesamtzusammenhängen abhängt, die situations- und adressatengerechtes Handeln erfordern. Der bereits erwähnte Herbart spricht deshalb auch von Erziehung als einer Kunst, die eine gebildete pädagogische Urteilskraft (»pädagogischer Takt«) erfordert (vgl. ebd., S. 126).

5 »Das ist rosa.«

Mit diesem kritischen Einwand eines Schülers in Hinblick auf die nicht zweifelsfrei identifizierbare Farbwahl der Lehrerin für die Darstellung der Zeitform Futur soll im Folgenden die relativ breite Verwendung von Metaphern in Rosas Darstellung der »Resonanzpädagogik« thematisiert werden. Denn insofern man davon ausgehen kann, dass es im Gespräch zwischen Rosa und Endres darum gehen soll, die Beschaffenheit der »Resonanzpädagogik« mittels der im Interviewmodus vorgenommenen Erhebung möglichst vieler, detaillierter Informationen präzise zu erläutern, erscheinen die diesbezüglich eingesetzten Metaphern, die – wie auch die Farbwahl der Lehrerin – verunklärend wirken (können), als Explikationsmittel bemerkenswert.

Bereits zu Beginn dieses Textes wurde die Verwendung des Bestimmungswortes *Resonanz* in dem Ausdruck »Resonanzpädagogik« als metaphorisch charakterisiert. Diese Metapher ist jedoch keineswegs die einzige, vielmehr lassen sich in Rosas Ausführungen mehrere metaphorische Konzepte[2] erkennen, z. B.:

- Achse und Draht sind Beziehung
- Feuer ist Begeisterung
- (Unterrichts-)Gegenstände sind lebendig mit menschlichen Eigenschaften und Fähigkeiten
- Lernende und Lehrkräfte sind Behälter, die man öffnen und schließen kann
- Schülerinnen und Schüler sind Pflanzen (Kakteen)
- Bildung ist Pflanzenwachstum
- (Die schwarze Seite der) Erziehung ist (physikalische) Abstoßung.

Besonders auffällig ist, dass hier einerseits technische Objekte bzw. Prozesse und andererseits organische Konzepte zum Einsatz kommen. Die metaphorische Verortung des Pädagogischen als Resonanzphänomen folgt also keiner einheitlichen Strukturlogik, sondern oszilliert vielmehr zwischen Vergegenständlichung und Verlebendigung. Dabei zeigt sich mit Blick auf Analysen zu den geläufigsten Metaphern in der Pädagogikgeschichte (vgl. hierzu Guski 2007; de Haan 1991), dass Rosa im Grunde keine völlig neuen metaphorischen Konzepte anbietet. So wiederholt er beispielsweise mit der Kaktus-Metapher und zahlreichen Verlebendigungsbildern das in der Reformpädagogik zentrale metaphorische Schlüsselkonzept des organischen Wachstums. Auch das von ihm aufgenommene Bild der (technischen) Formbarkeit zählt zu den geläufigen Metaphern der Pädagogikgeschichte, wobei Rosa mit Ausdrücken wie »Resonanzachse« und »Resonanzdraht« den Fokus weg von der

---

2 Ich beziehe mich hier ausschließlich auf das Buch *Resonanzpädagogik. Wenn es im Klassenzimmer knistert* von Rosa und Endres (2016). Eine ausführliche Darstellung der Rekonstruktion der o. g. metaphorischen Konzepte samt ihrer historischen Einordnung und Diskussion findet sich bei Kirschner (2022)

Formbarkeit des Kindes hin zur Formbarkeit der Beziehungen zwischen Lernenden, Lehrkraft und Unterrichtsgegenstand verlagert. In Verbindung mit Metaphern, die ein Kraft-Schema (»*vibrierende Resonanzdrähte*«, »*überspringende* Funken«, »*zurückgestoßene* Kinder«) zugrunde legen, werden Schule und Unterricht dann im Sinne dessen perspektiviert, was de Haan (1991) als »Begegnung und Dialog« bezeichnet (ebd., S. 362). Auch diese eher »mäeutischen Metaphern« werden im Rahmen der »Resonanzpädagogik« reformuliert und aktualisiert.

Mit Guski (2007) lässt sich vor diesem Hintergrund feststellen, dass organische Metaphern in der Geschichte der Pädagogik vornehmlich eingesetzt wurden, um als mechanisch wahrgenommene Unterrichtsformen zu kritisieren (vgl. ebd., S. 206). Auch bei Rosa werden auf diese Weise die durch die Widersprüchlichkeit der Institution Schule, die einerseits mit sich entwickelnden Menschen und andererseits mit objektivierbaren Wissenssystemen zu tun hat, hervorgerufenen Krisenphänomene zur Zielscheibe der Kritik. Dass Rosa zur Erläuterung der »Resonanzpädagogik« mit einerseits technischen und andererseits organischen Metaphern zwei antinomische Konzepte verbindet, kann zum einen der Schwierigkeit geschuldet sein, dass sich Bildung eben nicht widerspruchsfrei definieren lässt und erscheint auf der anderen Seite zugleich als Ausdruck und Resultat eben dieser Widersprüchlichkeit.

Mit den o. g. metaphorischen Konzepten hebt Rosa aber nicht nur auf den sinnlichen Wahrnehmungsraum von schulischen Akteuren ab, sondern knüpft auch an die sinnliche Existenz seiner Leserinnen und Leser an, insofern er mit seinen metaphorischen Illustrationen eine Textur hervorbringt, in welcher Originalität (Sinn) und Aktivität (bildliches Vorstellen) in der Passivität (Rezeption) möglich werden (vgl. Meyer-Drawe 1999, S. 163). Seinen diesbezüglichen Versuch, abstrakte Inhalte wie die Wahrnehmung und Gestaltung von Beziehungen mithilfe mechanischer Bilder (»Resonanzachse«, »Resonanzdraht«) zu veranschaulichen, kann dabei entweder als Ausdruck des Empiriedefizits der Pädagogik oder aber als Bemühen gelesen werden, Bildung und Erziehung in ihrer Komplexität verstehen zu wollen, ohne dabei ihren Sinnhorizont zu verkürzen. Denn würde man Metaphern ausschließlich aus dem Blickwinkel der ersehnten Präzision heraus betrachten, könnten diese nur noch als semantische Störung und Verdunkelungsgefahr wahrgenommen werden (vgl. ebd., S. 164). Metaphern sind deshalb nicht einfach Vorläufer eines noch nicht gefundenen Begriffs, sondern wirken erkenntnisstiftend, insofern sie an unsere sinnliche Existenz anknüpfen (vgl. ebd., S. 163). Vor dem Hintergrund dieser Ausführungen kann man mit Guski auch von einer »heuristischen« Funktion des Metaphorischen sprechen (vgl. Guski 2007, S. 21 ff.). Metaphorisch formulierte Sachverhalte folgen dabei der Logik des jeweils bemühten Bildes, das bestimmte Aspekte präzisierend in den Vordergrund rückt und andere ausblendet.

Lakoff und Johnson nennen diesen gleichzeitigen Vorgang auch »highlighting« und »hiding« (vgl. Lakoff & Johnson 1980, S. 10). Insofern sich Hervorheben und Verdecken gegenseitig bedingen, kann es keine hundertprozentige, sondern nur eine kontextuale Genauigkeit geben, die (auch) Bildung und Erziehung dem Ideal mathematischer Exaktheit entzieht. Mit anderen Worten: Präzision und Klarheit gehen in der Metapher notwendig mit Verunklärung und Dethematisierung einher. So verhindern beispielsweise Rosas um Explikation (des Resonanzphänomens) bemühte Metaphern, die den Wert pädagogischer Beziehungen in den Vordergrund stellen, die Wahrnehmung weiterer Einflussfaktoren; so z. B.: Welche äußeren, gesellschaftlichen, wirtschaftlichen und sozialen Faktoren beeinflussen den so herzustellenden Resonanzraum? Inwiefern sind Fremd- und Andersheit ausschlaggebend für das (Nicht-)Entstehen von entsprechenden Resonanzeffekten? Damit zusammenhängend: welche Rolle spielen geschlechtliche, religiöse, kulturelle, soziale und ökonomische Unterschiede, wenn es um Partizipation am Unterrichtsgeschehen geht? Welchen diesbezüglichen Einfluss haben die realiter vorhandenen Asymmetrien wie z. B. Alter, Geschlecht, Sprache, Kultur usw. zwischen den Lernenden und der Lehrkraft im Rahmen der Institution Schule? Wie vermittelt man die formulierten Resonanzansprüche mit den Funktionen von

Schule (Qualifikation, Selektion, Enkulturation, Integration)? Wie lassen sich Resonanzphänomene von instrumentellen Verhaltensweisen und impliziten Sozialisationseffekten (heimlicher Lehrplan) unterscheiden? Sind alle im Resonanzraum verbundenen Akteure (und Gegenstände) in gleicher Weise »von Natur aus« resonanzfähig, d.h. unabhängig von Umwelteinflüssen in der Lage, entsprechende Effekte sinnlich wahrzunehmen bzw. zu vermitteln? Können und sollten sie dazu befähigt werden? Gibt es dabei zu berücksichtigende entwicklungsbezogene Abstufungen? Bereits in diesen spontan assoziierten Fragestellungen deutet sich – mit Blick auf die Darstellung des Pädagogischen mit metaphorischen Konzepten – an, dass die Verdeutlichung eines Sachverhalts durch die Vereinfachung seiner Komplexität auch zur Verunklärung von Zusammenhängen und dem Verwischen von Details beitragen kann (vgl. Guski 2007, S. 26 f.).

Obwohl er Soziologe ist, lässt Rosa diese Aspekte in seinen Ausführungen unreflektiert und weist darüber hinaus sowohl strukturelle als auch individuelle Widerstände im Rahmen von Bildungs- und Erziehungsprozessen mit Ausdrücken wie »Repulsion« und »Indifferenz« zurück. Stattdessen idealisiert er schulische Lehr- und Lernvorgänge in seiner Konzeption der Resonanz als widerstandsfreie und überwiegend kooperative Abläufe. Die »Resonanzpädagogik« ist jedoch gleichsam aus entsprechenden Problemzusammenhängen (dem Grunddilemma der einerseits freien Entfaltung der vernunftbegabten Individuen und andererseits der Tatsache, dass die Gesellschaft über keine zielgerichteten und verlässlichen Instrumente dafür verfügt) hervorgegangen. Dass seither regelmäßig mit der Belehnung pädagogikferner Bereiche und entsprechenden Begriffen wie z.B. Resilienz[3], Achtsamkeit[4] oder Glück versucht wird, die Disziplin zu reformieren, kann zwar als Krisendiagnose der schulischen Kompetenzorientierung Geltung beanspruchen, aber kaum als Lösung des hier zugrundeliegenden Problems – ge-

---

3 Vgl. dazu meinen Beitrag in diesem Band.
4 Vgl. dazu den Beitrag von Bernhard Petermann in diesem Band.

nauer des Versuchs, das dialektisch vermittelte Verhältnis von Freiheit und Zwang mithilfe operationalisierender Verfahren in den Griff zu bekommen – gelesen werden.

Im Unterschied zu den gegenwärtigen Pädagogisierungen von Glück (z. B. als Unterrichtsfach), Achtsamkeit oder Resilienz (als individuelle Bewältigungsstrategien) adressiert die Resonanzpädagogik v. a. pädagogische Professionelle. Dabei wird aber auch hier die erfolgreiche Bearbeitung grundlegender gesellschaftlicher Widersprüche dem Einzelnen zugeschoben, während die objektive Beschaffenheit der Umwelt genauso wie das Wahrnehmen, Verstehen und Aushalten von Spannungen der Kritik entzogen bleiben, sodass die auf Resonanz »gestimmten« Lehrkräfte letztlich nicht auf die Idee kommen, jene Antinomien zu reflektieren. Auch wenn Rosa mit seinen metaphorischen Darstellungen möglicherweise erfrischende und besonders anschauliche Zugänge zu den o. g. »Baustellen« in (nicht nur) deutschen Klassenzimmern anbietet und auf diese Weise bislang wenig beachtete Aspekte in den Vordergrund rückt, verunklären diese die Struktur des Pädagogischen und bringen keinen nennenswerten Erkenntnisgewinn mit sich. Dies kann produktiv als eigentümliche Form kontextualer Genauigkeit (Meyer-Drawe) oder heuristischer Gewinn (Guski) gewertet werden. Wesentlich bescheidener, aber nicht weniger zutreffend, wirkt demgegenüber Winklers Fazit, welcher die »Resonanzpädagogik« als alten Wein in »immerhin« neuen Schläuchen beschreibt und die damit verbundenen regelmäßigen Reformulierungsversuche des Pädagogischen mit immer neuen Vokabeln als produktiven Vergegenwärtigungsmodus der Disziplin betrachtet (vgl. Beljan & Winkler 2019, S. 72).

Vor diesem Hintergrund ist der kritische Einwand des Schülers angesichts der Frage, ob es sich bei der gewählten Farbe um rosa oder lila handelt, keineswegs trivial. Denn auf diese Weise kommt der Umstand, dass es sich in pädagogischen Handlungsfeldern stets auch um Zusammenhänge mit Sinnüberschuss handelt, nicht nur als unmittelbares Erleben auf Seiten des Schülers zu Ausdruck, sondern eröffnet in diesem Text zugleich auch einen reflexiven Erfahrungsraum, insofern dieses Erleben im Rahmen der sog. »Resonanzpädagogik« zum Ausgangspunkt einer Kritik des Metaphorischen als Vergegenwärtigungsmodus des Pädagogischen genommen werden kann.

6 »Jetzt hört bitte auf zu schreien!«

Mit dieser in eine Bitte gekleideten Geste der Hilflosigkeit soll hier abschließend angemerkt werden, dass wohl niemand je ernsthaft bestreiten würde, dass Lehrkräfte eine wertschätzende und einfühlsame Verbindung (auch und insbesondere) zu ihren »schwierigen« Schülerinnen und Schülern brauchen. Dass diese sinnfällige Feststellung jedoch mit dem Anspruch verbunden wird, ein neues Denkmuster in der Pädagogik zu begründen, verfängt weder inhaltlich noch formal. Zwar bringt die »Resonanzpädagogik« ins Bild, was im Zuge von Standardisierung und Operationalisierung droht, verloren zu gehen, sie stellt aber selbst keinen erkenntniserweiternden Ansatz zur Gestaltung der schulischen Praxis dar, sondern ist – als Reaktion auf aktuelle Entwicklungen im Schulbetrieb – eher als Überwindungsversuch zu lesen, der mit seinen metaphorischen Ausführungen in der nicht erkannten Widersprüchlichkeit von Individuum und Gesellschaft wurzelt. Ob eine (auch) mit der »Resonanzpädagogik« vollzogene Belehnung pädagogikferner Bereiche nun ein produktiver Vergegenwärtigungsmodus der Disziplin oder aber ein weiterer Bewältigungsmodus ist, der Hilflosigkeit und Scheitern als pädagogische Grundtatsachen sowie die diesbezüglichen strukturellen Kontextfaktoren verschleiert, bleibt eine offene Frage.

Literatur

Archiv für pädagogische Kasuistik (2010): Unterrichtstranskript – Wortarten: Tempusformen der Verben. Online verfügbar unter: https://www.apaek.uni-frankfurt.de/55817402/ApaeK__Archiv_für_pädagogische_Kasuistik?legacy_request=1, Zugriff am: 29.08.2022.

Beljan, J. (2018): Resonante Weltbeziehungen. In: G. Gödde, J. Zirfas (Hrsg.), Kritische Lebenskunst. Analysen – Orientierungen – Strategien (S. 433–439). Stuttgart: Metzler..

Beljan, J. (2019): Schule als Resonanzraum und Entfremdungszone. Eine neue Perspektive auf Bildung. Weinheim, Basel: Beltz.

Beljan, J., Winkler, M. (2019): Resonanzpädagogik auf dem Prüfstand. Über Hoffnungen und Zweifel an einem neuen Ansatz. Weinheim, Basel: Beltz.

Dammer, K.-H. (2014): Bildungsstandards. Versuch einer Kosten-Nutzen-Analyse. In: T. Rihm (Hrsg.), Teilhaben an Schule. Zu den Chancen wirksamer Einflussnahme auf Schulentwicklung (2. Erweiterte Auflage). Wiesbaden: Springer VS.

Endres, W. (2020): Resonanzpädagogik in Schule und Unterricht. Von der Entdeckung neuer Denkmuster. Weinheim, Basel: Beltz.

Haan, G. de (1991): Über Metaphern im pädagogischen Denken. In: J. Oelkers, H.-E. Tenorth (Hrsg.), Pädagogisches Wissen (S. 361–375). Weinheim, Basel: Beltz.

Herbart, J. F. (1982): Pädagogische Schriften. Bd. 2 (2. Auflage). In: A. Walter (Hrsg.), Pädagogische Schriften. Bd.2 (2. Auflage). Stuttgart: Klett-Cotta.

Helsper, W. (1996): Antinomien des Lehrerhandelns in modernisierten pädagogischen Kulturen. Paradoxe Verwendungsweisen von Autonomie und Selbstverantwortlichkeit. In: A. Combe, W. Helsper (Hrsg.), Pädagogische Professionalität. Untersuchungen zum Typus pädagogischen Handelns (S. 521–569). Frankfurt a. M.: Suhrkamp..

Hildebrandt, H. (2019): Resonanz. In: J. Ritter, K. Gründer (Hrsg.), Historisches Wörterbuch der Philosophie. Bd 8: R-Sc (S. 915–920). Basel: Schwabe.

Guski, A. (2007): Metaphern der Pädagogik. Metaphorische Konzepte von Schule, schulischem Lernen und Lehren in pädagogischen Texten von Comenius bis zur Gegenwart. Bern: Peter Lang.

Lakoff, G., Johnson, M. (1980): Metaphors we live by. Chicago: The University of Chicago Press.

Meyer-Drawe, K. (1999): Zum metaphorischen Gehalt von »Bildung« und »Erziehung«. Zeitschrift für Pädagogik, (5), 161–175.

Rosa, H. (2016): Resonanz. Eine Soziologie der Weltbeziehungen. Berlin: Suhrkamp.

Rosa, H., Endres, W. (2016): Resonanzpädagogik. Wenn es im Klassenzimmer knistert. Weinheim, Basel: Beltz.

Rousseau, J.-J. (2010): Émile. Oder über die Erziehung. Köln: Anaconda [ED 1762].

Vodafone Stiftung Deutschland (2011): Schul- und Bildungspolitik in Deutschland 2011. Online verfügbar unter: https://de.statista.com/statistik/daten/studie/184289/umfrage/besondere-herausforderungen-des-lehrerberufs-in-deutschland/, Zugriff am 29.08.2022.

Achtsamkeit.
Die neue pädagogische Tugend?
Kritische Anmerkungen
aus philosophischer Sicht

Hans-Bernhard Petermann

Die Rede von Achtsamkeit fällt für die im vorliegenden Band zur Debatte stehenden pädagogischen »Neusprech«-Ausdrücke aus dem Rahmen: Bei »Achtsamkeit« handelt es sich weder um einen fremdsprachlichen noch um einen neu konstruierten Begriff wie »Resilienz«, »Kompetenz« oder »Diversität«, sondern um eine jedenfalls auf den ersten Eindruck unmittelbar einleuchtende Bezeichnung dafür, dass wir alle aufmerksam, sorgfältig, einfühlsam, wertschätzend, eben achtsam mit uns selbst, mit anderen Menschen und der lebendigen Mitwelt, mit verschiedensten Herausforderungen, Situationen, Kontexten, mit unserer Lebenswelt umgehen sollten, was darum selbstverständlich auch in der Bildung von Kindern und Jugendlichen zu fördern sei. Insofern assoziiert man mit Achtsamkeit aufgrund einer unmittelbaren Verständlichkeit des Wortes[1] stärker als bei anderen Neusprech-Ausdrücken Affirmation wie auch konkrete Umsetzbarkeit.

Wohl auch deshalb ist »Achtsamkeit« zu einem Modewort geworden, verbunden mit einer Unzahl an Initiativen, Bewegungen, Projekten: Die Suchmaschine *ecosia* etwa nennt 2022 zu »Achtsamkeit« über 750 Einträge, in der deutschen *google*-Plattform sind es an die 500, der Grossist *amazon* zeigt über 50.000 Druckwerke zu »Achtsamkeit« an; wie auch für »Resilienz«[2] verzeichnet das *Digitale Wörterbuch der deutschen Sprache* (DWDS) ab 2003 eine nahezu identisch rasant steigende Verlaufskurve. Neben der aktuell weit in die Alltagssprache hinein gewachsenen Verwendung des Wortes »Achtsamkeit«[3] ist ein regelrechter Achtsamkeits-Hype zu registrieren vor allem in den Bereichen Lifestyle, Wellness, Spiritualität, Psychotherapie sowie seit etwa 15 Jahren auch Bildung.[4] Insbe-

---

1 Das gilt, obwohl achtsam und Achtsamkeit relativ neue und bis ins 20. Jh. sehr seltene Wörter der deutschen Sprache sind: vgl. die Einträge im *Deutschen Wörterbuch* der Brüder Grimm (2021).
2 Vgl. dazu auch den Beitrag von Anne Kirschner in diesem Band.
3 Bis zum Überdruss, wenn von Bekannten, angesprochen auf Achtsamkeit, geantwortet wird »Ich kann's nicht mehr hören«, oder auch satirisch, wenn laufende Verspätungen und Zugausfälle der Bahn von Dietmar Bittrich (2022) als willkommene Gelegenheiten zu einem spontanen Achtsamkeits-Training umgedeutet werden.
4 Zu verweisen ist hier auch auf die zahlreichen mit eigenen Homepages angebotenen Achtsamkeits-Projekte und -Trainingskurse, für unseren Zusammenhang besonders interessant: https://www.akiju.de/, https://www.aischu.de/, https://ave-institut.de/, https://ethik-heute.org/, https://www.achtsamleben.at/.

sondere im Bildungskontext wird man allerdings skeptisch, wenn von Achtsamkeit tendenziell universalisierend und ohne differenzierende Erläuterungen in unterschiedlichsten Zusammenhängen zu lesen ist, in offiziellen Bildungsplänen (hier exemplarisch Bildungspläne 2016) etwa von Achtsamkeit »mit eigenen psychischen und physischen Möglichkeiten und Grenzen«, häufiger von Achtsamkeit gegenüber »Menschen anderer kultureller Herkunft« wie auch »Mitmenschen, der Natur, den Tieren«, ebenso aber von Achtsamkeit in der Nutzung von »Geräten, Materialien und Bewegungsräumen«, »anvertrauten Arbeitsmitteln« oder (Musik-)»Instrumenten«, ebenfalls gegenüber »bestehenden Gewohnheiten«, auch von einer Reflexion auf Achtsamkeit im Vergleich zu anderen moralischen Haltungen und ethischen Konzepten. Zielorientiert geht es stets darum, in der Schule einerseits recht allgemein »eine Atmosphäre der Achtsamkeit« entstehen zu lassen, andererseits durch Achtsamkeits-Übungen sehr konkret einen achtsamen Umgang mit sich selbst, Anderen, Natur und Umwelt anzubahnen, dann aber auch indikativisch, dass die SuS durch Unterricht faktisch achtsam würden und so Achtsamkeit als Kompetenz erwerben könnten, wenn sie denn einander achtsam sich begegneten. In aktuellen bildungskonzeptionellen Veröffentlichungen wird Achtsamkeit entsprechend als »Schlüsselthema«, »zentrales Konzept«, »essentielle Bildungsaufgabe« zur Entwicklung von Schulkultur, Schulentwicklung, Unterrichtsgestaltung propagiert (vgl. Iwers & Roloff 2021).

Diese Häufung von Achtsamkeits-Initiativen und -Programmen in bildungskonzeptionellen Einlassungen wirft Fragen auf; unter der kritischen Problemstellung, was (schulische) Bildung eigentlich leisten kann, sollen einige Fragen in den nachfolgenden Abschnitten in kompakter Form angesprochen werden:

- Was für ein *Verständnis* bzw. welches *Konzept* von Achtsamkeit liegt der Achtsamkeits-Bewegung im Bereich (schulischer) Bildung zugrunde?
- In welchem Sinn impliziert die hier thematisierte Achtsamkeit *Ethik*?

- Wie ist die Betonung von *Körperlichkeit* und *Emotionalität* in diesem Achtsamkeits-Verständnis einzuschätzen?
- Welche Anthropologie, welches *Menschenbild* vermittelt die bildungskonzeptionelle Achtsamkeits-Bewegung?

1 Zum Verständnis von »Achtsamkeit« in bildungskonzeptionellen Diskursen

1.1 Achtsamkeit in verwirrenden Erklärungen

Die meisten Achtsamkeits-Bewegungen berufen sich zur Erläuterung von Achtsamkeit auf eine Definition des Psychotherapeuten Jon Kabat-Zinn. Danach meint Achtsamkeit eine bestimmte Form von *Aufmerksamkeit*, die sich *gezielt* und absichtsvoll äußere, den aktuellen und *gegenwärtigen* Moment im Blick habe und auf ihre Gegenstände sich *nicht wertend* beziehe. Mit diesem Verweis begnügen sich auch zahlreiche wissenschaftliche Einlassungen, ohne jedoch die einzelnen Elemente der Definition weiter zu erläutern. Im Gegenteil findet man vor allem in bildungskonzeptionellen Veröffentlichungen eine Vielzahl weiterer Begriffe, die zur genaueren Bestimmung von Achtsamkeit dienen, Begriffe mithin, durch die Achtsamkeit genauer gefasst werden könne; ich zitiere aus einschlägiger Literatur besonders häufig genannte: Anerkennung, Akzeptanz, (gerichtete) Aufmerksamkeit, Bewusstwerdung, compassion, Dialog, embodiment, Empathie, Ethik, Gewahrwerden, Gleichmut, Haltung, Horizonterweiterung, Interkulturalität, Kohärenz, Kreativität, Lebenskompetenz, (verbundenes) Miteinander, Mitgefühl, Perspektivwechsel, Resilienz, Resonanz, Respekt, Salutogenese, Sammlung, Selbstfürsorge, Selbstregulation, Selbststeuerung (-management), Selbst-Wahrnehmung, Selbstwirksamkeit, Sozial-Emotionales-Lernen (SEL), Stressbewältigung, Verbundensein (mit der Welt/dem Ganzen), Wachheit, Weltverantwortung, Wertschätzung, Zuhören ... Eine kritische Diskussion, warum und inwiefern diese Begriffe Achtsamkeit genauer fassen bzw. bestimmte Elemente von Achtsamkeit ausmachen oder die Grundlage von Achtsamkeit verdeutlichen oder die Form angeben, in der sich Achtsamkeit äußere, oder das Ziel, das mit Achtsamkeit angestrebt werde, eine solch klärende Diskussion vermisst man; vielmehr drängt sich der Eindruck auf, Achtsamkeit gelte als Ausdruck, welcher all diese Formen menschlicher Einstellungen, Haltungen, Zielsetzungen beinhalte und so als ihr zusammenfassender Oberbegriff gefasst werden könne.

Wichtiger als eine theoretisch-reflexive Klärung von Achtsamkeit ist der Achtsamkeits-Bewegung allerdings ohnehin die sog. Praxis, die konkrete Übung und das Training von Achtsamkeit. Doch auch die Frage, warum sich daraus die genannten Elemente ergeben, wird i. d. R. nicht weiter reflektiert, man begnügt sich mit der Feststellung des »Dass«. Eine Antwort könnte der Blick in die Quellen liefern, aus denen sich die Achtsamkeits-Programme nähren:

1.2   *sati* – Achtsamkeit in der buddhistischen Tradition

Hintergrund der eher verunklärenden Begriffsvielfalt könnte vor allem der gegenüber *Achtsamkeit* sehr viel offenere englische Ausdruck *mindfulness* sein. Er wird als Übersetzung des buddhistischen Ausdrucks *sati* angegeben. In der Tat benennen aktuelle psychotherapeutische und pädagogische Einlassungen explizit die buddhistische *sati*- (engl. *mindfulness*-)Tradition als Grundlage ihrer Achtsamkeits-Konzepte, wiederum eher pauschal als Hintergrund, auch in einschlägigen wissenschaftlichen Veröffentlichungen.[5] Unterschlagen wird vor allem, dass es uralte Referenztexte zur Erläu-

---

5   Eine Ausnahme mit differenzierten Bezügen zur buddhistischen Tradition bietet der einleitende Aufsatz von Thorsten Knauth und Carola Roloff (in Iwers & Roloff 2021, S. 11 ff.).

terung von *sati* gibt, insbesondere das *Sati-paṭṭhāna Sutta* und das etwas erweiterte *Mahā-sati-paṭṭhāna Sutta*. Sogar innerbuddhistische Einlassungen beziehen sich auf diese Quellen, jedoch vorrangig als Anweisungen zu Techniken der Achtsamkeits-Meditation; der weltanschauliche und philosophische Hintergrund wird selten angesprochen. Die genannten Texte selbst liefern ein sehr viel differenzierteres Bild, selbst wenn das in ihnen nicht weiter expliziert wird, vielmehr die Leser zur konkreten Deutung herausgefordert sind[6]:

Sati ist erstens als *Grundzug* des Buddhismus überhaupt zu verstehen: die Überschriften der kanonischen Texte nennen bewusst *sati* als ihr zentrales Lehr-Thema.

Zweitens wird *sati* in den folgenden Ausführungen als eine Grund-*Einstellung* ausgegeben gegenüber den vier *Gegenständen* Körper (*kāya*), Gefühle (*vedanā*), Gemüt oder Geist (*citta*), natürliche Gegebenheiten (*dhammas*); *sati* meint hier eine innere, wir würden westlich sagen *subjektive Ebene* in der Beziehung auf alles uns Menschen objektiv Entgegenstehende.

Drittens gilt in all diesen Beziehungen *sati* als die dritte Ebene (*mindfulness*, Wachheit) neben *ātapi* (*diligence*, Eifer) und *sampajaññā* (*clear understanding*, klare Einsicht); unterstellen wir dabei eine nicht willkürliche Aneinanderreihung synonym zu verstehender Worte, wird die Grundhaltung *sati* hier ausdifferenziert zu drei zwar zusammenspielenden, aber auch zu je für sich zu verstehenden *Formen* der Beziehung zu jenen Daseins-Ebenen Körper, Gefühlen, Geist und Gegebenheiten: ich lese darin zuvorderst ein aktiv aufmerksames und gezieltes Sich-Einlassen (*ātapi*), dadurch eine klärende Einsicht (*sampajaññā*), schließlich eine gänzlich offene, bewusstseinsmäßig eher passiv werdende Wachheit gegenüber allem (*sati*), also drei Formen unserer »subjektiven« Beziehung auf

---

6 Das gilt für alle philosophisch anspruchsvollen und daher notwendig auch philosophisch zu deutenden Texte; vgl. dazu bereits Sokrates' Kritik und Auslegung sog. kurzer und erbaulicher Weisheitssätze in Platons *Protagoras* (Prot 339a ff.).

die uns elementar beeindruckenden und beeinflussenden »Objekte«, zugleich in diesen Formen eine dreifach zu erfahrende Synthese der subjektiven und objektiven Ebenen zu letztlicher Alleinheit.[7]

Viertens ist in den genannten Quellen *sati-sambhojjaṅga* die *erste* der sog. sieben *Geistesgaben*, die zum Ziel die Unabhängigkeit und Lösung von allen Gegebenheiten haben und so zur Erleuchtung führen sollen.

Fünftens schließlich transformiert sich *sati* als vorletzte, nämlich *siebte Stufe* des bekannten achtgliedrigen Pfads hin zu offen liegender Wahrheit über alles, in explizitem Rückgriff der oben genannten zweiten Bedeutung von *sati* als offener Wachheit.

Was ist aus dieser Erinnerung an die buddhistische *sati*-Tradition für das pädagogische Achtsamkeits-Konzept zu entnehmen? Offensichtlich werden für die aktuelle Achtsamkeits-Bewegung nicht das gesamte *sati*-Konzept, sondern nur konkrete Achtsamkeits-Übungen übernommen, Atem-, Körper-, Entspannungs-, Konzentrations-Übungen (vgl. u. a. Kaltwasser 2008), fokussiert mithin auf die oben genannte zweite Ebene von *sati*, was in den Quellen auch tatsächlich durch konkrete Übungsanweisungen erläutert wird. Die Einbindung dieser Übungen in das für den Buddhismus zentrale Ziel, durch *sati* (im Sinne der vierten und fünften Ebene) eher zu einem Geltenlassen und letztlich einer Lösung von allen uns unmittelbar erfahrbaren Daseinszuständen zu gelangen, diese Dimension bleibt in der pädagogischen Achtsamkeits-Rezeption außer Acht. Seinen Grund mag das in der eher unreflektierten

---

7 Die systematisierende Ausdifferenzierung ist ein gegenüber dem buddhistischen Selbstverständnis möglicherweise unangemessener Versuch einer Interpretation seitens des Autors, findet sich aber leider (jedenfalls explizit) so weder selbstreferentiell in den genannten Texten, noch in den weit verbreiteten aktuellen buddhistischen Einlassungen auf *mindfulness*, die sich eher mit praktischen Übungen hin zu einer Achtsamkeits-Haltung begnügen, es für theoretische Einlassungen auf den Sinn von Achtsamkeit aber bei recht allgemeinen Aussagen belassen, so auch in den viel rezipierten Schriften des Zen-Lehrers Thich Nhat Hanh.

Übernahme der genannten psychotherapeutischen Definition von *mindfulness* haben:

1.3 Übernahme psychotherapeutischer Methoden in Bildungsarbeit – ein Problem?

In psychotherapeutischen Einlassungen wird Achtsamkeit bzw. *mindfulness* wie erwähnt als eine *gezielte* Form von *Aufmerksamkeit* aufgefasst. Damit wird Bezug genommen auf die o. a. dritte Stufe von *sati*, also auf jene Dreiheit von a) gezielter und bewusster Aufmerksamkeit (*ātapi*) auf uns bewegende und (aus psychotherapeutischer Sicht) pathologisch quälende Zustände, dadurch b) einer klärenden Einsicht (*sampajañña*) in das, was uns dermaßen bewegt, schließlich c) jener gänzlich offenen, bewusstseinsmäßig eher passiv werdenden Wachheit (*sati*) gegenüber allem als Lösung von bzw. Zurechtkommen mit dem uns pathologisch Quälenden. Die entsprechend aufgebauten psychotherapeutischen Programme MBSR (*mindfulness-based stress reduction*) und MBCT (*mindfulness-based cognitive therapy*) gelten seit langem als bewährte und anerkannte Therapiemethoden.[8]

Dass aber die aktuellen pädagogischen Achtsamkeits-Konzepte sich stark an diese psychotherapeutischen Achtsamkeits-Methoden anlehnen, muss im Bedenken nachhaltiger Bildung problematisch erscheinen: Zwar haben, wie vor allem Vera Kaltwasser in ihren Veröffentlichungen eindrücklich erläutert, die inzwischen auch professionell in Schulunterricht und Lehrerbildung eingebundenen Achtsamkeits-Übungen wichtige Erfolge zu verzeichnen, vor allem auf der die Ebene der ästhetisch-emotionalen, unsere Körperlichkeit und Emotionalität, einbeziehenden, also nicht einseitig auf Kognition ausgerichteten Bildung, was auch nachweislich zur Re-

---

8 Als aktuelle und kompetent viele Perspektiven zusammenfassende Publikation mit zahlreichen Literaturangaben sei verwiesen auf Bents et al. 2021.

duktion von Stress, Angst, Unruhe, Aggressivität bei Schüler*innen geführt hat (vgl. Iwers & Roloff 2021). Gleichwohl bleibt die Anfrage, ob wirklich eine letztlich therapeutisierende Förderung von und dann auch Erziehung zu Resilienz und Selbstregulation eine so vorrangige Bedeutung im Rahmen schulischer Bildung haben sollte, wie es die zu einer neuen Schlüsseltugend für Bildung hochstilisierte Achtsamkeits-Bildung suggeriert; und warum sollte eine solche eher Formen und Methoden statt Fachlichkeit betonende Bildung mehr Tiefe bieten als die bewährte, im wörtlichen Sinne Inter-Esse, also ein aktives Dabeisein mit allen Sinnen erzeugende Vermittlung von fachlich vielfältigen, differenten, aber so auch in eine Ordnung gebrachten Inhalten?[9]

2 Achtsamkeit – eine ethische Tugend?

Auch wenn Vertreter*innen der schulischen Achtsamkeits-Bewegung betonen, Achtsamkeit sei kein Allheilmittel, scheint doch Einverständnis zu bestehen, dass Achtsamkeit als eine besonders nachhaltig wirkende Tugend für Bildung zu verstehen ist. Wenn aber Achtsamkeit nicht nur eine Stress reduzierende Meditations-Technik ist, sondern auf eine tiefere, einzelnen Achtsamkeits-Übungen zugrunde liegende wie auch durch sie zu fördernde Lebenshaltung zielt, wird deutlich, dass Achtsamkeit zugleich Ethik beinhaltet und eine ethisch zu nennende Lebenshaltung zumindest fördert. In welchem Sinne aber kann und sollte das verstanden werden? Dazu vier kleine Anfragen:

---

9 Zur Kritik gegenüber Kompetenzorientierung und fehlender Inhaltlichkeit vgl. Kirschner & Petermann (2017).

2.1 Ethik und Moral

Die berühmte den Bereich von Moral und Ethik betreffende Frage Kants »Was soll ich tun?« werden wohl viele unmittelbar so verstehen, dass Moral bzw. Ethik uns vorgeben, wie konkret wir uns bei bestimmten uns herausfordernden Situationen zu verhalten hätten, was genau wir zu tun hätten, wie wir handeln sollten. Die Pointe der Kant'schen Frage liegt jedoch nicht im Was, also um den Gegenstand unseres Tuns zu bestimmen, sondern betont das Sollen, die Reflexion darauf, welcher Art genauer diejenigen Tätigkeiten sind, die einen Sollensanspruch haben, woraufhin unser Tun auszurichten wir uns in der Pflicht sehen. Die Philosophie unterscheidet deshalb bewusst zwischen *Moral* als Gesamtheit der uns persönlich wie auch sozial real vorliegenden Moralvorstellungen und *Ethik* als Reflexion auf diese Moral, verbunden mit der These, dass jedenfalls für uns Menschen all unser Verhalten und Tun notwendig gebunden ist an Reflexion und von uns persönlich zu tragende Verantwortung.

Warum aber diese den Sinn von Moral einerseits, Ethik andererseits klärende Einlassung im Kontext unserer Bemerkungen zu Achtsamkeit? Schlicht, weil ein Problem darin zu sehen ist, wenn Achtsamkeit Moral, Ethik, gelingendes Leben, Glück nicht nur zu fördern, sondern eben auch herzustellen beansprucht. Anstoß zu dieser Befürchtung liefern Achtsamkeits-Programme wie das SEL *(self-emotional-ethical learning)* (vgl. Iwers & Roloff 2021, S. 31ff.), welches nicht nur als Bildung leitende Idee, sondern als anzutrainierendes Element ausgegeben wird, dann auch die zuweilen vertretene These, mit und durch Achtsamkeit werde Wohlbefinden, Glück, Freude nicht nur angestrebt, sondern würde sogar nachweisbar »entstehen«. Hier liegt die Gefahr einer Verwechslung von Moral und Ethik vor.[10] Im Bereich von Bildung kann und

---

[10] Beides wird unprofessionell gelegentlich sogar im schulischen Fach »Ethik« verwechselt, häufiger in konkreten Unterrichtskontexten, zuweilen leider auch in offiziellen Bildungsplänen.

darf es jedoch nie, will Bildung nicht ideologisch sein, eine Erziehung *zu* Moral, gar zu einer besonderen Moral geben, vielmehr ist möglich wie auch notwendig lediglich eine Bildung *in* Moral bzw. ethische Bildung. Grund dafür ist ein Verständnis von Menschsein, das Moralität als eine in menschliche Freiheit und Verantwortung gestellte Daseinsebene versteht.

2.2 Moral und Glück

Wenn Achtsamkeits-Übungen Ethik implizieren und Menschen anleiten, ein glückliches Leben zu leben, birgt das ein weiteres Problem: Wie Moral und Ethik unterschieden werden müssen, so ist für moralische und ethische Bildung wichtig eine Differenzierung auch von Moral-*Ebenen*, vor allem: Moralität als Grundlage menschlicher Existenz, faktische Moralvorstellungen, moralische Werte und Normen, konkretes moralisches Urteilen und Entscheiden, Vorstellungen und Ziele von gutem, gelingendem, glücklichem Leben. Werden diese Ebenen zu schnell vermischt, gar miteinander identifiziert, tappt Schule erneut in die Falle, nicht nur moralisch zu bilden, sondern durch Erziehung Menschen glücklich zu machen, für sie ein glückliches Leben »entstehen« zu lassen. Programme wie das vor einigen Jahren erfundene Schulfach »Glück« tendieren dazu.[11] Hier werden nicht nur fälschlich Moral und Ethik identifiziert, hier wird Bildung in gefährlich ideologisierender Weise missbraucht als Zurichtung auf einen von uns zu erreichenden Zustand von Glück und gelungenem Leben.[12] Eine mit diesem Ziel

---

11 Vgl. dazu auch ein kürzlich (2022) im Fernsehen ausgestrahlter Bericht über das Fach »Glück« in Indien: Online verfügbar unter: https://www.tagesschau.de/ausland/asien/indien-schule-gluecksunterricht-101.html, Zugriff am 06.08.2022

12 Deutlicher wird diese Ideologisierung bei der Verwendung von Wortclustern – nicht nur in der Alltagssprache, sondern auch in offiziellen Bildungsplänen. So liest man in der (alle Fächer betreffenden) Leitperspektive »Bildung für Toleranz und Akzeptanz von Vielfalt« (verschleiernd

schulisch geübte Achtsamkeit muss sich dem Einwand aussetzen, dass wir Menschen, wenn wir nur achtsam miteinander umgehen, eben nicht in einem durchweg angenehmen und zufriedenen Zustand leben, dass wir als Menschen vielmehr nicht einfach leben können, sondern prinzipiell dem ausgeliefert sind, unser Leben führen zu müssen (s. u.).

2.3 Achtsamkeit als Tugend?

Vertreter*innen der pädagogischen Achtsamkeits-Bewegung könnten einwenden, Achtsamkeit sei eben kein zu erreichender Zustand, sondern eine auf gutes Leben hinwirkende bzw. ausgerichtete *Haltung*. So wird Achtsamkeit in vielen Einlassungen auch explizit beschrieben. Jedenfalls in philosophischer Perspektive ist auch hier zu fragen, was denn genauer solche das Leben bestimmende und leitende Haltungen sind und welche Rolle dabei Achtsamkeit spielt. Die abendländische, vor allem auf Aristoteles zurückgehende Philosophie diskutiert das als Frage nach *Tugend* bzw. den Tugenden. Begriffsgeschichtlich fällt dabei zunächst auf, dass »Achtsamkeit« keine Tradition im Kanon der Tugenden hat.[13] Warum also sollte es gerade Achtsamkeit sein, die in heutigen Bildungsprozessen ein geeignetes pädagogisches Therapeutikum ab-

---

abgekürzt »BTV«!) der aktuellen Bildungspläne Ba-Wü die Reihung: Toleranz – Respekt – Wertschätzung – Anerkennung – Achtung – Weltoffenheit – Pluralität – Interkulturalität u. a. m. Das eröffnet keine kritisch-reflexive Auseinandersetzung oder wenigstens problemorientiert eine Rede von Bildung »in« Toleranz; das Ziel ist vielmehr »Bildung *für* Toleranz« und sogar »Erziehung *zu* Toleranz«. Eine solche ideologisierend auf Zurichtung zielende Indifferenzierung scheint mir gegeben auch bei vielen anderen sog. Neusprech-Ausdrücken wie »Selbststeuerung«, »Resilienz«, »Diversität«, »Inklusion«, »Salutogenese« oder »Kompetenz« (Bildungspläne 2016).

13 Selbst in Martin Seels Liste von immerhin 555 Tugenden und Lastern fehlt Achtsamkeit (Seel 2011, S. 281 ff.)

gibt? Gewiss spielt dabei eine Rolle, dass insbesondere der Tugendbegriff selbst, aber auch einzelne vom Wortsinn her eher unverdächtige Einzeltugenden wie Offenheit, Aufmerksamkeit, Mitgefühl oder Toleranz eher verbraucht klingen gegenüber einem vorderhand unbekannten, aber wie angedeutet unmittelbar einleuchtenden Ausdruck, der zudem mit seiner fernöstlichen Aura neugierig macht. Doch wenn Achtsamkeit als eine pädagogische Schlüssel-Tugend oder Grundhaltung aufgebaut wird, sollte man zumindest erinnern an Aristoteles; in seiner Philosophie der Praxis bzw. Ethik besitzt die Tugendlehre nicht nur eine herausragende Stellung, Aristoteles konfrontiert uns auch differenziert damit, was genauer bei Tugend Anlage, Disposition, Haltung, praktische Umsetzung, moralische Norm, Reflexion usw. ist.

In Kürze (vgl. Aristoteles o. J., bes. 1095a–1104a): Die Achtsamkeits-Bewegung kann sich zunächst insofern auf Aristoteles berufen, als dieser Tugend als eine Haltung (*hexis*) bestimmt, zudem als eine auf Ethik ausgerichtete, genauer: als eine das Gute ins Werk setzende Tätigkeit (*energeia*), welche entsprechend (jedenfalls in Form der sog. ethischen Tugenden) durch *ēthos* (übersetzt: Gewöhnung bzw. Übung) zu Moral (*ēthos*) sich entwickelt – auch hier eine auffällige Parallele zum pädagogischen Verständnis von Achtsamkeit. Damit hat es sich freilich mit den Parallelen zu dem bei genauerer Betrachtung doch komplizierteren aristotelischen Verständnis von Tugend. Die Problematik deutet sich bereits an in dem Wort »Tätigkeit«. In der Schulphilosophie wird dies als Hinweis gedeutet, dass Aristoteles mit seiner Ethik eine Handlungstheorie verfolge. Das ist genauer zu erläutern: Dass Ethik als Ausrichtung auf das Gute sich in der Betätigung der Tugenden zeige, bringt Tugend in ein komplexes Verhältnis zu Gutsein und Glück als Ziel von Ethik: Keineswegs ist das so zu verstehen, dass ein auf Tugend ausgerichtetes Leben tatsächlich zu Glück und gelingendem Leben führe. Die sog. teleologische, auf das Ziel von Gutsein ausgerichtete Tugendethik meint vielmehr eine innere Dependenz von Gutsein und Tugend, dass also beide nur sind, was sie sind, als in Tätigkeit bzw. praktisch sich verwirklichende. Das Ziel der *eu-*

daimonia (Glück, vollkommenes Gutsein) ist dabei zu verstehen als Leitidee oder formaler Orientierungspunkt im Handeln (*praxis*), nicht als ein faktisch erreichbares Ziel. Tugend ist daher auch keine Naturanlage, noch eine uns vorgegebene Bestimmung, sondern eben eine Haltung, die entsteht und sich entwickelt, indem wir sie betätigen. Und diese Betätigung von Tugend ist somit einer ständigen Abwägung und Auseinandersetzung mit realen Möglichkeiten und Grenzen ausgesetzt. Genau dies meinte Aristoteles mit seiner Mittenlehre, die oft fälschlich als auf Kompromisse ausgerichtetes Handeln gedeutet wird.

Dieses Tugendkonzept aber hat wenig zu tun mit Übungen, die programmatisch zu einem dann sich einstellenden, kritische Auseinandersetzung und Stress reduzierenden Glückszustand führen, wie es die diversen Achtsamkeits-Programme nahelegen. Als pädagogische Tugend könnte Achtsamkeit nur ernstgenommen werden, wenn Achtsamkeit dieses kritisch-reflexive sich auseinandersetzende Tun, was Philosophen wie Aristoteles im Unterschied zu herstellender Tätigkeit (*poiesis*) praktisches Handeln (*praxis*) nennen, als konstitutives Element beinhaltet und ständig übt.

2.4 Achtung und Achtsamkeit

Als einen für Ethik zentralen Begriff hat Kant den der *Achtung* eingeführt (vgl. Kant 1797, bes. A 35 ff.). Auch im Weiterdenken von Achtung durch Kants Kritiker und Nachfolger (über »Hochachtung« bei Schiller und ethisch bildender »Werte-Achtung« bei Scheler) hätten wir damit tatsächlich ein Wort, das dem unmittelbaren Eindruck und dem Anliegen von Achtsamkeit nahe kommt, ihn aber auch differenzierter auslotet, insbesondere, was die Verbindung einer vorerst eher erkenntnistheoretischen Einstellung zu einer mit Achtsamkeit beanspruchten ethischen Haltung angeht, freilich in einer gegenüber Achtsamkeit letztlich auch kritischen Weise. Inwiefern? Dazu drei Hinweise:

Achtsamkeit. Die neue pädagogische Tugend?

Erstens: Vom unmittelbaren Wortsinn her zeigt sich in Achtsamkeit zunächst jene in uns Menschen subjektiv zu verortende zugewandte und wertschätzende Achtung gegenüber Anderem, welche Kant in seinen Schriften als Triebfeder herausstellt, die uns zu moralischem Handeln herausfordert, genauer unseren (auf Tun des Guten moralisch ausgerichteten) freien und selbstverantwortlichen (nicht heteronom durch Triebe oder Autoritäten gesteuerten) Willen zum Tun des Guten bestimmt. Achtung kann insofern als entscheidendes Fundament von Moralität aufgefasst werden – ein Argument für die ethische Dimension auch von Achtsamkeit.

Zweitens: Eine Differenz der Achtung ausmachenden zu der in Achtsamkeit angestrebten Beziehung ist in dem Verhältnis von Selbst und Anderen auszumachen. Während Achtsamkeit letztlich (in Rezeption des buddhistischen *sati*-Konzepts) wohl eher auf Übereinstimmung und Einheit mit Anderem zielt, kann es Achtung nur geben in Beziehung auf das mir stets auch entgegenstehende Andere. Kant schränkt dies aufgrund der moralischen Verantwortung des Achtung übenden Subjekts ein auf die Beziehung zwischen vernünftigen Wesen, Albert Schweitzer wendet dies als »Ehrfurcht vor dem Leben« auf unsere gesamte (lebendige) Mitwelt an. Wichtig ist in jedem Fall, dass das Anderssein des Anderen eine notwendige Voraussetzung für die Rede von Achtung bleibt, nicht nur gegenüber anderen Wesen, anderen Menschen, sondern, so erneut Kant, auch als Selbstachtung gegenüber dem Anderen in mir selbst. Hier bleibt gegenüber der Achtsamkeits-Bewegung die offene Frage, ob diese Ebene des Anderen in Achtsamkeit genügend berücksichtigt wird.

Drittens: Noch kritischer gegenüber Achtsamkeit ist ein weiteres Element von Achtung: Moral ist spätestens mit Kant nicht anders zu verstehen als etwas vornehmlich Menschliches. Tiere, ohnehin Dinge, ebenso Übermenschliches wie Gott haben keine Moral, konkreter ausgedrückt, sind weder gut noch böse. Wir Menschen aber leben in diesem Drama der Freiheit (Safranski), die Verantwortung für unser Handeln nicht auf Andere oder Umstände abschieben zu können, sondern stets letztlich selbst verantwortlich zu sein. Das macht unsere Moralität aus, die eben nicht quasi automatisch ein gutes Leben sichert, welches wir im Gegenteil stets nur anstreben bzw. um das wir uns immer verantwortlich bemühen können und müssen. Moral impliziert insofern Anstrengung und Auseinandersetzung. Auch das Wort »Achtung« beinhaltet solche Auseinandersetzung, auch etymologisch durch Ableitung vom griechischen *oknos*, das Zögern, Zaudern, Bedenken, eben ein stets auch skeptisch distanzierendes Achten meint, das anklingt auch im zur Vorsicht mahnenden »Achtung!«-Ruf. Hier wird die Anfrage an Achtsamkeit noch klarer, ob nicht diese kritisch-distanzierende Ebene ein notwendiges Element von A. sein müsste, zumindest als Ergänzung, besser als korrelatives Element zu der alloffenen *mindfulness*.

3 »Aufmerksamkeit« – Zur ästhetischen Grundlage von Achtsamkeit

Auch wenn in der pädagogischen Achtsamkeits-Bewegung Achtsamkeit letztlich als Form auf unsere gesamte Lebensführung abzielt, konzentriert sie sich doch auf die Ebenen des Körperlichen und auch des Emotionalen als Fundamente von Bildung und für das konkrete unterrichtliche Lernen. Das ist zunächst als großes Verdienst hervorzuheben auch angesichts neuerer, als innovativ sich ausgebender Bildungspläne: So spielt ausgerechnet das Fach »Ethik« in Baden-Württemberg die Ebene des Ästhetischen extrem herunter, das Thema »Gefühle« wird gar nur einmal in einem Nebensatz erwähnt. Das mag der Überbetonung der sog. prozessorientierten Kompetenzen (gegenüber den inhaltsbezogenen) geschuldet sein, deren erste für die meisten Fächer zwar »wahrnehmen und beschreiben« heißt, auf ästhetisches und emotionales Lernen letztlich aber gar nicht eingeht, diese Kompetenz vielmehr auf einen empirisch-deskriptiven Zugriff reduziert, zudem vorrangig hinsichtlich sozio- und historiografischer Kenntnisse, nicht auf Formen subjektiver Erfahrung bezogen (vgl. Bildungspläne 2016).

Im Fach »Ethik« könnte das seinen Grund in der Altlast eines kognitiv enggeführten Philosophieverständnisses haben. Die Überbewertung des Kognitiven kreidet die pädagogische Achtsamkeits-Bewegung insofern ganz zu Recht der traditionellen Konzeption schulischer Bildung an. Dabei könnte gerade die Philosophie sich auf eine lange Tradition nicht nur von Verstandesdenken, sondern auch von ästhetischem und ebenso emotionalem Denken beziehen: Bereits Aristoteles sieht im Ästhetischen die Basis menschlicher Einsichtsmöglichkeiten. Und in der modernen philosophischen Phänomenologie ist das Ästhetische Ausgangspunkt alles philosophischen Denkens. Ein kritischer Bezug auf diese, vor allem in der Philosophiedidaktik inzwischen einschlägig erläuterte und auch zu konkreten unterrichtlichen Arbeitsformen weiterentwickelte philosophische Richtung fehlt nun der Achtsamkeits-Bewegung, vielleicht aufgrund jener Fokussierung auf psychotherapeutisch ausgerichtete Achtsamkeits-Programme, doch zum Nachteil einer nachhaltig wirksamen Entwicklung von ästhetischer und emotionaler Bildung. Das ist mit vier kurzen Bemerkungen zu erläutern, im Sinne einer Anregung, entsprechende Achtsamkeits-Übungen stärker einzubinden in ein philosophisch fundiertes ästhetisches und emotionales Lernen:

Erstens: Das unserem Geist Entgegentretende als *Erscheinungen* (griech.: *phainomena*) ernst zu nehmen und als Grundlage unseres Bezugs zu allem zu verstehen, ist eine uralte Einsicht der Philosophie[14]. Die *Phänomenologie* hat gegen Ende des 19. Jahrhunderts diese eher erkenntnistheoretische These ausgedeutet, mit der bis dahin zu wenig bedachten Kritik, dass dieser Bezug »auf die Sachen selbst« keineswegs von selbst sich ergebe, gar durch eine

---

14 So z.B. Thomas v. A.: nihil est in intellectu quod non sit prius in sensu, was zu übersetzen ist: nichts ist in unserem Verstand/Denken, was nicht zuvor im Sinn ist (bzw. sich uns durch die Sinne zeigt); so aber bereits u.a. auch Platon in seinem Höhlengleichnis (Pol 514 ff.)

schlicht abbildliche Beschreibung von Erscheinungen hergestellt werden könne[15], sondern im Gegenteil zu einer »Entselbstverständlichung« des uns unmittelbar Erscheinenden führt, wie auch von Vor-Urteilen, die doch stets unsere Aufmerksamkeit gegenüber irgendetwas begleiten. Phänomenologisches Arbeiten beinhaltet also notwendig Verwunderung, Verstörung, Irritation und muss vom Selbstverständnis her notwendig zu Auseinandersetzung, Kritik, klärender Reflexion führen, gerade auch in Bildungszusammenhängen. Diese kritisch differenzierende Perspektive wird nach meinem Eindruck in den Achtsamkeits-Übungen massiv unterbelichtet. Auch das dabei oft betonte Plädoyer für einen offenen Austausch, einen Dialog über Achtsamkeits-Übungen berücksichtigt im Geiste einer eben nicht wertenden Offenheit zu wenig die Anfrage, das Hinterfragen, das Infragestellen, alles notwendige Elemente eines wirklichen Dialogs. Zu erläutern wäre dies genauer durch den Begriff der *Erfahrung* bzw. eines Erfahrungswissens, was eben mehr meint als die schlichte empirische Sammlung von Kenntnissen (vgl. Petermann 2015).

Zweitens: In der ersten Bemerkung wurde bereits das Wort *Aufmerksamkeit* genannt. Im Unterschied zu »Achtsamkeit« hat »Aufmerksamkeit« (lat. *at-tentio*, griech. *pros-ochê* von *pros-echein*) eine lange und ausführlich belegbare Tradition. Aufmerksamkeit impliziert vor allem eine ungeheure Spannbreite dabei wirkender Elemente, etwa das Zusammenwirken eines mir widerfahrenden Auf-Fallens und meines antwortenden Auf-Merkens, das Zusammenkommen von überraschenden, intendierten, unmerklichen, also gar nicht bemerkten Eindrücken im Akt der Aufmerksamkeit, von daher einen stets selektiven Charakter, weiter das Zusammenwirken der Dimensionen des »Dass«, des »gerade Dieses« und des »gerade So« in jedem Akt von Aufmerksamkeit, die Differenzierung

---

15 Dass Phänomenologie nicht mehr meine als die Konzentration auf eine solche Beschreibung, diese falsche Ansicht wird sogar in philosophiedidaktischen Kontexten, etwa in Lehramtsprüfungen vertreten und dann leider auch unterrichtlich umgesetzt.

Achtsamkeit. Die neue pädagogische Tugend?

der körperlichen, sinnlichen, emotionalen, sich verständigenden, erkennenden, sozialen Fundamente von Aufmerksamkeit, sowie ihre Entfaltung in Praktiken, Techniken, Medien, spontan, habituell, bewusst usw. (vgl. Waldenfels 2004 und 2010). Gewiss müssen und können diese hier nur in Auswahl genannten Aspekte nicht alle in bestimmten Achtsamkeits-Übungen bedacht werden. Doch ist es schon verwunderlich, dass auf solche Aspekte in einschlägigen Achtsamkeits-Programmen nicht ansatzweise eingegangen wird, auch darauf nicht, dass sich unter Berücksichtigung allein der Begriffsgeschichte für das pädagogische Anliegen der Achtsamkeits-Bewegung das Wort »Aufmerksamkeit« gegebenenfalls besser eignen würde. Zurück bleibt der Eindruck einer Differenzen zu sehr ausklammernden, eher Wohlgefühl herstellenden Zielsetzung eines Arbeitens mit Achtsamkeit.

Drittens: Die bildungskonzeptionell eminent relevante durch die Phänomenologie angestoßene Differenzierung von Körperlichkeit und Leiblichkeit (man denke nur an die sog. musischen Fächer Sport, Musik, Kunst mit der Frage, auf was ich wie, in welcher Hinsicht und mit welchen Einsichten und Konsequenzen achte, ob und warum ich den Körper meine oder den Leib[16]) scheint mir notwendig zu sein, auch bei der von der Achtsamkeits-Bewegung zu Recht betonten Wertschätzung *emotionaler Bildung*. Auch hier hat die Philosophie eine reiche, wenngleich akademisch nicht immer wertgeschätzte Tradition zu bieten. Statt eher allgemein emotionale Bildung zu fordern, ggf. unter Berufung auf psychologische und neurophysiologische empirische Studien zu emotionaler Intelligenz, scheint es doch sinnvoller, allein schon begriffsdifferenzie-

---

16 *Körper* ist zu verstehen als mein materiell und auch in Teilen quasi als Gegenstand zu fassendes Äußeres incl. der inneren Organe, *Leib* dagegen als innerlich gefühlte Ganzheit meines körperlichen Ichs, in der ich gleichsam zuhause bin, mich wohl oder auch unwohl fühle; entsprechend macht es z. B. auch sprachlich einen Unterschied, ob wir sagen »Ich habe *Kopf*schmerzen« (eher körperbezogen) oder »*Mir* tut der Kopf weh« (eher leiblich gemeint).

rend zu fragen und dies auch im unterrichtlichen Handeln und insbesondere in ethischer Perspektive zumindest zu bedenken, um was es eigentlich geht: Wann, inwiefern, in welchem Sinn, warum, aufgrund welcher Grundlagen und Voraussetzungen, mit welchen Konsequenzen für unseren Umgang und unser Zurechtkommen reden wir von: Affekten, Emotionen, Gefühlen, Stimmungen, Erregungszuständen, Leidenschaften, Neigungen, Trieben, Bedürfnissen, Gemütsbewegungen usw.[17]

Viertens: Nur wenige Bildungspläne liefern über eine Berücksichtigung des Ästhetischen und des Emotionalen hinaus ihre Einbindung in ein System unterschiedlicher Ebenen von Menschsein. Die unter 2.2 genannten buddhistischen Texte, auf die sich die Achtsamkeits-Übungen beziehen, haben die wesentlichen benannt: Körper, Gefühle, Geist, Gegebenheiten als vier unterscheidbare Gegenstände von Menschsein. Die parallele griechische Antike unterscheidet eher entsprechende Formen, grob: das Sinnliche (Ästhetische), das Emotionale (Pathische), das Verständige (Dianoetische), das Urteilende (Kritische) und Dialogische sowie das Praktische. Aus sozialpolitischen Konzepten des 19. Jahrhundert ist die Trias *sehen – urteilen – handeln* überliefert, die auch ich selbst als didaktisches Konzept gefasst und unter Aufnahme der genannten griechischen Reihe ausformuliert habe zu Ebenen, die nachhaltige Bildung als zu

---

17 Ich selbst habe in unterschiedlichen Hochschulseminaren die (in der gängigen philosophischen Literatur zum Thema leider nicht klare) Unterscheidung vorgeschlagen zwischen erstens *Affekten* (*pathoi*) als das, was uns passiv hier und da als sog. Gefühl widerfährt, überkommt, *Emotionen* zweitens als das, was (ganz wörtlich übersetzt) durch solchermaßen uns Zustoßendes wie auch in uns Angelegtes uns innerlich berührt, unser sog. Gefühlsleben innerlich in Bewegung setzt, drittens *Gefühlen* als das, was zumindest uns Menschen in die Lage versetzt, uns zu Affekten und Emotionen, aber auch zu Lebensumständen und bestimmten Befindlichkeiten einfühlend auch ins Verhältnis zu setzen. – Vgl. im Bedenken dieser Differenzierung auch meine online-Rezension zu dem für dieses Thema auch pädagogisch außerordentlich intelligenten wie anregenden Bilderbuch *Da Sein* von Kathrin Schärer (Petermann 2021).

fördernde Kompetenzen zu berücksichtigen hat: das Ästhetische (Körper und Sinne), das Emotionale (Gefühle), das Dianoetische (Verstand), das Kritische (Urteilskraft), das Praktische (Entscheidungskompetenz und Handeln), das Metaphysische (Bedenken und Einsicht in Transzendentalität, Geschichtlichkeit, Unvordenklichkeit). Der einzige mir bekannte Bildungsplan, der eine solche Ordnung in wichtigen Teilen als Bildungskonzept aufnimmt, ist der baden-württembergische *Orientierungsplan* für KiTas (2006) mit seinen sechs Bildungsfeldern: Körper – Sinne – Sprache – Denken – Gefühl und Mitgefühl – Sinn, Werte und Religion. Interessant ist, dass das Wort »Achtsamkeit« in diesem Plan nur in einem Nebensatz auftaucht, viele der in meinem Beitrag als Differenzierung genannte Wörter werden andererseits als Anregung zu bildendem und erziehendem Handeln genannt. Die pädagogische Achtsamkeits-Bewegung bietet mit ihrer Fokussierung auf körper- und gefühls- und bedingt auch dialog-bezogene Achtsamkeits-Übungen eine solch differenzierte Bildungskonzeption nicht, insbesondere die Ebenen des Kritischen und der Transzendenzoffenheit fehlen ganz.[18]

4 Rückblick: anthropologische Grundlagen schulischer Bildung

In ihren seinerzeit vielbeachteten wie auch zur Kritik einladenden Adorno-Lectures hat die Philosophin Judith Butler eindringlich auf

---

[18] In meinen Hochschulseminaren zu unterschiedlichen philosophischen Fachthemen wie auch zum Arbeiten mit geeigneten Materialien habe ich immer wieder versucht, das Zusammenspiel all der genannten Ebenen zur Sprache zu bringen und so die Lehramtsstudierenden zu entsprechend nachhaltiger Bildung anzuregen. Exemplarisch verweise ich auf meine Arbeiten zum Philosophieren mit Bildern, die sämtlich beanspruchen, über das Arbeiten mit Bildern alle von mir genannten Ebenen menschlicher Bildung anzusprechen (vgl. u. a. Petermann 2013 und 2007).

die Gefahr postmoderner Lebenskunstkonzepte hingewiesen, die menschliches Erkennen und Handeln zu einer kohärent gelingenden Selbsteinsicht und Selbstverantwortung, zu einem nahezu vollkommen herstellbaren Einklang mit sich selbst verabsolutieren und damit die Beschränktheit, Fragilität und Fehlbarkeit des Subjekts leugnen, eine Überbewertung menschlicher Möglichkeiten hin zur Wahnvorstellung absoluter Selbstermächtigung (Butler 2003). Anne Kirschner hat in ihren Veröffentlichungen diese Kritik auf heutige Bildungskonzepte angewandt und in der Operationalisierung von Kompetenzen zu herstellbaren sog. Bildungsstandards die gleiche Gefahr im Kontext schulischer Bildung herausgearbeitet (vgl. u. a. Kirschner/Petermann 2017). Der vorliegende Beitrag hat versucht, diese Kritik am Beispiel der zu einer neuen pädagogischen Tugend hochstilisierten Achtsamkeit zu konkretisieren.

Das Konzept »Achtsamkeit« eignet sich für eine solche das zugrundeliegende Menschenbild tangierende Kritik besonders gut, weil – wie erläutert – die problematischen Elemente nicht auf den ersten Blick auszumachen sind, sondern im Gegenteil die Rede von achtsamem Verhalten und Tun unmittelbar Sinn und Orientierung suggeriert. Anliegen des vorliegenden Beitrags ist es, einige bei diesem Eindruck versteckte blinde Flecken aufzudecken. Sie werden offenkundig, wenn man prüft, welches Menschenbild etwa hinter dem Anspruch steckt, Kinder und Jugendliche durch »Achtsamkeitsschulung [...] so anzuleiten, dass sie das Ziel der Selbstbestimmung aus eigener Kraft erreichen« (Kaltwasser o.J.). Steckt in dieser Rede nicht die Gefahr einer der von Butler kritisierten ethischen Gewalt vergleichbaren Bildungsgewalt? Meine Anmerkungen zur therapeutisierenden Tendenz der Achtsamkeits-Pädagogik (Punkt 1), zum impliziten Anspruch einer ethisch konnotierten Lebenshaltung (Punkt 2), zur undifferenzierten Konzentration auf ästhetische und emotionale Bildung (Punkt 3) sollten den Finger in diese Wunde legen, nicht um die Achtsamkeits-Bewegung in ihren Verdiensten abzuwerten, sondern um Punkte zu markieren, die im Achtsamkeits-Konzept offensichtlich zu kurz kommen bzw. unzureichend kritisch bedacht werden.

Warum aber am Ende ein solch eher skeptischer, statt ermutigender Blick auf Bildung in humaner Orientierung, wie es die Achtsamkeits-Bewegung doch intendiert? Zuletzt habe ich in Punkt 3 auf die pädagogische Trias *sehen - urteilen - handeln* verwiesen. Auf sie baut auch Hartmut von Hentig seine inzwischen zu Unrecht ins Abseits geratene Bildungskonzeption auf, wenn er den Erwerb von Einstellungen dem von Fähigkeiten und Kenntnissen voranstellt für Bildungselemente, die »junge Menschen in der Entfaltung und Stärkung ihrer gesamten Person fördern – so, dass sie am Ende das Subjekt dieses Vorgangs sind«. Subjektorientierung meint hier nicht Selbstregulation, sondern will die Besonderheiten, Befindlichkeiten, Möglichkeiten und Grenzen der Schüler*innen als subjektive Grundlagen von Bildung ernst nehmen. Entsprechend bestimmt Hentig Kompetenz als »eine komplexe Fähigkeit, die sich aus richtigem Wahrnehmen, Urteilen und Handelnkönnen zusammensetzt« (Hentig 2004). »Richtig« meint hier nicht etwas normativ Geregeltes, sondern zielt darauf, dass Bildung alle diese Ebenen von Menschsein (s. o.) in ihrer Tiefe wahrzunehmen hat. Und tiefenorientiert heißt, nicht nur in Wahrnehmung ihrer Möglichkeiten, sondern auch im Ernstnehmen ihrer Grenzen, anders: im Bedenken und Umsetzen, dass Bildung stets Beanspruchung und Anstrengung beinhaltet.

Bereits Platon hat das in seinem berühmten auf Bildung ausgerichteten Höhlengleichnis veranschaulicht (Platon, Pol 514 ff.): Genauer gelesen beinhalten alle drei Teile dieses Textes Irritation, Anstrengung, Arbeit: Im ersten Teil, der Ebene des *Sehens* bzw. der Wahrnehmung zuzuordnen, halten die Höhlenbewohner die Schatten zwar für das wahre Seiende; in dieser Skizze verbirgt sich aber bereits offen eine fundamentale Kritik menschlicher Wahrnehmung, die immer schon ein Zusammenspiel von Schein und Sein, von Objektivität und subjektiven Vorstellungen ist, was notwendig zu Irritationen und Infragestellungen führen muss, sonst würden sich nicht bereits die Höhlenbewohner in eine Konkurrenz begeben, wer zuerst und richtig das Gesehene zu fassen in der Lage ist. – Anstrengung ist dann das Leitmotiv des zweiten Teils: Wir, die

sich Bildenden, steigen nicht einfach losgelöst und selbstermächtigt aus der Höhle ans Licht, sondern können das nur unter Mühen, Schwierigkeiten, Schmerzen, zeitaufwändig, Stück für Stück, zudem nicht ohne uns ziehende und so erziehende Maßnahmen, um so auch erst allmählich unsere je eigene Kraft zu Subjektivität einzusehen; dieser Teil markiert die Ebene des kritischen *Urteilens.*
– Und Arbeit, ja lebensgefährliche, stets der Bedrohung ausgesetzte Arbeit bestimmt auch den dritten Teil, wenn wir um der Weiterbildung und der Einbindung der Bildung ins Leben willen wieder in die Höhle des wirklichen Lebens zurückkehren: Das unser Leben bestimmende *Handeln* – denn wir leben nicht einfach schlicht daher, sondern müssen unser Leben führen, es auch er-leben – dieses unser lebensführendes Handeln kann sich nicht nur mit Erfolgen schmücken, sondern muss sich laufend mit Niederlagen auseinandersetzen, von beidem lernen, damit es ein verantwortliches Handeln ist, das uns als Menschen auszeichnet.

Dahinter steckt eine Ansicht vom Menschen und von Menschlichkeit, die Kant in das wunderbare und letztlich ermutigende Bild gebracht hat: »aus so krummem Holze, als woraus der Mensch gemacht ist, kann nichts ganz Gerades gezimmert werden. Nur die Annäherung zu dieser Idee ist uns von der Natur auferlegt« (Kant 1784, S. 398). Statt darauf zu setzen, durch eine Schule der Achtsamkeit könnte es gelingen, uns Menschen ein besseres Leben zu bieten, scheint es mir angemessener und auch humaner, Bildung als Weg zur Einsicht in und Auseinandersetzung mit dieser nicht nur von Kant hellsichtig gesehenen Dilemmatik menschlichen Lebens bzw. in dieses Drama menschlicher Möglichkeiten von Freiheit und Verantwortung zu fassen und zu entfalten.

Literatur

Achtsamkeit (mindfulness). Wikipedia-Artikel. Online verfügbar unter: https://de.wikipedia.org/wiki/Achtsamkeit_(mindfulness), Zugriff am 21.04.2022.

Aristoteles (o.J.): Nikomachische Ethik. [Hier zitiert n.d. übl. Bekker-Paginierung des griechischen Textes].

Bents, H., Gschwendt, M. & Mander, J. (Hrsg.) (2020): Achtsamkeit und Selbstmitgefühl. Anwendungen in der psychotherapeutischen Praxis. Berlin: Springer.

Bildungspläne Baden-Württemberg (2016): Online verfügbar unter: https://www.bildungsplaene-bw.de/site/bildungsplan/search/3135543/Lde/index.html., Zugriff am 23.08.2022.

Bittrich, D. (2022): Wer später kommt, hat länger Zeit. München: dtv.

Butler, J. (2003): Kritik der ethischen Gewalt. Adorno-Vorlesungen 2002. Frankfurt a. M.: Suhrkamp.

Deutsches Wörterbuch von Jacob Grimm und Wilhelm Grimm, digitalisierte Fassung im Wörterbuchnetz des Trier Center for Digital Humanities, Version 01/21, Online verfügbar unter https://www.woerterbuchnetz.de/DWB, Zugriff am 23.08.2022.

Hentig, H. von (2004): Einführung in den Bildungsplan Baden-Württemberg. Hrsg. v. Ministerium für Kultus, Jugend und Sport Baden-Württemberg. Stuttgart.

Iwers, T., Roloff, C. (Hrsg.) (2021): Achtsamkeit in Bildungsprozessen. Professionalisierung und Praxis. Wiesbaden: Springer.

Kaltwasser, V. (2008): Achtsamkeit in der Schule. Weinheim: Beltz.

Kaltwasser, V. (o.J.). Vera Kaltwasser. Bücher. Homepage-Hinweise auf das »Praxisbuch Achtsamkeit in der Schule« (Weinheim: Beltz 2016). Online verfügbar unter: https://www.vera-kaltwasser.de/buecher.html, Zugriff am 31.08.2022.

Kant, I. (1784): Idee zu einer allgemeinen Geschichte in weltbürgerlicher Absicht. Berl. Monatsztschr. Nov 1784, [hier mit den Originalseiten zit. n. d. Ausgabe Werke. Bd. VI., hrsg. Weischedel. Frankfurt a. M.: Insel 1964].

Kant, I. (1797): Die Metaphysik der Sitten. Metaphysische Anfangsgründe der Tugendlehre. Königsberg: F. Nicolovius [mit den Originalseiten zit. n. d. Ausg. Werke Bd. IV, hrsg. Weischedel. Frankfurt a. M.: Insel 1956].

Kirschner, A., Petermann, H.-B. (2017): Zur »Philosophie« einer Ethik ohne Philosophie. Kritische Rückfragen an den baden-württembergischen Bildungsplan 2016. Pädagogische Korrespondenz 56, S. 37–63. Frankfurt a. M.: Budrich.

Mahasatipatthana Sutta (o. J.). The greater Discourse of Steadfast Mindfulness. Transl. by U Jotika & U Dhamminda. Buddha Dharma Education Association Inc. [Online verfügbar unter: https://vdocuments.net/maha-satipatthana-sutta.html, Zugriff am 31.05.2022].

Michalak, J., Heidenreich, T. & Williams, J.M. (Hrsg.) (2022): Achtsamkeit. Göttingen: Hogrefe.

Orientierungsplan für Bildung und Erziehung für die baden-württembergischen Kindergärten. Hrsg. Ministerium für Kultus und Sport (2006). Weinheim: Beltz.

Petermann, H.-B. (2007): Kann ein Hering ertrinken. Philosophieren mit Bilderbüchern. Weinheim: Beltz.

Petermann, H.-B. (2013): Vom Staunen zum Denken. Online verfügbar unter: https://hb-petermann.de/wp-content/uploads/2020/04/Petermann_2013_VomStaunen-zum-Denken.pdf, Zugriff am 23.08.2023.

Petermann, H.-B. (2015): Differenzierungen im Begriff der Erfahrung. Online verfügbar unter: https://hb-petermann.de/aktivitaeten/downloads/, Zugriff am 23.09.2022

Petermann, H.-B. (2021): Gefühle lesbar machen.
Zu Kathrin Schärers DA SEIN. Was fühlst du? München: Hanser 2020. Online verfügbar unter: https://www.leseleben.de/wp-content/uploads/2021/02/Da-Sein.pdf, Zugriff am 23.09.2022.

Platon (o. J.): Politeia. [Hier zit. n. d. übl. Stephanus-Paginierung mit der Abk. »Pol«].

Platon (o. J.): Protagoras. [Hier zit. n. d. übl. Stephanus-Paginierung mit der Abk. »Prot«].

Seel, M. (2011): 111 Tugenden, 111 Laster. Eine philosophische Revue. Frankfurt a. M.: Fischer.

Waldenfels, B. (2004): Phänomenologie der Aufmerksamkeit. Frankfurt a. M.: Suhrkamp.

Waldenfels, B. (2010): Art. Aufmerksamkeit. In: H.J. Sandkühler (Hrsg.), Enzyklopädie Philosophie, Bd. I (S. 181–185). Hamburg: Meiner.

**Ein neuer Blick auf
die Gesellschaft**

Vielfalt.
Let's celebrate diversity! Die Feier der Vielfalt und ihre blinden Flecke – zwei Szenen aus dem universitären Alltag

Florian Wobser

1 Einleitung oder über Verwirrung und Diversity Management

Am Ende des Studiums war ich verwirrt. Nach Jahren der Vertiefung in Kritische Theorie und Poststrukturalismus war ich sensibilisiert für Widersprüche und Machtkritik. In Ersterer werden gesellschaftliche Räume zwischen einem Allgemeinen (dem Tauschprinzip im Kapitalismus) und dem Besonderen (dem Individuum im Spannungsfeld von Singularität und Konformitätszwang), im Poststrukturalismus sprachtheoretisch als Paradoxien zwischen Identitätszuschreibungen und Differenzmerkmalen kritisch vermessen. Dann traf ich auf Annedore Prengels *Pädagogik der Vielfalt (1. Aufl. 1993)*, das Referenzwerk für die Vielfaltsdebatte in der Erziehungswissenschaft. Nach der im philosophischen Diskurs längst etablierten Kritik an trügerischen Versuchen, das o.g. Spannungsverhältnis aufzulösen, wurde nun plötzlich eindeutig und normativ Vielfalt gefordert und dies obendrein unter Verweis auf Vertreter eben jener kritischen Tradition (u.a. Adorno und Lyotard). Sollte es also möglich sein, dass Vielfalt ohne selbstreflexive Kritik oder Subversion der formal kodifizierten, aber gesellschaftlich nicht verwirklichten Gleichberechtigung zu haben wäre? Vielfalt ohne Hierarchie oder Heterogenität wirkte auf mich wie eine lediglich gut gemeinte Leerformel.

In diesem Essay möchte ich einige Jahre später zwei jüngere Szenen des universitären Alltags beschreiben und kritisch deuten, um der These zu folgen, dass programmatische Bemühungen um Stärkung von Vielfalt bzw. Diversity an Hochschulen so einseitig sind und ähnliche blinde Flecken aufweisen wie jenes Werk von Prengel. Ist es nicht merkwürdig, dass nach privatwirtschaftlichen Unternehmen nun auch viele Bildungsinstitutionen die *Charta der Vielfalt* als Leitbild unterzeichnen? Dieser ökonomische Pakt der Selbstverpflichtung basiert auf einem 2006 gegründeten Verein, der u.a. sogenanntes *Diversity Management* einfordert und vom Stifterverband der deutschen Wirtschaft unterstützt wird. Ruft man aktuell die Homepage der *Charta* auf[1], erhält man einen Hinweis auf das zehnte Jubiläum des Diversity-Tages unter seinem enthusiastischen Motto *Let's celebrate diversity!*. Das »Herzstück« der Ini-

---

1 Online verfügbar unter: https://www.charta-der-vielfalt.de/, Zugriff am 09.05.22.

tiative ist als ein knapper Urkundentext zu bestaunen. Ziel sei danach eine Programmatik, die zweckrational auf Optimierung zielt: »Wir können wirtschaftlich und als Gesellschaft nur erfolgreich sein, wenn wir die vorhandene Vielfalt anerkennen, fördern und nutzen.« Es folgt eine kurze Liste mit sechs – gemeinschaftlich im »Wir« formulierten – Forderungen, die der Umsetzung dieses Projekts dienen sollen. Es besteht hier zwar keine direkte Verbindung mit Prengels Pädagogik, auffällig ist aber, dass in beiden ein ähnlicher normativer Duktus vorliegt. So verweist die Pädagogin im Vorwort der jüngsten Auflage ihres Standardwerkes u. a. auf die *Reckahner Reflexionen zur Ethik pädagogischer Beziehungen* (2017), einem von ihr mitinitiierten Manifest, worin sechs pädagogisch-didaktische Gebote und vier Verbote im Indikativ gebündelt sind (2019a, S. XVI f.). Die *Pädagogik der Vielfalt* enthält am Schluss weitere Thesenlisten zu Differenz bzw. Vielfalt (ebd., S. 189–206). Es wirkt wie ein erster *performativer Widerspruch*[2], dass Prengel selbst die Devise »keine Leitbilder« (ebd., S. 194; 200 f.) ausgibt, diese Forderung jedoch manifestartig in Form einer normativen Liste vorliegt. Prengels Thesen sind weniger verkürzt als die Sätze jener *Charta*, aber ihre Haltung ähnelt jenem Imperativ »*Let's celebrate diversity!*«.

In Zeiten, in denen sich Krise an Krise reiht, identitätspolitische Debatten völlig überhitzt sind und Pandemie sowie russischer Imperialismus von der Klimakrise ablenken, dominieren im pädagogischen und politisch-institutionellen Mainstream Ansätze, in denen eine Macht- bzw. Konfliktorientierung hintergründig wird. Sie sind getragen von einem harmonistischen Optimismus, der gerade da-

---

2 Es handelt sich hier nicht um einen performativen Widerspruch im engeren Sinne, also den Widerspruch zwischen dem Inhalt einer Aussage und der Form, in der sie artikuliert wird bzw. der Artikulation überhaupt (Beispiel: »Ich habe keinen Körper«), sondern um einen rhetorischen Widerspruch zwischen inhaltlich zurückgewiesener, durch die Ge- und Verbote aber artikulierter Normativität. Mein Essay wird durch die Orientierung an diesen wohl unfreiwilligen Widersprüchen strukturiert.

durch verlogen wirkt, dass er sich mit dem eigentlich wichtigen Ziel der Emanzipation benachteiligter Minderheiten schmückt. In Prengels Studie werden zwar Adorno, Foucault, Lyotard u. a. zitiert und recht kurz erläutert, aber ihre hohe gedankliche Radikalität geht nicht ins Konzept mit ein. Damit entsteht, gleichsam auf der Metaebene, ein zweiter performativer Widerspruch mit dem riskanten Effekt, dass die Wirkung der eigenen Theorie die erhoffte emanzipatorische Praxis nicht nur verfehlt, sondern sie sogar unterläuft. Dies geschieht, weil weit über eine Textpragmatik der Thesenbündelung und Zuspitzung hinaus eine kritische Positionierung bloß erheischt wird, die der Allgegenwart des pädagogisch-institutionellen Konformitätszwangs bzw. der Fremdzuschreibung zweifelhafter Bildungsziele zu opponieren behauptet – es jedoch gar nicht tut.

Zwei ausgewählte Szenen aus dem universitären Alltag sollen dazu dienen, nahezulegen, dass es eine Affinität gibt zwischen den einseitigen Forderungen Prengels bzw. den o. g. Initiativen und akademischer Lehre.[3] Zu kritisieren bleibt aus einer solchen Sicht *teilnehmender Beobachtung*, dass jene vielfach unbeabsichtigt auftretende konzeptionelle Einseitigkeit für das Verdrängen einer *gesellschaftlichen* Dimension aller pädagogischen Bemühungen um Vielfalt steht – sie ist durch kritische Reflexion allerdings erkennbar zu machen.

---

3 Untersucht werden in diesem Aufsatz also nicht Sprechweisen oder Begriffsverwendungen im engeren Sinne, sondern Szenen performativer Übertragung in Situationen des Lehrens und Lernens, die auf in ihnen verdrängte Widersprüche bzw. Paradoxien hin untersucht werden.

2 Erste Szene: Antidiskriminierung an Hochschulen – und das Leistungsprinzip

In einer Diversity-Ringvorlesung, die nach Unterzeichnung der *Charta* geplant wurde, trat als zweite Rednerin – nachdem zuvor knappe Bezüge auf Zusammenhänge zwischen den drei in der Soziologie so bezeichneten Hauptkategorien der intersektionalen Analyse Rasse, Klasse und Geschlecht skizziert worden waren – eine Vertreterin der Antidiskriminierungsstelle des Bundes auf. Vor einem aus organisatorischen Gründen sehr homogenen Publikum wurde das Allgemeine Gleichbehandlungsgesetz (AGG) vorgestellt. Sein oberstes Ziel liegt gemäß § 1 darin, u. a. in beruflichen Kontexten »Benachteiligungen aus Gründen der Rasse oder wegen der ethnischen Herkunft, des Geschlechts, der Religion oder Weltanschauung, einer Behinderung, des Alters oder der sexuellen Identität zu verhindern oder zu beseitigen«.[4] Durch das Bundesgesetz wird also potentiell Intersektionalität, d. h. das für betroffene Individuen problematische Zusammenspiel gleich mehrerer diskriminierender Merkmale, mit mehr als den drei Hauptkategorien (s. o.) beachtet. Das soziologische Analyseinstrument ist zwar umstritten und die Kategorien sind kontrovers, doch es kann gegen (Mehrfach-)Diskriminierung hilfreich sein. Die juristische Dimension der institutionellen Implementierung von Diversität wird deutlich durch die analytische Vielfalt geschützt bzw. negativ verstärkt. Zugleich zielt das Gesetz auf positive Maßnahmen, die nicht nur den Ausgleich existenter Nachteile, sondern potenziell genauso das vielfalts- und gerechtigkeitsorientierte Überkompensieren struktureller Handicaps anstreben. Gefordert wird ein systematischer Diskriminierungsschutz der Student*innen, der durch die Einrichtung einer Beschwerdestelle und eines geeigneten -verfah-

---

4 Online verfügbar unter: https://www.gesetze-im-internet.de/agg/__1.html, Zugriff am 09.05.22.

rens garantiert werden soll, um das Beschwerderecht bei Diskriminierung nach § 5 niedrigschwellig zu ermöglichen. Von dem konkreten – überwiegend weiblichen – studentischen Publikum, das allein in Ausnahmefällen Rassismus oder Klassismus, also Benachteiligung aufgrund von Hautfarbe oder ökonomischem Stand, zu befürchten hat, ist hierzu kein Widerspruch zu erwarten.

Es fiel jedoch auf, dass die Vorlesung ohne irgendeinen Einwand oder Hinweis auf mögliche Probleme beim Diskriminierungsschutz auskam. In der Diskussion blieb es so einem älteren Mitarbeiter überlassen, bei der Rednerin zu Komplikationen durch identitätspolitische Konflikte nachzufragen[5], die u.a. im Einfordern positiver Diskriminierung (*affirmative action*) etwa durch Quotenregelungen entstehen könnten. Diese unabhängig von dem je eigenen Standpunkt keineswegs triviale Praxis läge in der Logik der Fortführung der positiven Maßnahmen. Es mochte am homogenen Publikum liegen, dass die Rednerin über diese Frage, die sich auf das zentrale Spannungsfeld sämtlicher Institutionen bezieht, die es mit Heterogenität zu tun haben und diese verwalten müssen, situativ überrascht zu sein schien. Zugleich verweist dieser Umstand des Überraschtseins jedoch auf einen blinden Fleck in der von dieser Expertin vertretenen Strategie, die sich in ihrer konzeptionellen Einseitigkeit zeigt. Deren Vorstellung ausgehend vom AGG ist auf unreflektierte Weise affirmativ, weil in ihr ambivalente institutionelle Konsequenzen der erwünschten Strategie gar nicht erst mitgedacht werden. Sie ist also viel zu optimistisch, als sei es möglich, Gleichheit ohne soziale Reibereien zwischen Dozent*innen und Student*innen oder innerhalb der jeweiligen – so der offizielle Begriff – Statusgruppen zu stärken. So entsteht der falsche Eindruck, dass Vielfalt auf eine ganz unkomplizierte Weise zu schützen bzw. zu verstärken wäre. Dies gilt nicht weniger für die Antwort auf eine weitere Nachfrage, durch die problematisiert wurde, dass Antidiskriminierung und leistungsorientierte Bewer-

---

5 Zur Kritik an überreizten Aspekten identitätspolitischer Debatten vgl. Richardt 2018 und Berendsen et al. 2019.

tung an Universitäten ein Spannungsfeld bildeten. Schließlich sei es wahrscheinlich, dass es in einem diskriminierungssensiblen und damit normkritischen Umfeld einzelne Student*innen geben dürfte, die eine strenge Benotung als Herabsetzung beurteilten.[6] Die Rednerin ist erneut irritiert und gesteht recht schlicht ein, dass sie selbst gegen das Leistungsprinzip sei. Nicht ihre Antwort ist ein Problem, sondern dass sie als Expertin für Antidiskriminierung dieses spannungsreiche Problem verkennt. Dieser blinde Fleck ist ein gesellschaftlicher, denn die Leistungsgesellschaft ist keine Schimäre, sondern prägt schließlich sehr stark auch den universitären Alltag, der ein Integral der mitunter bürgerlich genannten Gesellschaft ist.[7]

Es handelt sich in beiden Fällen um sachliche Arglosigkeit, mit der zugleich die Verdrängung konzeptioneller Probleme verknüpft ist, die in der Vorlesung nicht thematisiert worden wären, wäre nicht kritisch nachgefragt worden. Die Haltung steht für das Auslassen gesellschaftlicher Perspektiven, deren Übernahme aber Bezüge auf Widersprüche gefordert hätten. Jene Relation zwischen Allgemeinem und Besonderem bzw. Identität und Differenz, deren hohe Komplexität und schwierige Subtilität sich in theoretischen Kunstgriffen des »Nicht-Identischen« (Adorno) oder der Anerkennung des »Singulären« zeigt, die im Alltag der Bildungsinstitution zwar Horizonte kritischen Reflektierens bilden sollten, praktisch aber *de facto* nicht erreichbar sind, wird damit unzulässig verkürzt.

---

6 Zur Abwägung zwischen Diskriminierung und Kränkung durch Hypersensibilität vgl. Flaßpöhler 2021.

7 Das Leistungsprinzip wird jedoch ohnehin kaum transparent umgesetzt. Nur eine Folge der Bologna-Reform besteht darin, dass immer *mehr* geschrieben und *weniger* gelesen wird – das betrifft u. a. auch die Korrekturen studentischer Texte, die kaum jemand sinnvoll leisten mag (oder kann). Zu oft folgt eine kompensatorische Note, um Rückfragen zu vermeiden. Immer wieder berichten fortgeschrittene Student*innen davon, dass sie noch *nie* eine Rückmeldung zu schriftlichen Leistungen erhalten hätten (Noten werden nur noch *verbucht*).

Positive Diskriminierung wäre im Rückgriff auf Analysen Foucaults als Ausdruck ubiquitärer Machtverhältnisse zu deuten, in denen *unklar* bleibt, ob die Veränderung affirmative oder destruktive Effekte mit sich bringt. Die Spannung aus Antidiskriminierung und Leistungsprinzip wäre mit Lyotard (1989, S. 9) als ein *Widerstreit* zu deuten,[8] der sich ironischerweise gerade dann ergäbe, wenn man konsequent von der Vielfalt der Sprache ausginge. Nach dieser Prämisse träfen im hier geschilderten Fall zwei Diskursarten aufeinander, die deswegen unvereinbar sind, weil die eine zu einer differenzierten Verbuchung von *Leistungs*punkten des *European Credit Transfer and Accumulation Systems* führt, während die andere diesen Umstand juristisch-administrativ von außen zu ändern anstrebt. Nach Lyotard lösen solche konzeptionellen Konfrontationen in letzter Konsequenz Affekte aus. Hätte die Rednerin auf der Basis dieser Theorien ihr Konzept geprüft, was das Einbeziehen konkreter Kontexte, etwa der Homogenität ihres Publikums, erleichtert hätte, so wäre dies zwar sachlich angebracht, aber pragmatisch lästig gewesen, da die Reflexion das strategische Framing[9] (Oswald 2019) als Diversity-(Durch-)Setzung erschwert hätte. Ohne jeden Einsatz gesellschaftskritischer und heterogenitätssensibler Theorien wirkt ihr Impuls aber performativ widersprüchlich. Man muss den komplexen und subtilen Ansatz der Intersektionalität, der

---

8 Unter »Widerstreit« versteht Lyotard das Aufeinandertreffen zweier Diskursarten, die miteinander unvereinbar sind, weil sie grundsätzlich auf unterschiedlichen normativen Vorannahmen basieren bzw. nicht im Rahmen einer für beide gültigen Metaebene geschlichtet werden können (wie es beispielsweise bei einem Rechtsstreit der Fall wäre, der mit Rekurs auf die geltende Gesetzeslage gelöst werden kann).

9 Beim Framing handelt es sich grundsätzlich – im Anschluss an die vorherige Anm. 8 – darum, eine Diskursart (hier also das administrativ erwünschte Ziel der Diversität) als solche einseitig zu setzen, ohne ihre Interaktion mit anderen Diskursarten (z. B. der der politischen Macht) zu berücksichtigen (bzw. dabei deren Interdependenz zu verschweigen), also den Widerstreit bzw. konkrete Widersprüche durch einseitige Orientierung am eigenen Ziel bewusst oder unbewusst zu ignorieren.

theoretischer Ausdruck einer an Ökonomie und Macht orientierten Gesellschaft ist, nicht mögen, aber ihn ernst nehmen, wenn man das von ihm Kritisierte praktisch verändern, ja, sogar verbessern will. Unterlässt man diese Reflexion, dann dominiert der Eindruck, dass im Glauben an die eigene Wirkmächtigkeit der institutionelle Widerstand bzw. die Alterität unterschätzt und die vermeintlich leichten Erfolgschancen überschätzt werden.

3 Zweite Szene: Pädagogischer Filmabend – und die große Leere

Für einen Pädagogischen Filmabend wurde die u. a. mit einem Silbernen Bären der Berlinale 2021 ausgezeichnete Dokumentation *Herr Bachmann und seine Klasse* von Maria Speth mit einem anschließenden Gespräch mit der Regisseurin angekündigt.[10] Der Schulfilm beeindruckt sowohl durch seine Überlänge (217 Minuten) als auch durch Stilistik und Technik, denen es gelingt, selbst sehr persönliche Situationen einzufangen, ohne dass die Kamera stört oder ein voyeuristisches Gefühl entsteht. Der Film wäre eine eigene Betrachtung wert, hier sollen aber nur zwei Aspekte gewürdigt werden: Erstens der dramaturgische Kern und sein Bezug auf Vielfalt und zweitens der pädagogisch-didaktische Einsatz des Films in der Veranstaltung.

Im Film wird die Anstrengung des kurz vor der Pensionierung stehenden Lehrers Dieter Bachmann an einer Gesamtschule in Nordhessen dokumentiert. Das Schulumfeld ist industriell geprägt und einige Schüler*innen seiner sechsten Klasse weisen einen Zu-

---

10 Kinostart des Films war am 16.09.2021; seit dem 18.02.2022 ist der Film auf DVD erhältlich; vgl. auch den Trailer zum Film: Online verfügbar unter: https://www.youtube.com/watch?v=TVswyLNhW4Q, Zugriff am 09.05.22.

wanderungshintergrund auf, der sich durch die Arbeitsmigration ihrer Eltern ergibt, so dass in den Familien kein Deutsch gesprochen wird. Sehr schwierig sind also Bachmanns Arbeitsbedingungen, der in der Not sehr unorthodox unterrichtet und darum ringt, dass sich seine Schüler*innen selbst Mittel zum individuellen Ausdruck verschaffen, sei es sprachlich, sei es musikalisch. In der Klasse wird musiziert, sobald der linksalternativ wirkende Lehrer merkt, dass die Konzentration der Lerngruppe nachlässt oder vermutet, dass musikalische Exkurse dem Thema bzw. der Klassengemeinschaft guttäten. Im Film dominiert so die Beziehungsarbeit, während Einblicke in gewöhnliche Schulstunden selten sind – vielleicht weil sie kaum möglich sind. Im *director's statement* der DVD erklärt Speth, dass Bachmann den »jungen Menschen im Klassenraum die Möglichkeit zur Entfaltung von Fähigkeiten, Schönheit und Würde gibt« und dass bei ihr durch den Film »Liebe zu diesen Kindern keimte«. Dieser Affekt mag bestehen, weil die ca. 12–14-jährigen Schüler*innen mit Bachmann trotz schwierigster Umstände um Chancen auf gesellschaftliche Teilhabe kämpfen. Dabei scheint eine Perspektive auf Inklusion im weiteren Sinne auf, die in dem Film, der keinen Kommentar und bloß sehr wenige pädagogische Metabemerkungen umfasst, nur *gezeigt*, nicht explizit thematisiert wird. Die Dokumentation eignet sich damit für ein reflektiertes Gespräch über die – nach Ankündigung dieses Filmabends – »Sichtweisen auf Inklusion und Partizipation sowie die Frage der Verantwortung von Lehrkräften im Umgang damit«.

Auch ich habe Sympathien für die Schüler*innen und Bachmann, dessen sensibles Ringen um Ausdruck bewundernswert ist. Die hier folgende Kritik richtet sich also weder gegen den Stil Bachmanns, vor dem ich als typischer Gymnasiallehrer viel Respekt habe, noch gegen Speths Dokumentation. Vielmehr stellt sich die Frage nach der konkreten Funktion des Films in einer Ausbildungssituation von Lehramtsstudent*innen, vor allem des Primarbereichs, die jener Einladung in großer Zahl folgten. Ein sinnvoller Einsatz dieses facettenreichen Films in der Lehramtsausbildung dürfte – auch gegen das Feuilleton[11] – nicht darin bestehen, das hohe Charisma des urigen Lehrertypen nur zu bestaunen, der mit all seiner Persönlichkeit und Energie aus einer beinahe unmöglichen Situation das Beste macht, das sich konventionellen Kriterien entzieht. Dagegen sollte nach der – s. o. – Verantwortung jeglicher Lehrkräfte im Umgang mit Inklusion unbedingt abwägend, d. h. differenziert und kritisch gefragt werden. Dies gilt erst recht, sobald zum Filmpublikum viele junge Student*innen aus einem Umfeld zählen, das im Vergleich zur dokumentierten postmigrantischen Situation durch ganz andere soziale Merkmale gekennzeichnet ist. Bachmann, der u. a. als Mann, mit aller Erfahrung und nahezu idiosynkratischen Mitteln, die schulische Situation nur knapp meistern kann, sollte als ein *role model* für diese angehenden Lehrkräfte unbedingt hinterfragt werden – so stünde die Selbstverantwortung der späteren Lehrkräfte, aber auch die Verantwortung für diese Student*innen im Zentrum der pädagogischen Bemühungen.

Erneut fiel aber auf, dass das Filmgespräch fast ohne kritische Abwägungen des Habitus und der Situation Bachmanns auskam. Sieht man davon ab, dass es nach über 200 Minuten Film leiblich beinahe unmöglich scheint, ohne Pause noch über das Dokumentierte zu sprechen (was ein zweifelhafter didaktischer Umgang mit einem Film dieser Überlänge ist), scheinen ähnliche Gründe für das Ausbleiben von Kritik zu bestehen wie in der ersten Szene oben. Welche Person, die sich mitten im Lehramtsstudium befindet, ist spontan dazu fähig, zu Bachmann kritische Distanz einzunehmen oder zu kommentieren, dass etwa die gezeigte schulische Situation irritierende Ängste auslöst (weil man sich seinen späteren Berufsalltag so nicht vorstellen kann oder möchte) oder Gleichgültigkeit, weil es ja ohnehin klar ist, dass die eigene Situa-

---

11 Darin wird Bachmann mit der *Hattie-Studie* verknüpft, in der die Lehrperson als gesellschaftliche Monade zum Kriterium wird (Rühle 2021), und ein ansonsten geschätzter Journalist verfällt ins Klischee, das Lehrercharisma und die »große Gesellschaftsmaschine« viel zu schlicht einander gegenüberzustellen (Assheuer 2021).

tion immer schon anders war und sein wird? Gegen eine solche kritische Einschätzung seitens der Student*innen sprechen nicht nur die situative Erschöpfung und die öffentliche Situation, sondern auch das Setting, für das der offensichtliche Held dieses Films als solcher pädagogisch zu einseitig übernommen wird. Stattdessen äußern sich abermals Personen im Publikum, die keine Student*innen mehr sind; eine Dame bekundet pauschal ihr Bedauern, dass das Schulsystem zur Konformität erziehe und zu selten »echte Typen« zulasse. Speth spricht neben vielen technischen Filmdetails vor allem über die so tolle Beziehung, die dieser Lehrer zur Klasse entwickle, worauf der Schwerpunkt ihres Films liegt. Ein Kollege fragt sich, ob die hohe Dominanz Bachmanns im Umgang mit seiner Klasse bei allen reduzierten Möglichkeiten didaktisch nicht auch kritisch zu betrachten sei, worauf die Organisatorin des Abends beschwichtigend erwidert, dass der Film zeige, dass es möglich sei, als eine engagierte Lehrkraft sogar unter den allerschwierigsten Bedingungen in einer Schule »Mensch zu bleiben«.

Die Student*innen aber schweigen und gehen nach dem Schlussapplaus nach Hause. So lässt sich fragen, inwiefern sie selbst das Wahrgenommene zu ihrer noch im Entstehen begriffenen Professionalisierung sinnvoll in Beziehung setzen können – oder nicht. Konfrontiert worden sind sie mit einer Situation, die in den allermeisten Fällen ihren Erfahrungen mit und ihrem Verständnis von Schule bzw. Beruf widerspricht und ihnen fremd bleibt. Das vermeintliche *role model* Bachmann, der unter gesellschaftlichen Bedingungen arbeitet, die ihr Umfeld nicht aufweist, unterrichtet so eigensinnig, dass es allem widerspricht, was sie in ihrer Ausbildung gelernt haben und lernen werden. Seine Beziehungsarbeit ist die Flucht ins einzig Mögliche, wovon die Schüler*innen profitieren; doch möglich ist dies nur durch sein Charisma, das dem konventionellen kompetenzorientierten Unterricht widerspricht. Mit dieser starken Ambivalenz also gehen die Student*innen nach dem Filmabend heim, der entgegen seinem Anspruch kein pädagogischer war, da es keine angeleitete Reflexion zur gesellschaftlichen Situation oder Inklusion bzw. Verantwortung und keinerlei didaktische

Einordnung des Handelns Bachmanns gibt.[12] Erneut resultiert daraus als performativer Widerspruch die oberflächliche Feier einer bloßen Idee von Vielfalt, die sich durch solch eine Verwendung des Films ergibt. Das Risiko ist hoch, dass das studentische Publikum nicht allein durch die Überlänge ermüdet ist, sondern auch aufgrund jenes blinden Flecks in gesellschaftlicher Hinsicht eine große Leere verspürt.

4 Schluss oder Vielfalt und pädagogisches Ethos

Ausgehend von der attestierten Einseitigkeit einer *Pädagogik der Vielfalt* nach Prengel sind zwei Szenen des universitären Alltags beschrieben und kritisiert worden, in denen deutlich wird, dass institutionell verordnete und oberflächlich erheischte Diversität in performative Widersprüche führt. Ein kritischer Begriff von Diversität bzw. eine hiervon hergeleitete unverkürzte Praxis des Lehrens und Lernens wäre überhaupt nur möglich, wenn der gesellschaftliche Macht- und Konfliktraum, sei er dialektisch, sei er sprachtheoretisch begründet, nicht theoretisch ignoriert bzw. praktisch verdrängt würde. Tut man dies dennoch, dann entwertet man in den gegebenen Verhältnissen z. B. die Leistung derer, die sie tatsächlich erbringen, und diskriminiert sie. Das gilt auch für jene, die gesellschaftlich bedingt, vergleichsweise bloß eine gewisse Leistung erbringen können, über diese aber umso glücklicher sind. Eine Vielfältigkeit des Anerkennens ist allerdings nicht egali-

---

12 Es bleibt möglich, dass die Auslassung in späteren Lehrveranstaltungen nachgeholt wird; nach dieser Szene ist das jedoch kaum zu vermuten. Während ich eine durch Krisen-Anlässe motivierte Bildungstheorie (Koller 2012) durchaus schätze, erachte ich diese große Leere als Folge einer Ausbildungssituation als ernsthaftes Problem.

tär zu verordnen, sondern erforderte eine individuelle Bezugsnorm, die einer Diversität, wie sie Inklusionsbemühungen anstreben, gerecht würde; sie kann lediglich als Reflexionsdimension postuliert werden, die als solche keine blinden Flecken besitzt.

Ein Risiko dieses Essays ist es, dass er so wirken könnte, als hätte ich etwas gegen Antidiskriminierungsarbeit, unorthodoxe Lehrstile oder gegen Sensibilisierung für die Beziehungsebene. Das Gegenteil ist jedoch der Fall! Was der Essay aufzeigen soll, ist das grundlegende Problem, dass deren unkritische Überführung in die Praxis jenen Zielen nicht nur nicht guttut, sondern ihnen schadet. Meine Überlegungen richten sich nicht zuletzt gegen eine so selbstgewisse Haltung, wie sie exemplarisch bei Prengel zu finden ist[13], die gegenwärtig eine pädagogische Ethik fordert[14], deren Kriterien Vielfalt und Anerkennung von Beziehungen seien. So unterläuft sie – was hier nur noch angedeutet werden kann – Konzepte zu einem Lehrerethos, das als Ausdruck institutioneller Spannung als dritte Reflexionskategorie neben Ethik und Moral tritt (Prange 2013, Reichenbach 2013, Höffe 2019). Die Anerkennung von Beziehungen und das kategorische Ziel der Vielfalt will unbedingt das Gute, mit Reichenbach (2018) sollte jedoch eine jede Pädagogik das *unvollkommene Leben* achten. Alles, was darüber hinausgehen will, müsse deshalb widersprüchlich bleiben. Mitunter gleiche es ansonsten dem pädagogischen Kitsch (Reichenbach 2003), welchem – wenn nicht durch Kritik – auch mit einer Prise Ironie zu begegnen sei. Solch eine spielerische Haltung, die Widersprüche und Paradoxien ernst nimmt und vor Zynismus zu verteidigen ist, sorgt für

---

13 Diese Haltung, die sich oft genug habituell zeigt, d.h. sich im Tonfall, in der Mimik verrät, ist ebenso bei anderen einseitigen Apologeten der pädagogischen Beziehung regelrecht spürbar; etwa beim Mediziner Joachim Bauer oder dem Neurobiologen Gerald Hüther, die – und auch dies wäre eine eigene Betrachtung wert – pädagogische Bestseller schreiben für all die, die es besser wissen.

14 Vgl. grundsätzlich Prengel 2019b und mit audiovisuell dokumentiertem Ausdruck auch Prengel 2021, 0:17:30 bis 0:22:16.

eine wichtige Distanz gegenüber einer Feier der Vielfalt im selbstgerechten Duktus.

Literatur

Assheuer, T. (2021): »Ich weiß, dass Du viel schlauer bist«. ZEIT 39/2021, 58. Online verfügbar unter: https://www.zeit.de/2021/39/herr-bachmann-und-seine-klasse-dokumentarfilm-maria-speth, Zugriff am 09.05.2021.
Berendsen, E., Saba-Nur, C. & Mendel, M. (Hrsg.) (2019): Trigger Warnung. Identitätspolitik zwischen Abwehr, Abschottung und Allianzen. Berlin: Verbrecher Verlag.
Flaßpöhler, S. (2021): Sensibel. Über moderne Empfindlichkeit und die Grenzen des Zumutbaren. Stuttgart: Klett-Cotta.
Herr Bachmann und seine Klasse (Regie: M. Speth; Deutschland 2021).
Höffe, O. (2019): Berufsethos – philosophische Überlegungen. In: C. Cramer & F. Oser (Hrsg.), Ethos: interdisziplinäre Perspektiven auf den Lehrerinnen- und Lehrerberuf. In memoriam Martin Drahmann (S. 57–72). Münster; New York: Waxmann.
Koller, H.-C. (2012): Bildung anders denken. Einführung in die Theorie tarnsformatorischer Bildungsprozesse. Stuttgart: Kohlhammer.
Lyotard, J.-F. (1989): Der Widerstreit (2. korrigierte Auflage). München: Fink.
Oswald, M. T. (2019): Strategisches Framing. Eine Einführung. Wiesbaden: Springer VS.
Prange, K. (2013): Pädagogisches Ethos. In: M. Brumlik et al., Theorie der praktischen Pädagogik. Grundlagen erzieherischen Sehens, Denkens und Handeln (S. 117–169). Stuttgart: Kohlhammer.
Prengel, A. (2019a): Pädagogik der Vielfalt. Verschiedenheit und Gleichberechtigung in Interkultureller, Feministischer und Integrativer Pädagogik (4., um ein aktuelles Vorwort ergänzte Auflage). Wiesbaden: Springer VS.
Prengel, A. (2019b): Pädagogische Beziehungen zwischen Anerkennung, Verletzung und Ambivalenz (2., überarbeitete und erweiterte Auflage). Opladen et al.: Budrich.
Prengel, A. (2021): Pädagogische Beziehungen. Online verfügbar unter: https://www.youtube.com/watch?v=uxiKhR_PWk4, Zugriff am 09.05.2021.
Reichenbach, R. (2003): Pädagogischer Kitsch. Zeitschrift für Pädagogik 49 (6), 775–789.

Reichenbach, R. (2013): Für die Schule lernen wir. Plädoyer für eine gewöhnliche Institution. Seelze: Klett/Kallmeyer.
Reichenbach, R. (2018): Ethik der Bildung und Erziehung. Essays zur Pädagogischen Ethik. Paderborn: Schöningh.
Richardt, J. (Hrsg.) (2018): Die sortierte Gesellschaft. Zur Kritik der Identitätspolitik. Frankfurt: Novo Argumente.
Rühle, A. (2021): So geht Schule. Süddeutsche Zeitung 18.09.2021. Online verfügbar unter: https://www.sueddeutsche.de/kultur/herr-bachmann-film-1.5413711, Zugriff am 09.05.2021.

Resilienz. Macht. Bildung.

Anne Kirschner

Der Titel dieses Beitrags ist eine bewusste Konstruktion von Mehrdeutigkeiten, die sich in besonderer Weise die Struktur der deutschen Sprache zu Nutze macht. So wechselseitig und komplex wie die grammatischen Beziehungen in diesem Titel ist auch die inzwischen wiederholt hergestellte Verbindung der Redegegenstände Resilienz und Bildung. Eine Verbindung, die angesichts der im digitalen Wörterbuch der deutschen Sprache (DWDS) dokumentierten steilen Verlaufskurve, die der Resilienzbegriff seit seinem Aufkommen in den 1970er Jahren hinlegt, regelmäßig wiederholt und ausdifferenziert wird. Die Häufigkeit, mit der ein Wort im Laufe der Zeit verwendet wird, ändert sich; sie kann zunehmen, abnehmen oder ganz aus dem Gebrauch geraten. Resilienz ist in dieser Hinsicht ein Musterbeispiel für eine steigende Verlaufskurve, die ihren bislang höchsten Anstieg in den Jahren 2010 bis 2019 verzeichnet (vgl. DWDS-Verlaufskurve für »Resilienz« 2022).

Insofern es sich bei Resilienz um einen ursprünglich psychologischen, nicht aber pädagogischen Grundbegriff handelt, bleibt die im Zuge dieses Anstiegs zunehmende Verschränkung von Bildung und Resilienz nicht folgenlos. Es wird zu zeigen sein, dass das Prädikat »macht« in diesem Zusammenhang nicht bloß, wie im Titel dieses Beitrags, eine sprachliche Scharnierfunktion übernimmt, sondern auch als philosophisch und sozialwissenschaftlich geprägter Terminus für die Analyse der Vermittlung von Resilienz und Bildung relevant ist – nicht zufällig steht der Begriff auch *zwischen* den beiden anderen. Die so hergestellte Reihung stellt einen Zusammenhang her bzw. unterstellt ihn, während die nach jedem Wort gesetzten Punkte, Resilienz, Bildung und Macht gleichzeitig als geschlossene Aussagesysteme gegeneinander abgrenzen und damit ihre begriffliche und disziplingebundene Eigenständigkeit wahren und betonen.

Die daraus resultierende antinomische Struktur des Titels, der hier gleichzeitig als Satz und Wortreihung fungiert, der Zusammenhänge herstellt und zugleich ausschließt sowie grammatische Phänomene auf thematische überträgt, folgt dabei jener Strukturlogik von Aussagen, die auch Resilienz und Bildung (nicht nur) sprachlich verknüpfen. Anders als der in kritischer Absicht formulierte Titel, der von seiner Konzeption her zugleich auch die Reflexionsfläche seiner eigenen Struktur(un)logik ist, wirkt das Sprechen über Resilienz in vielen pädagogischen Themen- und Handlungsfeldern jedoch nicht reflexiv, sondern in einem weiteren Sinne eher performativ. Damit ist gemeint, dass mit einer sprachlichen Äußerung sogleich auch eine Handlung vollzogen wird. Im Folgenden wird entsprechend zu zeigen sein, inwiefern das Sprechen über »Bildung *und* Resilienz« nicht nur mit konkreten Handlungsabsichten auf der Ebene des Bildungssystems, sondern auch mit einem Theorie-Praxis-Verständnis verknüpft ist,

das mit begrifflichen und disziplinären Verschiebungen einhergeht.
Die Reihenfolge und Struktur der diesbezüglich im Titel angeführten Begriffe begründet zugleich die Gliederung dieses Beitrags. So wird im Abschnitt »Resilienz« (1) zunächst skizziert, welche Bedeutungsfelder und Verwendungsweisen mit dem Begriff gemeinhin verbunden sind. Den Zäsuren im Titel folgend, wird daraufhin unter der Überschrift »Macht« (2) ein Begriffs- bzw. Themenwechsel hin zu dem von Michel Foucault geprägten Machtbegriff im Zuschnitt auf die Begriffe Biopolitik und Diskurs vorgenommen, während im Kapitel »Bildung« (3) Auszüge des vom Aktionsrat Bildung verantworteten Gutachtens »Bildung und Resilienz« (vbw 2022) einer genaueren Analyse unterzogen werden. Abschließend bringe ich diese drei bis dahin nur lose verbundenen Komplexe unter der Fragestellung »Macht Resilienz Bildung?« (4) in einen syntaktischen Zusammenhang und erörtere zum einen, ob und inwiefern das hier konzipierte Verhältnis von Resilienz und Bildung als ein Machtphänomen beschrieben werden kann. Ziel ist zum einen, die Argumentationslogik des vom Aktionsrat Bildung verantworteten Gutachtens »Bildung und Resilienz« sicht- und lesbar zu machen. Auf dieser Grundlage diskutiere ich zum anderen die Konsequenzen der diesbezüglichen Verwendung von Resilienz für den Bildungsbegriff im Besonderen und die Erziehungswissenschaft als Disziplin im Allgemeinen.

1 Resilienz

Resilienz ist ein Begriffsimport in die Erziehungswissenschaft, der in sowohl quantitativer als auch qualitativer Hinsicht seit seinem Aufkommen in den 1970er Jahren in der angloamerikanischen kinder- und jugendpsychiatrischen Literatur auch in Deutschland expandiert (vgl. Göppel & Zander 2017, S. 9). Die unterschiedlichen

Thematisierungsweisen von Resilienz lassen sich dabei grob in drei Kategorien einteilen: (1) *Deskriptive Ansätze* in der Resilienzforschung betonen die individuelle Bewältigung von belastenden Situationen als ein (auch statistisch) beschreibbares Minderheitenphänomen, wobei der Fokus auf der Identifikation von Risikofaktoren und der Wirksamkeitsprüfung von Schutzfaktoren liegt, während die Ebene der subjektiven Wahrnehmung dort ein weitgehend empirisches Desiderat bildet (vgl. Richter-Kornweitz 2011, S. 266). Auf Grundlage der Annahme, dass die Identifikation der objektiven Bedingungen, die zum Entstehen von Resilienz führen, Strategien der pädagogischen Förderung begründen können, wird Resilienz in (2) *normativ-praktischer* Hinsicht als zu fördernde und förderbare Fähigkeit von sowohl Individuen als auch Systemen verstanden. (3) *Kritische Untersuchungen* zur Resilienz verweisen diesbezüglich nicht nur auf begriffliche Unschärfen und Entgrenzungsdynamiken (vgl. Wieland 2011, Kirschner 2020) sowie technizistische Machbarkeitsvorstellungen und ökonomische Funktionalisierungen (vgl. Göppel & Zander 2017, S. 12 ff.), sondern betrachten den Resilienzbegriff auch im Sinne einer fortgeschrittenen neoliberalen Form des Krisenmanagements (vgl. Graefe 2021, S. 133). Ergänzt werden diese Thematisierungsweisen von Versuchen, den Gegenbegriff der Resilienz, also Vulnerabilität, als die hier eigentlich zugrundeliegende pädagogische Kategorie auszuweisen (vgl. Burghardt u. a. 2017). Dass Vulnerabilität trotz ihrer Mitthematisierung in erziehungswissenschaftlichen Diskursen bislang nicht, wie ihr erfolgreiches Pendant, zu einem zentralen Topos in der Pädagogik wurde, liege darin begründet, dass es in der Pädagogik bis heute stets primär um die Aufhebung statt Anerkennung von Verletzlichkeit geht (vgl. ebd., S. 9).

Die in diesen Kategorien jeweils verwendeten Definitionen und Begriffsmerkmale von Resilienz sind jedoch keineswegs einheitlich. Entsprechend benötigt das vom utb-Verlag mittlerweile zum sechsten Mal aktualisierte Überblickswerk »Resilienz« (Fröhlich-Gildhoff & Rönnau-Böse 2022) zehn Seiten, um die Definition und Begriffsmerkmale von Resilienz zu entfalten. Wo also der Begriff zur Anwendung kommt, verwundert es nicht, dass er ausgehend von seiner zunächst allgemeinen Bestimmung als psychische Widerstandsfähigkeit bzw. als Fähigkeit, Krisen zu bewältigen, häufig noch einmal spezifisch, d.h. auf den jeweiligen Kontext hin charakterisiert wird.

Wechselt man an dieser Stelle die Perspektive und schaut nicht länger nur auf die unterschiedlichen Bestimmungen und Anwendungsfelder von Resilienz, sondern betrachtet die diesbezüglichen Sprech- und Verwendungsweisen des Begriffs in den unterschiedlichen (Kon-)Texten etwas differenzierter, so lassen sich in einer vergleichenden Betrachtung widersprüchliche Einsätze finden: Der Resilienzbegriff kann sowohl deskriptiv als Beschreibung eines Minderheitenphänomens und statistische Größe, als auch normativ im Sinne einer politischen Zielperspektive bzw. als Zweck von Bildung verwendet werden. Wo er vorkommt, wird mit dem Begriff das Pathologische, also das zu verhindernde abweichende Verhalten mit dem häufig als kontrastierenden Vergleich oder Zielperspektive formulierten Normalen verbunden. Resilienz kann dabei als Fähigkeit und Zweck sowohl auf der Ebene des Individuums als auch auf Ebene des Systems formuliert werden. Sie lässt sich sowohl als Erhalt als auch Erneuerung von Strukturen einsetzen. Diesbezüglich wird Resilienz häufig als ressourcenorientiertes, positiv konnotiertes Konzept charakterisiert, welches auf gegenläufige Angstgefühle in Form von Sorgen und Zukunftsängsten bezogen ist. Eine notwendige Bedingung der semantisch stets positiv aufgeladenen Resilienz sind also negative Erscheinungen, die je nach Kontext als »Problem«, »Risiko«, »Herausforderung« oder »Krise« formuliert werden. Diese werden als Ausnahmezustand oder dauerhafte Ausnahmesituation vorausgesetzt und gleichzeitig als ein zu bewältigendes Etwas positioniert, das aber als Ursache bzw. Voraussetzung der Resilienz bewahrt bleibt. In diesem Zusammenhang geht es sowohl um die Bewältigung gegenwärtiger und unmittelbarer Probleme bzw. Krisen sowie auch um die Prävention von (notwendig spekulativen) Risiken.

Im Folgenden wird zu zeigen sein, dass und inwiefern solche begrifflichen Eigenschaften an der Herausbildung und Verschiebung von Macht- und Wissensordnungen beteiligt sind, insbesondere solchen, die sich der Regierung des Lebens widmen.

2 Macht

Michel Foucault spürt in seinen Werken verborgenen Verstrickungen von Wissen, Macht und Selbst nach. Dabei rekonstruiert er in seinen historischen Untersuchungen zumeist unbewusste Logiken, die auf unterschiedlichen Ebenen (Institutionen, Individuen, Bevölkerung) der Konstruktion von Wahrheit und Wirklichkeit zugrunde liegen. Seine Analysen kreisen dabei im Wesentlichen um die Begriffe *Macht* (auch *Macht-Wissen*[1]) und *Regierung*. In diesem Zusammenhang ist von Bedeutung, dass Foucault versucht, Macht von ihrer Beschränkung auf die Kategorie der Herrschaft und diesbezüglichen Konnotationen (v. a. politisch, zentralisiert, repressiv) zu befreien. Vor diesem Hintergrund rekonstruiert er sie als einen produktiven, dezentralen, d.h. in der Peripherie des Politischen angesiedelten Ort vielfältiger Kräfteverhältnisse, zu dem es kein Außen gibt (vgl. Foucault 2014a, S. 93 ff.). Später geht Foucault – seiner mikroskopischen Perspektive weiter folgend – dann dazu über, sich verstärkt mit spezifischen *Regierungstechniken* zu befassen und differenziert die Begriffe Macht und Regierung wie folgt: Während mit ersterem diffuse, dezentralisierte Kräfteverhältnisse bezeichnet werden, verweist der Begriff Regierung auf jene Mechanismen und Prozeduren, »die dazu bestimmt sind, Menschen zu führen, das Verhalten der Menschen zu lenken, das Verhalten

---

1 Mit dem Begriff des Macht-Wissens ist in diesem Zusammenhang eine Realitätsebene gemeint, auf der Wissen und Macht sich gegenseitig verstärken.

der Menschen zu steuern« (Foucault 2014b, S. 29 f.). Foucault greift damit auf die ursprüngliche Bedeutung von »Regierung« zurück, die über die heutige formal-politische Verwendung des Begriffs hinausgeht. Vor diesem Hintergrund rekonstruiert er zwei trotz konzeptioneller Unterschiede eng zusammenhängende Theoreme: *Biopolitik* und *Gouvernementalität*.

Die Biopolitik wird von Foucault dabei zur Kennzeichnung eines historischen Machtparadigmas eingesetzt, das zu Beginn des 19. Jahrhunderts auftauchte und sich in spezifischer Art und Weise, nämlich hervorbringend (vs. unterdrückend), auf das Leben bezieht. Die Biopolitik umfasst in diesem Sinne die Regierung des Menschen zugleich als Körper und Bevölkerung. Beide Größen sind keine entgegengesetzten oder unverbundenen, sondern als zwei Seiten einer biopolitischen Rationalität zu verstehen, die sowohl die Kontrolle des Lebens des Einzelnen als auch die des Lebens der Bevölkerung – hier durch disziplinierende Reglementierung, dort durch bevölkerungspolitische Regulierung – organisiert. Der Aspekt der Regierung wird in diesem Zusammenhang als technisch machbare Veränderbarkeit bzw. Gestaltbarkeit des menschlichen Lebens aufgenommen. Der diesbezüglich von Foucault geprägte Begriff *Gouvernementalität* verweist auf spezifische Techniken der Selbst- und Fremdregierung vor dem Hintergrund ökonomischer (Neo-/Liberalismus) und pastoraler (Beichte/Geständnis) Konzepte.

Während ein enges Begriffsverständnis der Biopolitik den Bezug der Macht auf das Leben als Subjekt-Objekt-Beziehung fasst, also die Biopolitik einzig dahingehend interpretiert, *dass* sie sich als Machtform auf das Leben bezieht, fassen erweiterte Perspektiven das Leben in diesem Zusammenhang zugleich auch als *Funktionsweise* dieses Machtparadigmas auf (vgl. Muhle 2013, Kirschner 2020). Damit ist gemeint, dass sich die (Bio-)Macht die Eigenschaft der Lebendigkeit des Lebens zunutze macht, insofern diese von sozialen Techniken besetzt wird, die dafür sorgen, dass das (Über-)Leben des Individuums und der Bevölkerung mithilfe der Verwaltung zufällig auftretender, negativer Phänomene (z. B. Risiken, Krisen) erhalten und verbessert wird.

Dieser Auffassung folgend impliziert Foucaults Lebensbegriff, dass das Leben mit einer inneren Bewegungskraft identifiziert wird, insofern das Lebendige mit Selbstbewegung begabt ist. Biopolitisch motivierte Machtmechanismen ahmen diese Eigenschaft nach, indem sie jene angenommene Fähigkeit des Lebens, sich in Auseinandersetzung mit negativen Werten selbst zu erhalten und zu verbessern, durch soziale Techniken aufnehmen und transformieren. So funktioniere beispielsweise die Impfung auf Grundlage der Eigenschaft des Lebens, *von sich aus* Krankheitserreger zu überwinden. Dabei ist die Impfung keine »Naturtatsache«, sondern eine von außen (d. h. soziale) auf das Leben bezogene Technik, welche die Fähigkeit des Lebens, in Auseinandersetzung mit Krankheitserregern *aus eigener Kraft* gesund zu werden, nachahmt. In diesem Zusammenhang ist die Annahme ausschlaggebend, dass sich entsprechende (Lebens-)Kräfte in Auseinandersetzung mit negativen Werten erhalten und verbessern, sodass das Risiko zu einem produktiven Faktor der Regierung des Lebens wird.

Zusammenfassend lässt sich also sagen, dass die Biopolitik nicht nur allgemein als ein Machtzugriff auf das Leben zu verstehen ist, sondern sich durch die spezifische Art und Weise charakterisiert, wie sie diesen Bezug herstellt. Genau dies meint Foucault, wenn er sagt, das Macht-Wissen würde zum »Transformationsagenten« des menschlichen Lebens (vgl. Foucault 2014a, S. 138). Mit diesem Ausdruck ist jene Form der *Nachahmung (mímēsis)* des Vitalen durch das Soziale verbunden, die mit dem Beispiel der Impfung veranschaulicht wurde.

Dabei kommt der Statistik eine besondere Bedeutung als »Sicherheitstechnik« zu, insofern sie auf Ebene der Bevölkerung das Unvorhersehbare (Geburt, Krankheit, Tod) verwaltet. Als »Sicherheitstechniken« beschreibt Foucault sozialtechnologische Instrumente, die statistische Erkenntnisse auf die Bevölkerung anwenden, d. h. sie wirken insbesondere unter Berücksichtigung biologischer Eigenschaften (Gesundheit, Hygiene, Geburtenziffer, Lebensdauer, usw.) und primär durch steuernde Maßnahmen (vgl. Ruoff 2007, S. 193). Das so gewonnene Wissen fließt dann wiederum in regulierende Interventionen ein. Auf diese Weise würde das Leben mit dem Auftreten der Biomacht nicht länger ausschließlich auf Ebene des individuellen Körpers diszipliniert, sondern zugleich als berechenbares Risiko in einer globalen Bevölkerungsstatistik aufgelöst und so einer Macht zugänglich, die eben keinen exakten, auf das Individuum bezogenen, sondern nur einen wahrscheinlichen, ungefähren Zugriff auf das Leben hat (vgl. Muhle 2013, S. 241).

Die entsprechende Frage nach der Rolle der Macht im Rahmen wissenschaftlicher Paradigmen samt der damit einsetzenden kritischen Analyse historischer Möglichkeitsbedingungen von Macht- und Wissenssystemen durchzieht Foucaults gesamtes Werk. Entstehung, Verschiebung und Auflösung von Wissens- und Machtstrukturen vollziehen sich, so Foucault, in einer eigenwilligen und instabilen Dynamik. Sie sind nicht auf ein Subjekt zurückzuführen, lassen sich aber als diskursive Formationen und Praktiken beobachten und rekonstruieren. Vor dem Hintergrund dieser Bestimmung des Diskurses als Gesamtheit von Praktiken, die vermittels des Sprechens über die »Dinge« diese zuallererst bilden, können Diskurse als *Ordnung*, d.h. als empirisch isolierbare und typisierbare Zeichenobjekte, aber auch als *Praxis*, d.h. als Art und Weise, wie das Symbolische gebraucht bzw. wie die symbolische Ordnung konstruiert wird, beschrieben werden (vgl. Fegter u.a. 2015, S. 13 f.). Dementsprechend geht es im Rahmen von Diskursanalysen sowohl um die Rekonstruktion regelhaft auftretender Sprachstrukturen als auch um die Beschreibung des situativen Gebrauchs dieser Strukturen. Auf diese Weise ist es möglich, die sich formierenden Wissenssysteme zu beschreiben. Foucault interessiert sich dabei v. a. für die Übergänge der verschiedenen Wissensformationen, die er als Brüche beschreibt. Kuhn (1976) prägte hierfür den mittlerweile eingängigeren Begriff »Paradigmenwechsel«, während Fleck (1980) von »Denkstilen« spricht. Hier wie dort geht es jedoch nicht darum, eine substanzielle Beschreibung der Wirklichkeit in den Vordergrund des Erkenntnisinteresses zu stellen, sondern ihre praktische, d.h. soziale Genese und ihre Funktion.

3 Bildung

Aus der Vielzahl möglicher Dokumente, die das Verhältnis von Resilienz und Bildung analysieren, kritisieren, praktisch konzeptionalisieren oder schlicht voraussetzen, werden im Folgenden Auszüge des im April 2022 vom Aktionsrat Bildung herausgegebenen Gutachtens »Bildung und Resilienz« ausgeleuchtet. Die Textauswahl erfolgt nicht nur angesichts der unmittelbaren Aktualität des Gutachtens, sondern auch, weil das Autorenkollektiv die Notwendigkeit aktueller Bildungsreformen mit Analysen und Empfehlungen zum Verhältnis von Bildung und Resilienz begründet, die darauf zielen, das Bildungs*system* in der Krise erhalten und verbessern zu können (vgl. vbw 2022, S. 9). Für diesen Zweck verstehen die Verfasserinnen und Verfasser, die vorwiegend aus den disziplinären Zusammenhängen der (pädagogischen) Psychologie, empirischen Bildungs- und Sozialforschung sowie Ökonomie kommen, den Resilienzbegriff wie folgt:

> »Resilienz wird *in diesem Gutachten* als die Fähigkeit eines Individuums, einer Gruppe, Organisation oder Gesellschaft verstanden, sich angesichts disruptiver wie auch kontinuierlicher Stressoren nicht nur zu erholen und in den ursprünglichen Zustand zurückzukehren, sondern in der Folge zu wachsen oder sich weiterzuentwickeln« (ebd., S.15, Hervorh. d. Verf., AK).

Resilienz wird gemäß dieser Verortung also zuerst als eine dem Individuum zugeordnete Fähigkeit verstanden, mit Stressoren produktiv umzugehen. Der Aufzählung weiter folgend wird der Begriff dann auch in einem systemischen Sinn, und zwar als Fähigkeit von Gruppen, Organisationen und der Gesellschaft perspektiviert. Die im Nebensatz zugeordneten modalen Infinitive mit »zu« realisieren diesbezüglich einen Aufforderungscharakter, der beide Ebenen, das Individuum und das System, auf ein identisches Ziel hin, nämlich in einem produktiven Sinn auf Erholung, Wachstum und Weiterentwicklung ausrichtet.

Dabei wird Resilienz als sozialverträgliche Anpassung an bestehende, widrige Verhältnisse verstanden, insofern Erholung, Wachstum und Weiterentwicklung als überindividuell wünschenswerte Ziele erscheinen. Die Möglichkeit, dass sich Resilienz hingegen auch in abweichenden Handlungsmustern als Verweigerungs- oder Konfliktstrategie, z. B. in Form von Schulabstinenz oder Kündigung zeigen kann, wird (auch im Verlauf) nicht thematisiert. Darüber hinaus wird der Fokus auf die mit einer Selbstveränderung einhergehenden Bewältigung entsprechender Stressoren (oder die Erholung davon), nicht aber auf die Beseitigung derselben gerichtet. Dies wird systemtheoretisch begründet, insofern äußere (»exogene«) Einflussfaktoren im Unterschied zu inneren (»endogene«) Faktoren nicht steuerbar seien, was mit der Annahme verbunden wird, dass man sowohl individuell als auch gesellschaftlich auf »Existenzbedrohungen« so reagieren könne, »[...] dass Stabilität, wenngleich auch oft verbunden mit massiven Veränderungen der Systeme, erhalten bleibt« (ebd., S. 22).

Vor dem Hintergrund dieser Ausführungen »staunen« die Autorinnen und Autoren im weiteren Verlauf darüber, dass die Erziehungs- bzw. Bildungswissenschaft (im Singular!) im Vergleich zu bspw. Wirtschafts-, Geo- und Sozialwissenschaften (im Plural!) sowie der Medizin und Psychologie, bislang »zu den weniger [Resilienz] rezipierenden« Disziplinen gehöre (ebd., S. 23, Änd. d. Verf., AK), insofern

> »[...] es doch eine Aufgabe von Erziehung und Bildung sein könnte, bei den Mitgliedern der nachwachsenden Generation, aber auch der erwachsenen Generation und ihren Individuen hinreichende Resilienz gegenüber Herausforderungen in Krisenlagen auszubilden und das Bildungs- und Erziehungssystem als gesellschaftliches Teilsystem darin zu stärken, in krisenhaften Zuspitzungen nicht selbst zu kollabieren« (ebd.).

Diese Aussage enthält gleich mehrere bemerkenswerte Teilaussagen, die »wahr« sein müssen, damit die Gesamtaussage funktioniert: Zum einen wird mit den oben markierten Singular- und Pluralformen unterstellt, dass die »Erziehungs- bzw. Bildungswissenschaft« eine einheitliche Disziplin darstelle. Vor dem Hintergrund der Tatsache, dass sich die Erziehungswissenschaft im deutschsprachigen

Raum, anders als im angelsächsischen Wissenschaftsdiskurs, als *intra*disziplinär organisierte Disziplin entwickelt, macht diese Aussage auch unmittelbar Sinn (vgl. Ricken 2022, S. 162). Doch ihre äußerst ambivalente Komplexität führt zu zunehmend getrennten Diskursen. In der Folge gibt es innerhalb der Erziehungswissenschaft ganz verschiedene Theoriefamilien, Paradigmen, Fragestellungen und Untersuchungsmethoden. Die Erziehungswissenschaft ist also keineswegs ein einheitliches Gebilde, sondern besteht aus vielen Subdisziplinen (vgl. Terhart 1999, S. 156; König 1999, S. 31). Gleiches gilt für die Bildungswissenschaft(en), die vor diesem Hintergrund i. d. R. auch überall im Plural formuliert werden. So bleibt an dieser Stelle unklar, welcher Teilbereich der Erziehungswissenschaft sich bislang (zu) wenig mit dem Resilienzbegriff beschäftigt habe bzw. mit welcher Subdisziplin die Erziehungs- und Bildungswissenschaft hier im engeren Sinne identifiziert wird.

Weiterhin wird ausgesagt, dass nicht nur Kinder und Jugendliche (»nachwachsende Generation«), sondern auch Erwachsene (»erwachsene Generation«) Resilienz ausbilden können (und sollen); darüber hinaus, dass Krisenlagen Herausforderungen für Individuen beinhalten sowie das Bildungs- und Erziehungssystem kollabieren und durch Bildung und Erziehung gestärkt werden könne.

Die erste Teilaussage ist dabei insofern bemerkenswert, als Resilienz hier *normativ*, und zwar als Ziel von Bildung und Erziehung, nicht aber deskriptiv, z. B. als beobachtbares Minderheitenphänomen, verstanden wird. Damit zusammenhängend sei die Aufgabe der Erziehungswissenschaft, dafür Sorge zu tragen, dass Resilienz generationenübergreifend ausgebildet werden könne, was eine interessengebundene Form der Adressierung der Erziehungswissenschaft als Anwendungswissenschaft darstellt. Hinzu kommt, dass Resilienz für diesen Zweck nicht, wie noch im Titel des Gutachtens, ausschließlich an Bildung, sondern auch an Erziehung begrifflich angeschlossen wird. Im Vergleich zum Bildungsbegriff spielt Erziehung im Gesamtverlauf des Gutachtens zwar eine eher untergeordnete Rolle, was sich u. a. auch quantitativ mit Blick auf die Worthäufigkeit[2] zeigt, aber die im Konjunktiv realisierte Möglichkeitsbehauptung (Die Ausbildung von Resilienz könnte auch eine Erziehungsaufgabe sein) unterstreicht den zuvor herausgestellten Verfügbarkeitsanspruch, der an den Resilienzbegriff gekoppelt ist.

Die zweite Teilaussage, dass auch Erwachsene zu den Adressaten von Bildung und Erziehung gehören, ist sodann auch nur mit Bezug auf Bildung verständlich (insofern z. B. der Begriff Seniorinnen- und Seniorenerziehung im Gegensatz zu -bildung kaum Sinn macht) und entgrenzt den an Resilienz geknüpften Wirkungsbereich weit über Kinder und Jugendliche als Kernadressaten von Erziehung und Bildung hinaus. Das Gutachten ist von seiner Konzeption her entsprechend gegliedert: Nach einer umfänglichen Darstellung der Grundlagen folgen Kapitel zur frühen Bildung, Primarstufe, Sekundarstufe, beruflichen Bildung, Hochschule und Weiterbildung. Bereits den entsprechenden Überschriften lässt sich entnehmen, dass Resilienz vorwiegend an Bildung und ein damit verbundenes Verständnis von lebenslangem Lernen geknüpft wird[3]. Vor dem Hintergrund dieser Ausführungen wird erkennbar, dass der Ausdruck »Erziehung« im o. g. Zitat nur in grammatischer Hinsicht ein gleichrangiges (»und«) Satzteil ist. Auf der Inhaltsebene stellt der Begriff eher eine Ergänzung dar, mit welcher Anspruch auf Vollständigkeit erhoben wird, insofern im Verlauf und wohl auch mit Blick auf die unterschiedlichen Altersgruppen im

---

2 So findet das Wort Erziehung (samt aller Derivate und Komposita) auf 38 Seiten im Gutachten Verwendung, was im Vergleich zur Häufigkeit des Ausdrucks Bildung, der mit allen Derivaten und Komposita auf 230 (von 304) Seiten realisiert wird, als relativ gering bezeichnet werden kann.

3 An dieser Stelle ließe sich fragen, ob mit der Anmutung lebenslangen Lernens (in einem fremdbestimmten Sinne als Anpassung an jeweils neue äußere Anforderungen) nicht implizit der Anspruch auf Erziehung auch von Erwachsenen erhoben wird. Diese Frage kann sodann nur diskursiv, nicht aber auf Grundlage der hier untersuchten Textbasis beantwortet werden.

entgrenzten Adressatenkreis vom Bildungs- und Erziehungssystem gesprochen wird.

Eine weitere zentrale Argumentationsfigur und zugleich Bedingung der Resilienz ist die »Krise«, die auf insgesamt 109 Seiten über 270 Mal in unterschiedlichen Wortvorkommen realisiert wird. Gemeinhin wird dieser Begriff, der seit seinem Aufkommen in vielen Bereichen Verwendung findet, mit Blick auf seine griechische Herkunft als, »Scheidung«, »Streit« oder auch »Entscheidung« gefasst (Koselleck 2019, Sp. 1235). Dabei geht es stets um eine kritische Phase oder einen Wendepunkt, an welchem ein Zwang zur Veränderung auftritt, der zwischen Leben und Tod bzw. Sieg oder Niederlage entscheidet (vgl. ebd., Sp. 1236f.). Dabei leistet der Begriff eine Vermittlung von länger- und kurzfristigen Wandlungen und kann auch auf Erfahrungen aller Lebensbereiche (v. a. Politik, Medizin, Ökonomie) ausgedehnt werden. Augenfällig ist, dass die Karriere des Begriffs zum »Schlagwort« v. a. mit seiner ökonomischen Bedeutung in einen Zusammenhang gebracht wird, insofern dem wirtschaftlichen System immanente wiederkehrende Stockungen, Rezessionen und Zusammenbrüche (Stichwort: Konjunkturzyklen) unter dem Ausdruck »Krise« zusammengefasst werden (vgl. ebd., Sp. 1239).

Korrespondierend zu dieser Verortung wird im vbw-Gutachten zu Beginn des Kapitels »Grundlagen« (und noch vor einer ersten begrifflichen Klärung von Resilienz) der Zusammenhang von Bildung und Resilienz in ein wirtschaftlich, politisch und medizinisch bedeutsames Krisen-Kontinuum gestellt. Durch diese Vermengung von Politik, Wirtschaft und Medizin, die in Szenarien vom Wiederaufbau Deutschlands (»Hunger und Kälte«) über Kriegsdrohungen im Kalten Krieg (»Kuba-Krise«), den »Folgen der sogenannten Studentenrevolte« bzw. »Linksterrorismus weltweit« bis in zeitgenössische Krisen (»Finanzkrise«, »Migrationskrise«) und zuletzt die »Corona-Krise« hineinreicht (ebd., S. 21), wird die Notwendigkeit der Krise für systembasierte Entwicklungen formuliert. Im Verlauf wird dann insbesondere die aktuell(st)e Corona-Krise für die Argumentation des Gutachtens fruchtbar gemacht, insofern sich aller zuvor genannter Krisen zum Trotz niemand habe vorstellen können, dass und unter welchen Bedingungen Bildung und Erziehung grundlegend in Frage gestellt werden können (vgl. ebd., S. 24 f.). Die Autorinnnen und Autoren konstatieren an dieser Stelle Staatsversagen, denn:

> »Die naive Annahme, dass das Bildungs- und Erziehungssystem von keiner Krise getroffen werden könnte, ist allenfalls dadurch erklärbar, dass die Bundesrepublik Deutschland spätestens nach dem Mauerfall der fast schon rührenden Auffassung anheimgefallen ist, ab dort werde nur noch Friede, Freude und Glück herrschen« (ebd., S. 25)

Das Interessante an dieser Aussage für den Zusammenhang von Bildung und Resilienz ist weniger die Polemik (»Friede, Freude und Glück«) oder Infantilisierung der Bundesrepublik (»naiv«, »rührend«), sondern der erste eingeschobene Nebensatz: »[...], dass das Bildungs- und Erziehungssystem von keiner Krise *getroffen werden* könnte, [...]«. Denn auf diese Weise wird das Bildungssystem nicht nur syntaktisch zum Patiens, sondern auch metaphorisch zum Erleidenden, die Krise hingegen zum Agens erklärt. Die Form der Einwirkung (»getroffen werden«) wird mit einer militärischen Metapher veranschaulicht, insofern das Bildungssystem ja nicht wörtlich (z. B. von einem »Geschoss«) getroffen werden kann, sondern die Bedeutung aus militärischen in pädagogische Zusammenhänge übertragen wird. Diese Metaphorik entfaltet in der unmittelbar anschließenden und sich steigernden Reihung weiterer Beispiele misslungener Krisenprävention ab 1989 ihre Wirkung. Denn nach Ansicht des Gutachtens unterließen es auch andere Teilsysteme, für die »Ernährungssicherung der Bevölkerung«, entsprechende »Warnsysteme«, »aktive militärische Gefahrenabwehr« oder final gegen »Terroranschläge« vorzusorgen (ebd.). Zwar beschränken sich die Ausführungen nach diesem kleinen Exkurs wieder »auf das Thema der *Ertüchtigung* des Bildungs- und Erziehungssystems« (ebd., Hervorh. d. Verf., AK), aber die angeführte Reihung militärischer Handlungsfelder samt der diesbezüglichen Rhetorik (militärische Metapher, Klimax) perspektiviert den Zusammenhang von Bildung und Resilienz als unumgängliche Katastrophenschutzmaßnahme zum Erhalt des (Über-)Lebens der Bevölkerung auf individueller und systemischer Ebene. Denn unabhängig davon, ob die Krisen »schleichend« (Klimawandel) oder »disruptiv« (Corona-Krise) sind, »[...] schützt [sich] ein resilientes System vor Schädigungen, Gefährdungen, Bedrohungen, Risiken, Traumata, Aversion, toxischen oder pathogenen Lebensumständen [...].« (ebd.).

Vor diesem Hintergrund wird die Krise auch auf individueller Ebene zur konstitutiven Bedingung von Resilienz erklärt, dort aber als »Herausforderung« verstanden. Auf diese reagieren resiliente Individuen mithilfe von persönlichen Ressourcen (Motivation, Selbstwirksamkeit, soziale Kompetenzen, Streben nach Sinnhaftigkeit) und Strategien in den Bereichen Selbstsorge, Bewältigung und Kompetenzentwicklung. Für den Ausdruck »Herausforderung« ergibt sich aus diesem Zusammenhang, dass das Ich auf entsprechende Anforderungen reagiert (bzw. reagieren soll), indem es dazu motiviert wird (bzw. sich selbst motiviert), aus sich *herauszugehen* bzw. sich zu überschreiten.

Die genannten Ressourcen und Strategien, die helfen (sollen), auf entsprechende Herausforderungen reagieren zu können, stimmen dabei im Wesentlichen mit denen des pädagogischen Gesundheitsdiskurses überein (vgl. Kirschner 2020), in dem ein Zusammenhang von Bildung und Gesundheit postuliert wird, der Bildung als individuelle Fähigkeit zur Bewältigung von Lebensrisiken ausweist. Hier wie dort sollen insbesondere nicht-kognitive Fähigkeiten zur Überwindung von (je nach Kontext) Problemen oder Krisen als individuelle Herausforderungen gefördert werden. Der Bildungsbegriff eignet sich hierfür sprachstrategisch in besonderer Weise, insofern er nicht nur die individuelle (»Ich«) und systemische Ebene (»Welt«) vermittelt, sondern darüber hinaus eine sowohl reflexive (sich bilden) als auch transitive (etwas bilden) Dimension besitzt. Auf dieser Grundlage erscheint es möglich, Aspekte des transformativen Potenzials (Wachstum, Verbesserung) von Resilienz im Namen der Bildung mit einem Steuerungsanspruch (auf individueller und systemischer Ebene) zu verbinden, was im formulierten Ziel des Gutachtens auch unmittelbar zum Ausdruck kommt:

> »Im Rahmen des vorliegenden Gutachtens kommt es also darauf an, potentielle Stressoren für das Individuum wie für das Bildungssystem zu identifizieren, ihre Vulnerabilität zu bestimmen, protektive Faktoren zu identifizieren beziehungsweise entwickeln zu helfen, Wege zur Ausschaltung von Risikofaktoren zu finden, also die Resilienz zu steigern, Coping-Schritte zu beschreiben und einzuüben sowie Offenheit für allostatische, also veränderte Stabilitätszustände zu erzeugen« (ebd., S. 35),

Dass entsprechende Coping- also Bewältigungsstrategien auch auf das Bildungssystem übertragbar sind, stellt das Gutachten anschließend mit sechs Beispielen »zur Sicherung von Resilienz« heraus, die angesichts von Infektionsrisiken zusammengefasst auf die Abschaffung räumlicher und sozialer Strukturen (Schul- und Hochschulgebäude, Präsenzunterricht), den Ausbau »digitalen Lernens« und die Neugestaltung der Rolle von Lehrerinnen und Lehrern (als »ambulante Lehrer«) im Rahmen einer kontinuierlichen Evaluation zielen (vgl. ebd., S. 35 f.).

Auch auf individueller Ebene übernimmt der Ausdruck »Bewältigung« von (Lebens-)Risiken dabei eine strategische Funktion. So endet der allgemeine Teil des Gutachtens mit einem Abschnitt zum Thema »Bildung, Resilienz und Lebensbewältigung« (ebd., S. 75), der mithilfe von knappen Beispielen zu Interventionsstudien in den Bereichen frühkindliche Bildung und Jugend zu dem Schluss kommt, dass Resilienz hilft, individuelle Lebenskrisen zu bewältigen, wobei »Bildung« (in Bezug auf Interventionsstudien) eine große Bedeutung zukomme (vgl. ebd.). Mit Blick auf die dem Bewältigungsbegriff zugeordneten systemischen und individuellen Aspekte lässt sich abschließend zusammenfassen, dass der an Resilienz angeschlossene Bildungsbegriff in seinen Verwendungsweisen einer Logik folgt, die von einer wissenschaftlich beobachtbaren und angeleiteten Fähigkeit zur selbstregulativen Überwindung von Risiken (bzw. Krisen) mit dem Ziel des Erhalts und der Verbesserung nicht nur des menschlichen Organismus, sondern auch der Gesellschaft und Bevölkerung[4] ausgeht.

4 Macht Resilienz Bildung?

Aus den drei bislang verhandelten Themen- bzw. Begriffskomplexen lassen sich zwei zusammenhängende Fragestellungen ableiten: (1) Folgt der im vbw-Gutachten begründete Zusammenhang von Bildung und Resilienz einer biopolitischen Logik und (2) welche Konsequenzen hat die hier vorgenommene Diskursivierung der Resilienz für die Erziehungswissenschaft im Allgemeinen und den Bildungsbegriff im Besonderen?

Insofern die Biopolitik von Foucault als historische Zäsur rekonstruiert wird, verbietet sich zunächst streng genommen eine Übertragung auf aktuelle gesellschaftspolitische Prozesse. Deshalb wurde diese zunächst historische Konzeption im Abschnitt »Macht« als eine analytische Perspektive auf das Verhältnis von Leben und Macht knapp skizziert[5]. In dieser Hinsicht wäre jedoch eine Verkürzung der Biopolitik auf ein eng gefasstes Politikverständnis verfehlt. Vielmehr kann eine verobjektivierende Bestimmung von Biopolitik als deterministische Verbindung von Politik und Leben gar missverständlich sein, insbesondere dann, wenn man Foucaults Begrifflichkeiten normativ statt analytisch liest (vgl. Muhle 2013, S. 251 ff.). Von diesem Standpunkt aus wird die Biopolitik an dieser

---

4 Mit dem Ausdruck »Bevölkerung« ist hier ein demografischer Zusammenhang bezeichnet, der die Menschen auf Grundlage nicht nur räumlicher Grenzen zusammenfasst, sondern v. a. hinsichtlich spezifischer Kennzahlen zu Alter, Geschlecht, Geburt und Tod. »Gesellschaft« bezeichnet hingegen eine nach bestimmten sozial-/politischen und kulturellen Merkmalen vorgenommene Zusammenfassung von Personen.
5 Für eine ausführliche Darstellung der Biopolitik (als Analysebegriff bzw. theoretische Heuristik) vgl. Kirschner 2020

Stelle nicht als positiv oder negativ zu wertende Politikform, sondern als Analyseperspektive auf Machtverhältnisse, hier: auf die im vbw-Gutachten vorgenommene Verschränkung von Bildung und Resilienz, gerichtet.

Nur auf dieser Grundlage ist Graefes (2021) soziologisch motivierte These, dass Resilienz die Form ist, die Biopolitik in Zeiten der ›Vielfachkrise‹ annimmt (vgl. ebd., S. 113), verständlich. Die Sozialwissenschaftlerin stellt in Bezug auf die Corona-Krise fest, dass es sich dabei nicht um einen biopolitischen Ausnahmezustand handelt, der Freiheit per se in totalitären Strukturen auflöst. Vielmehr werde die Krise zum Anlass der Erklärung einer »fortschrittlichen Transformationsperspektive« unter der Überschrift »Resilienz« genommen (ebd., S. 131). Dabei komme der Produktivmachung der Resilienz auf individueller und systemischer Ebene eine besondere Bedeutung zu, insofern mit ihr strategisch auf die Normalisierung von Krisenerfahrungen gezielt würde (vgl. ebd., S. 119).

Betrachtet man von diesem Standpunkt aus die pädagogische Produktivmachung der Resilienz im vbw-Gutachten aus einer bildungstheoretischen Perspektive, scheint dabei zunächst die klassische Idee von Bildung als wechselseitiges und freies Ich-Welt-Verhältnis (vgl. Humboldt 1984, S. 28) einem Bildungsverständnis gegenüberzustehen, innerhalb dessen jene Welt auf ein zu überwindendes und damit frag- und kritiklos anzunehmendes Problem (bzw. Herausforderung) verkürzt wird. Bildung wird in diesem Sinne als (Aus-)Bildung von Resilienz und (Grund-)Fähigkeit zur Lösung vorgegebener Probleme verstanden, nicht aber als offener, reflexiver Prozess, innerhalb dessen sich Kinder und Jugendliche die Welt überhaupt erst zu einem Problem machen oder angesichts dessen sie sich selbst zum Problem werden können.

Nun ist längst geteiltes Wissen, dass der klassische Bildungsbegriff, zumal in seiner von Humboldt geprägten folgenreichen Fassung, gesellschaftliche Rahmenbedingungen und ökonomische Voraussetzungen im Prozess der Transformation und Konstitution von Subjekten ausblendet (vgl. Koller 2022, S. 58 f.) sowie in methodologischer Hinsicht ungeeignet ist, eine belastbare Grundlage für empirische Forschung bereitzustellen. Vor diesem Hintergrund konturieren neuere bildungstheoretische Ansätze den Begriff auch eher als grundlegendes Selbst- und Weltverhältnisses in Auseinandersetzung mit gesellschaftlichen Krisenerfahrungen (vgl. Koller 2018) oder Schlüsselproblemen (vgl. Klafki 2007). Aus dieser Perspektive ließe sich die in der Koordination von Bildung und Resilienz produktiv gemachte Fähigkeit, Krisen zu bewältigen, als ein zeitgemäßer Anschluss an aktuelle bildungstheoretische Reflexionen lesen. In kritischer Absicht wäre dabei jedoch zu fragen, ob diese Form der pädagogischen Ausgestaltung bevölkerungspolitischer Ziele nicht einen Machtanspruch im foucaultschen Sinne mitführt, insofern auf diese Weise handlungs- bzw. anpassungsfähige Individuen und Systeme qua Resilienz hervorgebracht werden sollen. In dieser Hinsicht wäre Bildung kein reflexiver Ort, von dem aus diese Frage erst zu erörtern ist, sondern ein konkreter Modus zur Steuerung der gesellschaftlichen Realität. Im vbw-Gutachten spielt dabei, wie ich zu zeigen versuchte, die Herstellung der Akzeptanz des Unvermeidlichen eine tragende Rolle, insofern es bei der geforderten Aus-Bildung von Resilienz um eine Anpassung mit (idealerweise) positiven Wachstums- und Entwicklungsperspektiven, nicht aber um die Kritik oder Umgestaltung von (äußeren) Verhältnissen geht.

Das von Graefe konturierte eigentümliche Paradox der Resilienz greift auch hier: Der Begriff stellt (in Verbindung mit Bildung) die erfolgreiche Bewältigung von Krisen in Aussicht, bleibt aber konzeptionell auf selbe angewiesen. Die daraus resultierende und auch im vbw-Gutachten durch entsprechende Reihungen vorgenommene »Ontologisierung von Unsicherheit« aktualisiert die biopolitische Frage nach dem Verhältnis von Leben und Überleben (Graefe 2021, S. 121), während mit dem Resilienzbegriff ein Instrumentarium bereitgestellt wird, beides zu sichern. Dass es hierzu des Terminus »Bildung« samt seiner Anbindung an die Pädagogik als Wissenschaft und Praxis bedarf, ergibt sich aus dem damit vermittelten Anspruch auf ein steuerbares Teilsystem (von Gesellschaft und Bevölkerung), insofern die im Bildungsbegriff mitgeführte strukturelle Verbindung von Theorie und Praxis im vbw-Gutachten eine besondere Auslegung erfährt.

Fragt man nach dem Status der hier als zuständig adressierten Erziehungswissenschaft, ist zunächst zu berücksichtigen, dass es sich dabei um eine praktische Wissenschaft handelt, die keine angewandte Wissenschaft ist bzw. sein kann (vgl. Ricken 2022, S. 160 f.). Es ist hinreichend bekannt, dass die unstrittig vorhandene, strukturelle Verbindung von Theorie und Praxis weder in einer lückenlosen wissenschaftlichen Erforschung (und Verbesserung) der pädagogischen Praktiken (»Wissen, was wirkt«) aufgeht, noch von einem erkenntnispolitisch neutralen Ort (Wissenschaft) vorgenommen werden kann (vgl. ebd.). Die, laut Gutachten, insbesondere im Rahmen von Bildung zu leistende Evaluation und Intervention von Maßnahmen zur Ausbildung der Resilienz stellt meines Erachtens einen Kurzschluss von praktischen Erfordernissen mit wissenschaftlicher Forschung dar, im Zuge dessen das reflexive Potenzial der Erziehungswissenschaft nicht aufgerufen wird. In diesem Zusammenhang erweist sich die wissenschaftliche Intervention und Evaluation, also jenes Steuerungsprinzip, das die im Gutachten vorgeschlagenen Maßnahmen (Abschaffung von Schulgebäuden und Präsenzunterricht, Reformulierung der Rolle von Lehrerinnen und Lehrern, Entgrenzung des »digitalen Lernens«) rahmt, bei genauerer Betrachtung als eine »Sicherheitstechnik« im foucaultschen Sinn. Denn auch hier soll das Unvorhersehbare, m. a. W. das Risiko mittels messbarer Größen (Statistik) lückenlos erforscht und verwaltet werden, sodass auf diese Weise ein (wenn auch nur wahrscheinlicher und ungefährer) Zugriff auf das Leben möglich wird.

Welche auf die (Erziehungs-)Wissenschaft bezogene, selbstzerstörerische Wirkung die damit einhergehende Überführung von Qualität in Quantität hat, kann bei Dammer (2015) nachgelesen werden. Dass mit diesem Herrschaftsanspruch aber nicht nur eine Auflösung des strukturellen Zusammenhangs von pädagogischer Praxis und Theorie verbunden ist (vgl. Bernhard 2015, Bernhard & Rühle 2018), sondern auch eine umfassende Transformation materialer Kulturbestände (Schulgebäude, Präsenzunterricht, Lehrerinnen und Lehrer) im Namen des Bevölkerungsschutzes angestrebt wird, gerät erst aus einer biopolitischen Perspektive in den Blick. Die Krise wird zur Grundtatsache, Resilienz zur Norm und Bildung zu einem Mittel, diese durchzusetzen.

Die aus der bloßen Akzeptanz des scheinbar Unvermeidlichen (Krise) abgeleiteten bzw. vorgeschlagenen Maßnahmen, um die Resilienz des Individuums sowie des Bildungs- und Erziehungssystems zu fördern, sind wie die diesbezüglich eingesetzten Techniken als antiaufklärerisch zurückzuweisen, insofern sie Freiheit, Gleichheit, Mündigkeit und Emanzipation als Bildungs- und Erziehungsnormen ausschließen. Vor dem Hintergrund des im vbw-Gutachten erkennbar gewordenen Willens zur Umstrukturierung des deutschen Bildungswesens auf Grundlage des sich gegenseitig zugleich aus- und einschließenden Begriffspaars Resilienz und Krise dürfen Positionen, die die Zweckbestimmung schulischer Bildung aus der Logik eines sich angesichts unabwendbar erklärter Katastrophen selbst erhaltenden und verbessernden Systems ableiten, nicht unreflektiert bleiben. Insofern versteht sich der vorliegende Text als eine notwendige Vergewisserung über die (per-)formative Kraft des erziehungswissenschaftlichen Instrumentariums.

Literatur

Bernhard, A. (2015): Wie man eine Wissenschaft ruinieren kann – Zur feindlichen Übernahme und Selbstenteignung der Erziehungswissenschaft. In: A. Bernhard u. a. (Hrsg.), Neutralisierung der Pädagogik (S.13–37). Baltmannsweiler: Schneider Hohengehren.

Bernhard, A., Rühle, M. (2018): Erosionstendenzen in der Erziehungswissenschaft. Ein kritischer Kommentar zur Lage und Entwicklung der Disziplin. Pädagogische Korrespondenz – Zeitschrift für kritische Zeitdiagnostik in Pädagogik und Gesellschaft (57), 17–32.

Burghardt, D. u. a. (2017): Vulnerabilität. Pädagogische Herausforderungen. Stuttgart: Kohlhammer.

Dammer, K.-H. (2015): Vermessene Bildungsforschung. Wissenschaftsgeschichtliche Hintergründe zu einem neoliberalen Herrschaftsinstrument. Baltmannsweiler: Schneider-Hohengehren.

DWDS-Wortverlaufskurve für »Resilienz«, erstellt durch das Digitale Wörterbuch der deutschen Sprache. Online verfügbar *unter:* https://www.dwds.de/r/plot/?view=1&corpus=public&norm=date%2Bclass&smooth=spline&genres=0&grand=1&slice=10&prune=0&window=3&wbase=0&logavg=0&logscale=0&xrange=1950%3A2018&q1=Resilienz, *Zugriff am 30.8.2022*

Fegter, S. u. a. (2015): Erziehungswissenschaftliche Diskursforschung. Theorien, Methodologien, Gegenstandskonstruktionen. In: S. Fegter u. a. (Hrsg.), Erziehungswissenschaftliche Diskursforschung. Empirische Analysen zu Bildungs- und Erziehungsverhältnissen (S. 9–55). Wiesbaden: Springer.

Fleck, L. (1980): Entstehung und Entwicklung einer wissenschaftlichen Tatsache. Frankfurt a. M.: Suhrkamp.

Foucault, M. (2014a): Der Wille zum Wissen. Frankfurt a. M.: Suhrkamp [ED 1976].

Foucault, M. (2014b): Die Regierung der Lebenden. Vorlesungen am College de France 1979–1980. In: F.v. Ewald, A. Fontana & M. Senellart (Hrsg.), Die Regierung der Lebenden. Vorlesung am College de France 1979–1980. Berlin: Suhrkamp.

Fröhlich-Gildhoff, K., Rönnau-Böse, M. (2022): Resilienz. München: UTB.

Göppel, R., Zander, M. (2017): Resilienz und Biografie. Einleitung in die Thematik des Bandes. In: dies. (Hrsg.), Resilienz aus der Sicht der betroffenen Subjekte. Die autobiografische Perspektive (S. 9–56). Weinheim, Basel: Beltz.

Graefe, S. (2021): Systemrelevanzen. Zur Biopolitik der Resilienz in Coronazeiten. In: dies., K. Becker, (Hrsg.), Mit Resilienz durch die Krise? Anmerkungen zu einem gefragten Konzept (S.111–139). München: Oekom.

Humboldt, W. v. (1984): Theorie der Bildung des Menschen. In: A. Flitner (Hrsg.), Wilhelm von Humboldt. Schriften zur Anthropologie und Bildungslehre (S. 27–32). Frankfurt a. M., Berlin, Wien: Ullstein. [ED 1793].

Kirschner, A. (2020): Für welches Leben lernen wir? Eine Analyse des Diskurses über Schule und Gesundheit aus biopolitischer Perspektive. Weinheim, Basel: Beltz.

Klafki, W. (2007): Neue Studien zur Bildungstheorie und Didaktik. Zeitgemäße Allgemeinbildung und kritisch-konstruktive Didaktik. Weinheim, Basel: Beltz.

Koller, H.-C. (2018): Bildung anders denken. Einführung in die Theorie transformatorischer Bildungsprozesse. Stuttgart: Kohlhammer.

Koller, H.-C. (2022): Bildung. In Feldmann, M. u. a. (Hrsg.): Schlüsselbegriffe der Allgemeinen Erziehungswissenschaft. Pädagogisches Vokabular in Bewegung. Weinheim, Basel: Beltz, S. 55–62.

König, E. (1999): Gibt es einheimische Begriffe in der Erziehungswissenschaft? Pädagogische Rundschau, 53 (1), 29–42.

Koselleck, R. (2019): Krise. In: J. Ritter, K. Gründer (Hrsg.), Historisches Wörterbuch der Philosophie. Bd. 4 (Sp. 1235–1240). Darmstadt: wbg.

Kuhn, T. S. (1976): Die Struktur wissenschaftlicher Revolution. Frankfurt a. M.: Suhrkamp.

Muhle, M. (2013): Eine Genealogie der Biopolitik. Zum Begriff des Lebens bei Foucault und Canguilhem. München: Fink.

Richter-Kornweitz, A. (2011): Die Relation zwischen Resilienz, Geschlecht und Gesundheit. In: M. Zander (Hrsg.), Handbuch Resilienzförderung (S. 240–274). Wiesbaden: VS.

Ricken, N. (2022). Erziehungswissenschaft. In Feldmann, M. u. a. (Hrsg.): Schlüsselbegriffe der Allgemeinen Erziehungswissenschaft. Pädagogisches Vokabular in Bewegung. Weinheim, Basel: Beltz, S. 159-166.

Ruoff, M. (2007): Foucault-Lexikon. Paderborn: Fink.

Terhart, Ewald (1999): Sprache der Erziehungswissenschaft. Einführung in den Thementeil. In Zeitschrift für Pädagogik, Jg. 45, H. 2, S. 155–159.

vbw – Vereinigung der Bayerischen Wirtschaft e. V. (Hrsg.) (2022): Bildung und Resilienz. Gutachten. Münster: Waxmann.

Wieland, N. (2011): Resilienz und Resilienzförderung – eine begriffliche Systematisierung. In: M. Zander (Hrsg.), Handbuch Resilienzförderung (S. 180–207). Wiesbaden: VS.

Nachhaltigkeit.
Ist Bildung für nachhaltige Entwicklung nachhaltig? Kritische Anmerkungen zum Nachhaltigkeitsdiskurs und ein Plädoyer für eine naturgemäße Bildung

Thomas Vogel

1 Einleitung

»Dem Markt entgeht keine Theorie mehr: eine jede wird als mögliche unter den konkurrierenden Meinungen ausgeboten, alle zur Wahl gestellt, alle geschluckt« (Adorno 1975, S. 16)

Seitdem die Symptome einer gesellschaftlichen Naturkrise wahrgenommen werden, sind sie Gegenstand gesellschaftlicher Auseinandersetzungen und politischer Strategien, zu denen auch bildungspolitische Anstrengungen zu rechnen sind. Im Zentrum der politischen Diskussion zur Überwindung der gesellschaftlichen Naturkrise steht seit etwa 35 Jahren das Konzept der Nachhaltigkeit. Dieses beinhaltet den Versuch, auf internationaler, nationaler und lokaler Ebene Lösungen zur Überwindung der globalen ökologischen Krise(n) zu entwickeln und umzusetzen. Auswirkungen menschlicher Tätigkeit sollen so gestaltet werden, dass die natürlichen Lebensgrundlagen für jetzige und künftige Generationen erhalten bleiben. In die Nachhaltigkeitsstrategien sind mittlerweile auch zahlreiche Bildungskonzepte für eine nachhaltige Entwicklung (BNE) eingebunden.

Trotz vielfältiger Bemühungen zur Lösung der Krisen hat sich die ökologische Weltlage in den vergangenen Jahrzehnten dramatisch verschlechtert. Forschungen einer internationalen Gruppe von Erdsystem- und Umweltwissenschaftlern (Steffen u. a. 2015) ergaben, dass die planetaren Grenzen in Bereichen wie Klimawandel, Artensterben und bei biogeochemischen Kreisläufen (»Überdüngung«) bereits deutlich überschritten sind. Die Entwicklungen in diesen Bereichen stellen ein hohes Risiko für die Menschheit dar und belegen, dass die Welt von einer nachhaltigen Entwicklung weit entfernt ist. Durch diese negative Entwicklung steht auch die Frage im Mittelpunkt, ob das Nachhaltigkeitskonzept sowie eine Bildung für eine nachhaltige Entwicklung überhaupt grundsätzlich zielführend im Hinblick auf die Lösung der Krise(n) sind. Die kritische Rezeption des Nachhaltigkeitsdiskurses ist eine notwendige Voraussetzung für die Rechtfertigung von BNE; denn ohne eine entsprechende Überprüfung dessen, was hinter dem politischen Programm der Nachhaltigkeit steht und ob das Konzept zielführend ist, besteht die Gefahr, dass Menschen durch BNE lediglich zu leerem Aktionismus angehalten werden. Bildungskonzepte wie BNE, die für eine angeblich »gute Sache« stehen, bedürfen grundsätzlich der kritischen erziehungswissenschaftlichen Reflexion, damit man nicht Gefahr läuft, Menschen zu manipulieren. Deshalb wird in diesem Beitrag die Konsistenz des Nachhaltigkeitsdiskurses analysiert, um hieraus anschließend mögliche Konsequenzen für Bildungsprozesse abzuleiten.

2 Entwicklung und Bedeutungen des Nachhaltigkeitsbegriffs

Der Begriff und Gedanke der Nachhaltigkeit stammt ursprünglich aus der deutschen Forstwirtschaft des frühen 18. Jahrhunderts und wurde in der Debatte um die Krise des gesellschaftlichen Naturumgangs erst in den 80er-Jahren des 20. Jahrhunderts wiederbelebt. Erstmals wurde der Ausdruck im Jahr 1713 von dem sächsischen Oberberghauptmann Hans Carl von Carlowitz in seinem Werk über die Forstwirtschaft (Carlowitz 1713) erwähnt. Von Carlowitz fordert darin, dass nur so viel Holz geschlagen werden soll, wie wieder nachwachsen kann. Hintergrund seiner Forderung war die um das 17. Jahrhundert sich schnell ausbreitende Holzknappheit. Dem Wald sollte deshalb nur so viel Holz entnommen werden, wie insgesamt wieder nachwachsen kann.

Die deutsche Forstgeschichte gibt einerseits Aufschluss über die Leistungsfähigkeit des Nachhaltigkeitskonzepts. Die Entstehungsgeschichte des Begriffs »Nachhaltigkeit« verweist aber andererseits auch schon auf dessen Mehrdeutigkeit und die ökonomischen Konflikte, die entstanden, sobald man Nachhaltigkeit in die Praxis umzusetzen versuchte. Radkau (2002, S. 19) spricht von Nachhaltigkeit als Kampfbegriff der Forstverwaltungen, »die auf einen dauernden hohen Holzertrag des Waldes hinarbeiteten, gegen Bauern, die ihr Vieh in den Wald trieben«. Durchsetzung der Nachhaltigkeit bedeutete für die damaligen Forstverwaltungen, alle anderen Nutzungen, allen voran die Waldweide, so weit wie möglich aus den Wäldern zu verdrängen. Insofern stand Nachhaltigkeit von Beginn an im Zentrum der Auseinandersetzung unterschiedlicher *ökonomischer* Interessen an der Nutzung natürlicher Ressourcen.

In den allgemeinen deutschen Sprachgebrauch ist das Wort »Nachhaltigkeit« etwa um 1800 eingewandert. Es soll 1809 in Campes Wörterbuch als neu vermerkt worden sein (vgl. Ninck 1997). Im Stilwörterbuch Duden aus dem Jahre 1956 wird »nachhaltig« als »papierdeutsch«, d. h. als trockene, komplizierte deutsche Sprache, bezeichnet: »Eine nachhaltige (besser: fortdauernde, anhaltende) Wirkung; ein nachhaltiger (besser: wirksamer, erfolgreicher) Widerstand. Und als Adverb: jemanden nachhaltig (besser: wirksam, dauernd) beeinflussen« (ebd., S. 43). Abgesehen von der Forstwirtschaft war der Begriff aber bis in die 1980er-Jahre nur wenig bekannt. Weltweit populär geworden ist der Begriff der nachhaltigen Entwicklung 1987 durch seine Verwendung im so genannten Brundtland-Bericht der Weltkommission für Umwelt und Entwicklung (Hauff 1987). Durch den »Aufstieg« in die Sphäre der UNO-Berichte erlangte er internationale Würde und reihte sich entsprechend schnell in das Vokabular von Wirtschaftsleuten und Politikern ein.

Im Allgemeinen wird »nachhaltige Entwicklung« als verbreitete Übersetzung des englischen Ausdrucks »sustainable development« verwendet. Es hat sich ein Verständnis von Nachhaltigkeit durchgesetzt, das die Brundlandt-Kommission als eine Entwicklung beschrieben hat, welche »die Bedürfnisse der Gegenwart befriedigt, ohne zu riskieren, dass künftige Generationen ihre eigenen Bedürfnisse nicht befriedigen können« (Hauff 1987, S. 46). Nachhaltigkeit wurde auf dem Erdgipfel der Vereinten Nationen 1992 in Rio de Janeiro als normatives Leitbild der internationalen Staatengemeinschaft anerkannt und auf Nachfolgekonferenzen fortgeschrieben. Die Agenda 21, die von 179 Staaten unterzeichnet wurde, gilt als ein Handlungsprogramm für das 21. Jahrhundert und verfolgt das Ziel, die Lebensgrundlagen und Entwicklungschancen für jetzige und künftige Generationen zu sichern bzw. wiederherzustellen. Auf dem UN-Gipfel im Jahre 2015 wurde – sozusagen als aktueller Stand des Diskurses – eine Agenda 2030 mit 17 Nachhaltigkeitszielen (Sustainable Development Goals; kurz: SDGs) verabschiedet (Vereinte Nationen 2015).

Seit den 1990er-Jahren hat sich das Nachhaltigkeitskonzept international zum »ideological masterframe« (Eder 1996, S. 183) der Umweltdebatte entwickelt. Damit hat sich ein hegemoniales Muster gebildet, »wie die ökologische Frage gesellschaftlich gedacht und ausbuchstabiert wird, welche Diagnosen gestellt und Ursachen benannt werden, welche Ideale und Zielvorstellungen formuliert werden, und welche Handlungsstrategien für angemessen und aussichtsreich gehalten werden« (Blühdorn 2020, S. 67). Angesichts einer zunehmend kritischen Entwicklung der Existenzgrundlagen der Menschheit steht dieses ideologische Muster zunehmend in der Kritik.

3 Zur Kritik des hegemonialen Diskurses nachhaltiger Entwicklung

Aufgrund der kritischen globalen Entwicklungen und Katastrophen wird das Nachhaltigkeitskonzept aktuell zunehmend als nichtnachhaltig kritisiert (vgl. Weizsäcker 2019; Blühdorn 2020; Hupke 2021; Brand 2021). Die Kritiker sprechen von einer »Gesellschaft der Nicht-Nachhaltigkeit« (Blühdorn 2020) und stellen fest, dass auch die Nachhaltigkeitsagenda der UNO nicht nachhaltig sei (Weizsäcker 2019). Der Nachhaltigkeitsdiskurs wird allerdings bereits seit Mitte der 1990er-Jahre kritisiert (vgl. Ninck 1997; Worster

1994; Eblinghaus & Stickler 1996; Brand & Görg 2002; Dingler 2003; Vogel 2011). Schon früh wiesen die Kritiker auf dessen Inkonsistenzen hin und zeigten, dass der Nachhaltigkeitsdiskurs tendenziell die gegenwärtigen gesellschaftlichen Strukturen der Nicht-Nachhaltigkeit stabilisiert. In den folgenden Abschnitten werden die wichtigsten Argumente aus der Kritik des Nachhaltigkeitsdiskurses dargelegt, die abschließend das Fundament der Diskussion über bildungstheoretische Konsequenzen darstellen.

3.1 Die »Produktion« des Nachhaltigkeitsdiskurses

Vor dem Brundlandt-Bericht aus dem Jahre 1987 hatte im deutschen Sprachraum kaum jemand etwas von Nachhaltigkeit gehört. Der Begriff war neu und außer einem kleinen Expertenkreis wusste niemand, was er bedeutet. Dieses Phänomen warf schon frühzeitig kritische Fragen auf. Wie und wem kann es gelingen, ein gesellschaftliches Problem in solcher Form mit einem Begriff zu belegen? Welche Problemsicht wird im Diskurs eingenommen? Wie werden Ursachen und Entstehung, gegenwärtige Situation sowie die zukünftige Entwicklung der Krise betrachtet? Diese und weitere Fragen wurden in Diskursanalysen untersucht (vgl. u. a. Eblinghaus & Stickler 1996; Dingler 2003).

Unter einem Diskurs versteht man eine Gruppe von Aussagen, die eine bestimmte Art und Weise bedingen, über etwas zu sprechen. »Wenn innerhalb eines besonderen Diskurses Aussagen über ein Thema getroffen werden, ermöglicht es der Diskurs, das Thema in einer bestimmten Art und Weise zu konstruieren. Er begrenzt ebenfalls die anderen Weisen, wie das Thema konstruiert werden kann« (Hall 2000, S. 150). Foucault (1977) sieht den Diskurs in enger Verknüpfung mit der Frage der Macht. Macht und Wissen schließen einander unmittelbar ein. Es gibt, so Foucault, keine Machtbeziehung, ohne dass sich ein entsprechendes Wissensfeld konstituiert, und kein Wissen, das nicht gleichzeitig Machtbeziehungen voraussetzt und konstituiert (vgl. Foucault 1977, S. 39). Da-

Nachhaltigkeit. Ist Bildung für nachhaltige Entwicklung nachhaltig?

bei ist der Diskurs aber nicht nur mit Macht verknüpft, sondern selbst eines der Systeme, durch die Macht zirkuliert. Das Wissen, welches ein Diskurs produziert, konstituiert eine Art von Macht. Wenn dieses Wissen in der Praxis ausgeübt wird, wird es zum Gegenstand der Unterwerfung. Diejenigen, die den Diskurs produzieren, haben die Macht, ihn »wahr« zu machen, etwa seine Geltung, seinen wissenschaftlichen Status durchzusetzen (vgl. Hall 2000, S. 150). Viele Indizien deuteten schon frühzeitig darauf hin, dass auch der Nachhaltigkeitsdiskurs in dieser Form entstanden ist. Er lenkt die Perspektive auf bestimmte, interessengeleitete Ursachen, Symptome und Lösungskonzepte der Krise, auf die in den Abschnitten 3.3 und 3.4 noch konkreter eingegangen wird.

Die Produktion des Nachhaltigkeitskonstrukts als gesellschaftliche Leitidee lädt geradezu dazu ein, das Konzept für je spezifische Zwecke und Interessen zu instrumentalisieren. Soziologisch sei zu erwarten und keineswegs erstaunlich, so Conrad, »dass zum einen verschiedenartige Vorstellungen kognitiv mit ihm verknüpft werden und dass zum anderen diskrepante Anforderungen [...] interessenbedingt [...] vorgetragen werden« (Conrad 1993, S. 113 f.). Entsprechend sind die Operationalisierungsversuche des Leitbilds Nachhaltigkeit vielfältig und widersprüchlich. Hierbei lag eines der zentralen Versäumnisse in öffentlichen wie in wissenschaftlichen Diskussionen darin, dass keiner der verschiedenen Akteure an einer vertieften Ursachenanalyse der Defizite des Rio-Prozesses, die insbesondere auch strukturelle Gründe miteinbezogen hätte, interessiert war. Das Schlagwort Nachhaltigkeit kann sich für die Lösung der gesellschaftlichen Naturkrise sogar als unbrauchbar erweisen, »weil es uns zwingt, eine entsprechende Sprache, standardisierte Urteile und eine Weltsicht für die Erfassung und Nutzung der Erde zu übernehmen, die im engen Sinn wirtschaftlich bestimmt sind« (Worster 1994, S. 95). Der Nachhaltigkeitsdiskurs, so Dingler (2003, S. 493 f.), reproduziere durch seine Strategie der Modernisierung der Moderne jene diskursiven Strukturen, welche die ökologischen Krisentendenzen produziert haben. Eine Lösung der ökologischen Krise sei aber innerhalb des Diskurses der Moderne nicht lösbar. Erforderlich sei vielmehr ein Transzendieren dieses Diskurses.

3.2 Unschärfe des Nachhaltigkeitsbegriffs

Der Begriff der »Nachhaltigkeit« ist mittlerweile in allen gesellschaftlichen Bereichen verbreitet und gilt bei der Frage nach der Lösung der ökologischen Krise als nahezu alternativlos. Er wird in führenden Unternehmen ebenso wie in Parteien, Verbänden, in Globalisierungsinitiativen und Wissenschaftskreisen als ein weitgehend unumstrittenes Konzept diskutiert. Er ist besonders beliebt, weil er sehr vage ist, zwischen Gegensätzen wie Ökologie und Ökonomie oder Umweltschutz und Technik zu vermitteln verspricht, weil er ausgleichend auf Interessengegensätze wirkt und ein Angebot zur Mitgestaltung unterbreitet. Diese Charakteristika, die das Leitbild der Nachhaltigkeit so populär machen, erzeugen zugleich aber einen Ideologieverdacht.

Begriffe haben ein »geduldiges« Wesen. Sie fügen sich grundsätzlich dem, was Menschen ihnen an Bedeutung geben, steuern unser Bewusstsein und unser Verhalten. Im Prozess ihrer etymologischen Entwicklung nehmen sie die Bedeutung an, die sich in einem Machtkampf unterschiedlicher Interessenlagen durchsetzt. Die große Bedeutung der Definitionsmacht über Begriffe wird in der Regel unterschätzt.[1] Schon Mitte der 90er-Jahre hatte Görg (1996, S. 178) auf die Unschärfe des Nachhaltigkeitsbegriffs hingewiesen und festgestellt, dass sich die Häufigkeit der Verwendung des Begriffs umgekehrt proportional zur Bestimmtheit seines Inhalts verhält. Bei der Durchsicht der Literatur hatten Kastenholz u. a. (1996) zu dieser Zeit bereits über 60 unterschiedliche Definitionen von Nachhaltigkeit nachgewiesen. Eine unvermeidliche Folge

---

[1] Die Funktion der Definitionsmacht von Begriffen zeigte sich erst kürzlich bei der Frage, ob Kernenergie auf EU-Ebene als nachhaltige Energieform gelten könne (vgl. Umweltbundesamt 2022).

war eine wachsende begriffliche Unklarheit über Inhalt und Zielrichtung des Nachhaltigkeitskonzepts. Wissenschaftler[2] bezeichneten Nachhaltigkeit deshalb als eine »Leerformel« (Jänicke 1993, S. 149), als einen »Alleskleber« (Sachs 1995, S. 14), einen »Intellektuellen Mix« (Marglin & Mishra 1994, S. 213) oder einen »Containerbegriff« (Artis 1994, S. 6). Sie brachten damit zum Ausdruck, dass man mit Nachhaltigkeit keine klaren Aussagen verbinden kann.

Der Nachhaltigkeitsbegriff steht unter dem Verdacht, ein »Plastikwort« zu sein (vgl. Ninck 1997) und dadurch einer spezifischen Diskursstrategie zu folgen. Mit dem Ausdruck »Plastikwort« beschreibt der Medienwissenschaftler Pörksen (1988) ein Phänomen, das er bei Untersuchungen von Veränderungen unserer Umgangssprache festgestellt hat. Plastikwörter überziehen mit wachsender Geschwindigkeit den Erdball, legen der Zivilisation Schienen und zeichnen ihr die Bahn vor. Ihre Urheber, so Pörksen, seien oft nicht mehr auszumachen. »Es ist, als gebe es irgendwo eine Stelle, wo diese Wörter in Abständen ausgestoßen werden, und nun ziehen sie ihre Kreise und breiten sich aus« (Pörksen 1988, S. 13). Ein wichtiges Merkmal der Plastikwörter ist ihre »semantische Plastizität«, die sie geeignet macht, »die vielgestaltige und in lauter Zwischenstufen bestehende Wirklichkeit beweglich zu treffen« (ebd., S. 23). Außerdem zeichnen sie sich durch einen hohen Abstraktionsgrad aus, wodurch sie »einheitliche übersichtliche Räume« schaffen und »die individuellen Besonderheiten dem Blick« entziehen (ebd., S. 111). Wenn ein Begriff aber nicht mehr trennscharf zum Ausdruck bringt, wofür er steht und wohin er führt, verliert er seine Bedeutung.

Der Begriff »Nachhaltigkeit« besitzt als Plastikwort kaum noch strukturelles, auf die tatsächlichen Ursachen der Krise bezogenes Veränderungspotential. Jeder und jede kann sich von den unzähligen Definitionen denjenigen Bedeutungsteil herausgreifen, der seinen/ihren gegenwärtigen Interessen entspricht.

---

2 Begriffe und Verweise zit. n. Eblinghaus & Stickler 1996, S. 26.

»Jede Definition, die nichts ausschließt, ist wertlos. [...] Bald war nachhaltige Entwicklung so definiert, dass sie sogar das Recht auf friedliche Versammlung beinhaltete. Dieses Recht ist eine gute Sache. Es ist jedoch nicht sinnvoll, alle guten Dinge in die Definition nachhaltiger Entwicklung aufzunehmen« (Daly 1999, S. 27).

Die kritisierte Unschärfe des Nachhaltigkeitsbegriffs hat sich aktuell durch die in der »Agenda 2030« formulierten 17 SDGs (Vereinte Nationen 2015) weiter verschärft. Hupke (2021, S. 33) kritisiert zurecht, dass diese zwar »detailliert formuliert, bei genauerer Betrachtung jedoch ›Meisterwerke der Unverbindlichkeit‹« seien. An den Strukturen und Machtverhältnissen sowie hinsichtlich transformierender, politischer Zielsetzungen zur Überwindung der Krise ändert der Nachhaltigkeitsbegriff nur wenig.

Das Bedeutsame an der Entstehung des gesellschaftlichen Leit- und Wertbildes Nachhaltigkeit ist, »dass (gesamtgesellschaftliche) Werte abgezogen sind von konkreten Normen und Zwecken, die als hochabstrakte Gesichtspunkte von Handlungsorientierungen konkrete Handlungen gerade nicht festlegen« (Conrad 1993, S. 113 f.). Um den Anschein von Untätigkeit angesichts der Krise zu vermeiden oder zu vertuschen, werden die Menschen durch das Nachhaltigkeitskonzept in betriebsames und unreflektiertes Handeln versetzt. Der Nachhaltigkeitsdiskurs führt durch seine Vieldeutigkeit letztlich zum Orientierungsverlust. Dieser Verlust an Handlungsorientierung bedeutet, dass Menschen mehr oder weniger ziellos agieren, ohne effektiv an der Problemlage etwas zu verändern.

Der Diskurs harmonisiert auf diese Weise vorhandene widersprüchliche Interessen, beschäftigt kritische Potentiale durch »Nachhaltigkeits-Aktionismus« und stabilisiert vorhandene Strukturen. Seine harmonisierende Funktion führt dazu, dass zentrale Fragen der Symptomatik, der Ursachen und der Folgen der Krise ausgeblendet werden. Aus einer kritisch-emanzipativen Perspektive resultiert aus dem Nachhaltigkeitsdiskurs die Gefahr, dass die »Kritik am Neoliberalismus gerade durch die Nachhaltigkeitsdebatte entschärft« wird (Brand & Görg 2002, S. 16). In dem Maße, in welchem auf Kooperation gesetzt wird, erscheint grundsätzlichere Kritik eher störend, denn sie wird in dem Maße suspekt, in dem die Adressaten der Kritik für Kooperation gewonnen werden sollen. Darüber hinaus wird radikalere Kritik zunehmend mit dem Argument fehlender Alternativen zurückgewiesen. Auch aus dieser Perspektive wird eine Infragestellung von gesellschaftlichen Strukturen, politischen Formen und Inhalten, werden Fragen nach Macht und Herrschaft, die zur Ausweitung der globalen ökologischen Krise beitragen, ausgeblendet oder sogar delegitimiert.

3.3 Kritik der ökonomischen Grundannahmen

Der Nachhaltigkeitsdiskurs hält am Fortschritts- und Wachstumsmodell fest, wie es sich seit dem Aufkommen der Industriegesellschaft entwickelt hat. Die Internationale Handelskammer hält in einer »Charta für eine langfristig tragfähige Entwicklung« (2007) fest: »Wirtschaftliches Wachstum schafft die Voraussetzungen für die bestmöglichste Verwirklichung von Umweltschutz und dieser wiederum ist in ausgewogener Verbindung mit anderen menschlichen Zielen notwendig, um ein umweltverträgliches Wachstum zu erreichen.« Diese nach wie vor verbreitete Sicht ist allerdings mittlerweile auch unter Wirtschaftswissenschaftler*innen umstritten (vgl. Jackson 2009; Paech 2012). Die Grenzen des Wachstums, die der Club of Rome bereits 1972 (Meadows u. a.) aufzeigte, zeichnen sich immer deutlicher ab. In einer begrenzten Welt mit endlichen Ressourcen kann ein ständiges Wachstum nicht nachhaltig sein. Auch auf nationaler Ebene stehen Wirtschaftswachstum und günstige wirtschaftliche Bedingungen im Rahmen einer liberalen marktwirtschaftlichen Ordnung nach wie vor im Zentrum der Politik. Zu den bedeutsamsten Indikatoren, mit denen der Fortschritt hin zu mehr Nachhaltigkeit gemessen wird, gehören das Wachstum des Bruttoinlandsprodukts sowie die Öffnung der Märkte (Statistisches Bundesamt 2021, S. 62 ff.; Bundesregierung 2021, S. 220). Ökologische Fehlentwicklungen werden darauf zurückgeführt, dass der Wirtschaftsliberalismus noch nicht voll entwickelt sei bzw. immer wieder durch staatliche Eingriffe an seiner Entwicklung gehindert werde. Diese Strategie ist allerdings angesichts der nichtnachhaltigen globalen Entwicklung umstritten. Brand & Görg (2002, S. 19) bezeichnen die neoliberale Ausrichtung der Gesellschaft an den Imperativen der Effizienz und der internationalen Wettbewerbsfähigkeit als »zentrale Strategie zur Durchsetzung des postfordistischen Kapitalismus«, an der auch die staatliche Politik ausgerichtet wird. Dadurch wird der Umgang mit Natur als Ressource bzw. deren Inwertsetzung stärker den Rentabilitätskalkülen des Kapitals unterworfen (ebd.) und es gewinnen solche Strategien ökologischer Modernisierung Aussicht auf Erfolg, die entweder betriebswirtschaftliche Kosten senken helfen oder ein Absatzfeld für neue Technologien eröffnen. Die Spielräume für die Lösung der globalen ökologischen Krisen werden dadurch zunehmend einer Kapital- und Standortkonkurrenz untergeordnet (vgl. ebd., S. 21).

3.4 Zur Kritik des Partizipationsangebots

Die Partizipation der Individuen und gesellschaftlichen Gruppen spielt im Nachhaltigkeitsdiskurs eine wichtige Rolle. Im Brundtland-Bericht (Hauff 1987), in der Agenda 21 (Bundesministerium 1997) und den SDGs (Vereinte Nationen 2015) werden partizipative Politikmuster als sinnvolle Mittel für die Entwicklung einer Nachhaltigkeitsstrategie hervorgehoben. Partizipation wird dabei als ein grundlegendes Prinzip nachhaltiger Entwicklung betrachtet, um einen gesellschaftlichen Konsens über Nachhaltigkeitsziele zu ermöglichen. Das Partizipationsangebot bezieht sich besonders auf die Beteiligung der Öffentlichkeit an den Entwicklungsprozessen und auf die Teilnahme des Individuums als Konsument*in einer Marktwirtschaft. Durch Bildungsprozesse sollen den Individuen die notwendigen Einstellungen und Kenntnisse über eine nachhaltige Entwicklung und das eigene Konsumverhalten vermittelt werden.

Partizipation erscheint grundsätzlich positiv. Das Partizipationskonzept offizieller Nachhaltigkeitsbeschlüsse wird aber als unzureichend kritisiert (vgl. Vogel 2011; Mock 2020; Göpel 2020). Partizipation kann erst dann eine gestaltende Kraft entfalten, wenn die Bürger*innen tatsächlich an den für eine nachhaltige Entwicklung wichtigen Entscheidungen zur Lösung der Krise beteiligt werden. Solche Entscheidungen werden nicht allein in der Politik und in der Rolle als Konsument*in getroffen, sondern auch in der Produktion. Die Marktwirtschaft überlässt jedoch die Frage, *was*, *wie* und *wieviel* produziert wird, weitestgehend den Marktkräften von Angebot und Nachfrage. Verbraucher*innen werden – so die Theorie –, wenn sie ein entsprechendes Nachhaltigkeitsbewusstsein haben, diejenigen Produkte wählen, die eine nachhaltige Entwicklung fördern. Das notwendige Bewusstsein und die erforderlichen Kenntnisse sollen die Konsument*innen durch Bildungsprozesse und über Produktinformationen der Unternehmen erhalten. Das würde aber voraussetzen, dass der Markt für die Konsument*innen hinreichend transparent ist und er ethische Orientierungen akzeptiert. Kritiker*innen bezweifeln jedoch, dass der Markt diese Voraussetzungen im Hinblick auf eine nachhaltige Entwicklung erfüllt.

Schon seit langem hegen (Wirtschafts-)Wissenschaftler*innen große Zweifel, dass eine Moralisierung der Märkte gelingt. Der Nobelpreisträger für Wirtschaftswissenschaften Paul A. Samuelson stellt fest, dass Markt und Moral weitestgehend unvereinbar sind: »Der Markt hat kein Herz, der Markt hat kein Gehirn, er tut, was er tut« (Samuelson 2005). Sich vom Markt Steuerungsimpulse für eine nachhaltige Entwicklung zu erhoffen, erscheint deshalb wenig aussichtsreich. Der Markt müsste hierzu ethische Orientierungen akzeptieren, die ihm wesensfremd sind. Das Streben der Unternehmen nach Wachstum, Gewinn und Besitz führt zunehmend zur Marginalisierung der natürlichen Lebensgrundlagen (vgl. Göpel 2020, S. 89) Die unkontrollierbare globalisierte kapitalistische Produktionsweise gerät immer mehr in Widerspruch zur eigenen Existenzgrundlage. Die sich hieraus ergebende wichtige Systemfrage, wie Konzerne im globalen Konkurrenzkampf den Schutz der natürlichen Lebensgrundlagen als relevantes Unternehmensziel einbinden können, wird im Nachhaltigkeitsdiskurs nicht reflektiert.

Die naturzerstörende Produktion und der mit ihr korrespondierende Konsum ist das Ergebnis einer Marketingstrategie. Kaum ein Produkt ließe sich heute noch auf dem Markt verkaufen, wenn es nicht entsprechend beworben wird. Die Bedürfnisse der Menschen nach Produkten entwickeln sich nicht auf der Grundlage einer ethisch ausgerichteten Informationspolitik der Unternehmen, sondern sind das Ergebnis eines Konkurrenzkampfes der Konzerne um Kaufkraft, Marktanteile und Profit. Sie werden von den Marketingabteilungen der Konzerne erzeugt (vgl. Haubl 2009). Die Konsument*innen sind in dieser komplexen Situation moralisch überfordert.[3] Die Vorstellung, eine nachhaltige Entwicklung über die Konsumentensouveränität zu erreichen, ist illusorisch (vgl. Mock 2020).

Hinzu kommt, dass Bürger*innen sich selbst dann nicht grundsätzlich nachhaltig verhalten, wenn sie die Möglichkeit dazu hätten. Blühdorn (2020) hat in seinen Studien das Phänomen beschrieben, dass sich ein nicht zu unterschätzender Teil der Bevölkerung der Industriegesellschaften in einen höchst widersprüchlichen *Lebensstil eines sowohl als auch* eingelebt haben. Er beschreibt in seinen Studien eine in den Wohlstandsgesellschaften mittlerweile weit

---

3 Solche Überforderung veranschaulicht Rohwetter anhand eigener Erfahrungen als Konsument: »Ich will meine Gesundheit erhalten und deswegen die richtigen Eier kaufen. Natürlich will ich auch die armen Hühner nicht vergessen, die sie gelegt haben. Die Umwelt im Allgemeinen achten und das Klima im Besonderen. Den Verpackungsmüll reduzieren. Ich möchte die Arbeitsbedingungen auf äthiopischen Kaffeeplantagen zum Besseren beeinflussen, ebenso die Reproduktionschancen der Heringe vor der dänischen Küste, die Zukunft des indonesischen Regenwalds und das Leben der Hybridschweine im Stall von Bauer Peddersen im Landkreis Vechta. Der Nitrateintrag im oberflächennahen Grundwasser des ländlichen Niedersachsens soll nicht meinetwegen steigen und auch nicht die Stickstoffdioxidbelastung deutscher Innenstädte. Aber offen gestanden wird mir das alles ein bisschen viel« (Rohwetter 2017)

verbreitete »Emanzipation zweiter Ordnung« (ebd., S. 97), in der sich das Selbst zunehmend aus Normen, hergebrachten Beschränkungen, Verantwortungen und Verpflichtungen befreit hat und angesichts der existenziellen Krisen eine paradox anmutende Lebensweise pflegt.

> »Widersprüchlichkeiten werden bewältigt, indem unterschiedliche *sets of values* in verschiedenen diskursiven Arenen angesiedelt und ausgelebt werden. So wird die Forderung nach sofortigen, effektiven Maßnahmen zum Klimaschutz vereinbar mit lebendiger Vergnügungs- und Urlaubstätigkeit. Der Bezug von erneuerbarer Energie, der Kauf von sozial-ökologisch zertifizierten Produkten und der wissenschaftliche Einsatz für die Nachhaltigkeit wird kompatibel mit entgegengesetzten Entscheidungen in anderen Konsum- und Lebensbereichen« (ebd., S. 111).

Die Pluralisierung von Wertorientierungen einer »hypermobilen Multioptionsgesellschaft« (Paech 2012, S. 98) ermöglicht, dass unterschiedliche, auch einander sich widersprechende Selbstbilder nebeneinander existieren können und eine »Gesellschaft der Nicht-Nachhaltigkeit« (Blühdorn 2020) begründen.

3.5 Zusammenfassung

Die Analyse des hegemonialen Nachhaltigkeitsdiskurses zeigt, dass das Konzept bislang kaum adäquate Ansätze zur Lösung der ökologischen Krise geliefert hat. Entgegen den vielfältigen Mobilisierungsnarrativen des Diskurses befinden sich die modernen Konsum- und Digitalisierungsgesellschaften keineswegs auf dem Weg zur Nachhaltigkeit. Eine umfangreiche Studie des Wuppertal Instituts für Klima, Umwelt, Energie (Bund für Umwelt- und Naturschutz 2009, S. 16 f.) weist auf die Wirkungslosigkeit des Nachhaltigkeitsdiskurses hin:

> »Grundlegende Veränderungen wurden nicht erreicht. [...] Es zeigt sich immer deutlicher: Kleine Kurskorrekturen reichen nicht. Größere Kursänderungen sind von der Politik offenbar nicht gewollt. Nachhaltigkeit wird als weiteres Qualifizierungsmerkmal unseres bisherigen Wirtschafts- und Poli-

tikkurses assimiliert und domestiziert. Von der Nachhaltigkeitsstrategie für die Politik, Corporate Social Responsibility für die Wirtschaft, bio-faire Produkte für die Konsumenten. Das zeigt die gute Absicht, und die tut nicht weh.«

Der hegemoniale Nachhaltigkeitsdiskurs steht in der Kontinuität des Fortschritts- und Wachstumsverständnisses der Industriegesellschaften und reproduziert es. Soziale, politische und ökonomische Strukturen des industrialisierten Gesellschaftmodells werden durch den Diskurs – wenngleich ökologisch reformiert – stabilisiert. Die modernen Industriegesellschaften sind – auch angesichts des Phänomens einer Emanzipation zweiter Ordnung (Blühdorn 2020) – Gesellschaften der Nicht-Nachhaltigkeit geblieben.

Aktuelle, zum Nachhaltigkeitskonzept alternative Diskurse zielen auf die Überwindung der strukturellen Ursachen der globalen ökologischen Krise und auf eine große gesellschaftliche Transformation. Im Fokus der kritischen Ansätze stehen weniger die eigentlichen Krisensymptome wie Klimawandel, Artensterben, Ressourcenknappheit usw., die mittlerweile hinreichend bekannt sind, als vielmehr die Kontextbedingungen ihrer Entstehung und die Überwindung der ursächlichen, gesellschaftlichen und ökonomischen Strukturen. Unter den Vertretern dieser Konzepte werden Fragen einer starken (im Gegensatz zu einer schwachen) Nachhaltigkeit (Ott & Döring 2008), einer Postwachstumsökonomie (Paech 2012), eines »Planetaren Denkens« (Hanusch & Meyer & Leggewie 2021) sowie eines alternativen Mensch-Natur-Verständnisses in einem post-anthropozänen Zeitalter (Braidotti 2013) diskutiert. Diese Ansätze betrachten komplexe Phänomene wie die Widersprüche und Wechselwirkungen zwischen Erdsystemen und Gesellschaften, Biodiversität, Klima, globale soziale Ungleichheit usw. in einer Gesamtperspektive und entwickeln aus der Analyse alternative Entwicklungsstrategien.

4 Nicht-Nachhaltigkeit von BNE und ein Plädoyer für eine naturgemäße Bildung

Im offiziellen, hegemonialen Nachhaltigkeitsdiskurs übernimmt der Bildungssektor eine wichtige Funktion. Bildung wird in der Agenda 21 (vgl. Bundesministerium 1997, Punkt 36.3) als unerlässliche Voraussetzung für die Förderung einer nachhaltigen Entwicklung angesehen, die der Verbesserung der Fähigkeit dienen soll, sich mit Umwelt- und Entwicklungsfragen auseinanderzusetzen. Aus der vorangehenden Analyse ergibt sich jedoch die Frage, was es für BNE bedeutet, wenn der Nachhaltigkeitsbegriff unscharf ist, keine Zielperspektiven eröffnet, er sich als inkonsistent erwiesen hat und gesellschaftliche Strukturen, Machtverhältnisse und Fortschrittsmythen stabilisiert, die als ursächlich für die existenzbedrohenden Krisen kritisiert werden. Lässt sich BNE aus dieser Sicht noch bildungstheoretisch rechtfertigen? Kann man Kinder und Jugendliche für ein Entwicklungsprogramm bilden, das sich bislang als nicht-zielführend und eher kontraproduktiv erwiesen hat? Und welche bildungstheoretischen Alternativen bieten sich aus der Erkenntnis der Nicht-Nachhaltigkeit des Nachhaltigkeitsdiskurses für Bildungsprozesse an, die zur Lösung der Krise beitragen können?

4.1 Aufklärung über Sprache und Macht

Seit längerer Zeit ist in der Politik die Tendenz zu beobachten, gesellschaftliche Krisen und Probleme als Bildungsdefizite zu deklarieren und zu ihrer Lösung jeweils pädagogische Spezialrichtungen zu etablieren. Dabei entstanden Erziehungssparten wie Medienerziehung, Verkehrserziehung, Gesundheitserziehung und auch BNE. Diese Strategie hat einen pädagogischen Aktionismus gefördert und den Eindruck erzeugt, dass für die jeweiligen Problemlösungen gesorgt sei. Sie hat aber den Bildungssektor zugleich überfordert: Je mehr Aufgaben ihm zugewiesen wurden, desto weniger konnte er zur Lösung der einzelnen Probleme beitragen. Deshalb stellt sich die Frage, ob es – auch für die Bewältigung der anstehenden ökologischen Krisen – nicht geboten ist, dass sich die Bildungspraxis wieder mehr auf ihre Kernziele konzentriert.

Bei Bildung geht es um die Stärkung der Menschen gegen die vereinnahmenden Verhältnisse. Gebildet ist, wer »in der ständigen Bemühung lebt, sich selber, die Gesellschaft und die Welt zu verstehen und diesem Verstehen gemäß zu handeln« (Deutscher Ausschuss für das Erziehungs- und Bildungswesen 1966 zit. n. Hentig 1996, S. 19). Dazu gehört auch ein reflektierter Umgang mit Sprache und Begriffen; denn die Sprache hat eine zentrale Bedeutung für die Herausbildung von Emotionen, ethischen Orientierungen und menschlichem Verhalten. »Sie liefert uns Namen für die Ereignisse, denen wir gegenüberstehen, und indem wir sie benennen, sagen wir uns selbst durch die Sprache zugleich, was wir erwarten und wie wir uns auf Handlungen vorbereiten sollen« (Postman 1997, S. 214). Sprachzeichen vermitteln zwischen Mensch, Kultur und Natur und prägen deren Verhältnis zueinander. Die Sprache kann nicht nur Wüsten in Gärten verwandeln, wie Herder (1971, S. 13) feststellt, sondern auch das Umgekehrte bewirken. Wenn Begriffe wie Nachhaltigkeit die Realität interessengeleitet nur unvollständig oder fehlerhaft abbilden, besteht die Gefahr, dass dadurch auch die charakteristischen und existenziellen Bedingungen und das Weltverhalten der Menschen fehlgesteuert werden. Bildungsprozesse müssen zunächst über diese Gefahr und den Zusammenhang von Sprache und Macht aufklären. Erst wenn der gebildete Mensch sich über die Möglichkeiten der »Verhexung unseres Verstandes« mittels der Sprache (Wittgenstein n. Binneberg 1993, S. 61) bewusst ist, kann er sich ein eigenes Urteil über Symptome, Ursachen und Lösungen der gesellschaftlichen Naturkrise bilden.

4.2 Denkebenen – bildungstheoretische Grundlage kritisch-reflexiven Denkens

Aus bildungstheoretischer Sicht gehört die Förderung eines Bewusstseins für die ökologische Krise zu den »epochaltypischen Schlüsselproblemen« einer zeitgemäßen Allgemeinbildung (Klafki 1996, S. 56). Dabei soll es aber nicht darum gehen, den Menschen Leitlinien im Sinne eines bestimmten politischen Nachhaltigkeitsprogramms zu vermitteln. Vielmehr muss es bei Bildung darum gehen, den Menschen Wege zu eröffnen, sich bei der Klärung von Lebensfragen und Problemstellungen ihres eigenen Verstandes zu bedienen. Bildung soll ein Problembewusstsein und kritisches Denken fördern, sich selbständig ein Bild über die komplexen Ursachen der Krise sowie mögliche Lösungsansätze zu machen. Sie soll eine Urteilsfähigkeit anbahnen und den Menschen ermöglichen, selbstständig über eigene Werte, Einstellungen, Verhaltensweisen und Lebensstilentscheidungen zu reflektieren.

Zur bildungstheoretischen Fundierung und Anbahnung kritisch-reflexiven Denkens und Handelns bietet es sich an, auf das generische Modell von Maani und Cavana (2007) zu schauen. Dieser Blick eröffnet ein allgemeines Verständnis von Mechanismen komplexer gesellschaftlicher Probleme wie der sozial-ökologischen Krise. Das sogenannte (Eisberg-) Modell betrachtet aus einer systemtheoretischen Perspektive vier Denkebenen, die menschliche Verhaltensmuster bestimmen (siehe Abb. 2).

Das Modell veranschaulicht, dass einzelne Krisenereignisse (Stürme, Überflutungen, Jahrhundertsommer, Artensterben etc.) häufig im Fokus politischer oder medialer Auseinandersetzungen stehen, die tieferliegenden Ursachen der Ereignisse jedoch nur unzureichend beleuchtet werden. Unterhalb der sichtbaren Auswirkungen liegen mehrere Schichten und Ursachenebenen. Wenn sich sogenannte Ereignisse häufen und repetitiv über einen gewissen Zeitraum auftreten, können bestimmte (Verhaltens-)Muster – zum Beispiel naturschädigende Konsummuster – damit in Zusammenhang stehen. Gesellschaftliche, politische oder auch ökonomi-

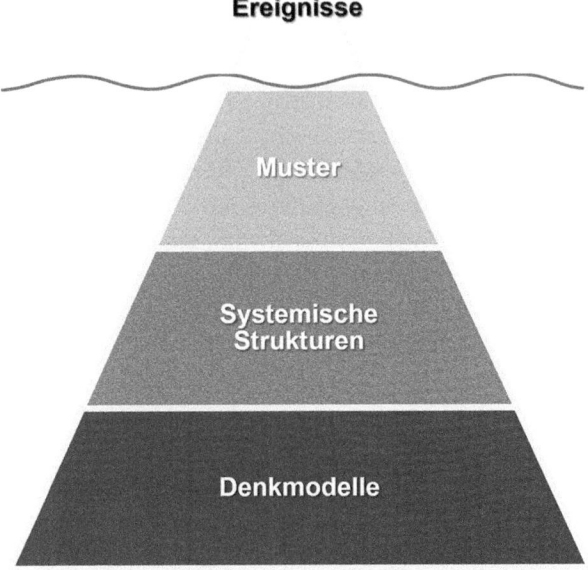

Abb. 2: Modell der vier Denkebenen (Quelle: Eigene Darstellung in Anlehnung an Maani/Cavana 2007)

sche Systeme sind an diesen Ereignissen ebenso ursächlich beteiligt (dritte Ebene). Die vierte Eisbergebene beinhaltet tradierte und erworbene Denkmodelle, Werte, Glaubenssätze und Überzeugungen, die alle darüber liegenden Ebenen grundlegend beeinflussen. Die Denkmodelle (»belief-systems«) bilden sozusagen das Fundament für systemische Strukturen und verweisen auf grundlegende Ursachen für menschliche Verhaltensmuster und Krisenereignisse.

Das Modell der vier Denkebenen eröffnet eine Verschiebung der bildungstheoretischen Perspektive auf die verschiedenen Erscheinungsformen und Ursachen der Krise sowie die Defizite des hegemonialen Nachhaltigkeitsdiskurses. Es verdeutlicht, dass eine Lösung der Krise nicht durch ein »Kurieren an den Symptomen«

zu erreichen ist. Auch das durch Bildungsprozesse geförderte Einüben von isolierten Verhaltensmustern als Antwort auf immer wieder neu auftretende Krisensymptome reicht zur Überwindung der Krise nicht aus. Um die globalen ökologischen Krisen abzuwenden, bedarf es einer großen Transformation gesellschaftlicher und ökonomischer Strukturen. Bildungstheoretische Voraussetzung für diese Transformation wäre eine kritische Analyse des gedanklichen Fundaments der bestehenden Strukturen, ihrer Widersprüchlichkeit bezüglich der Lösung der Krise sowie ein Diskurs über alternative Denkmodelle (belief systems). Dabei wäre auch darzulegen, worin die Ursachen der nicht-nachhaltigen Entwicklungen bestehen und welche Lösungsstrategien sich daraus ergeben.

4.3 Kritik neuzeitlicher Fortschrittsmythen und naturgemäße Bildung

Ausgangspunkte der bildungstheoretischen Grundüberlegungen wären eine Analyse und Kritik des Fortschrittsmythos der Neuzeit sowie der Grundlagen und Implikationen des gegenwärtigen, an Wachstum und Beschleunigung ausgerichteten ökonomischen und technologischen Denkens und Handelns. Im Zentrum dieses Fortschrittsmythos steht die Hybris, das heißt eine Selbstüberschätzung und Maßlosigkeit menschlichen Denkens und einer Absolutsetzung seiner Bedürfnisse. Im anthropozentrischen Denken verabsolutiert der Mensch sein Dasein und gewährt den natürlichen Lebensgrundlagen (Tiere, Pflanzen etc.), die auch Grundlage seines eigenen Daseins sind, keinen Eigenwert. Der Philosoph Friedrich Wilhelm Joseph Schelling (1775–1854) hat die fatalen Folgen der menschlichen Hybris schon vor 200 Jahren erkannt und festgestellt, dass aus der Absolutsetzung des menschlichen Geistes »der Hunger der Selbstsucht« entstehe, »die in dem Maß, als sie vom Ganzen und von der Einheit sich lossagt, immer dürftiger, armer, aber eben darum begieriger, hungriger, giftiger« werde (Schelling 1974, Bd. I/7, S. 391).

Und »aus Uebermuth alles zu seyn« werde die Menschheit »in Nichtseyn« fallen (ebd.). Angesichts dieser Krisenprognose, die aktueller denn je erscheint, empfiehlt Schelling die Rekonstruktion eines geistigen Bandes, »das uns lebendig mit der Natur verknüpft und das nur erhalten werden kann, wenn wir uns in unserem geschichtlichen Sein nicht gegen die Natur stellen, sondern uns aus ihr begreifen und wenn wir von daher für den durch uns hindurchgehenden Existenzzusammenhang von Natur und Geschichte verantwortlich handeln« (Schmied- Kowarzik 1989, S. 261). In diesem Sinne müssen junge Menschen lernen, über das problematische Mensch-Natur-Verhältnis zu reflektieren, die Folgen nicht-nachhaltiger Strukturen und Lebensweisen zu antizipieren und zugleich für eine humane – das heißt allen gegenwärtigen und zukünftigen Generationen ein sozial gerechtes und menschenwürdiges Leben ermöglichende – Gestaltung der Natur qualifiziert werden.

Im hegemonialen Nachhaltigkeitsdiskurs, der sich an einem Drei-Säulen-Modell der gleichberechtigten Komponenten Ökologie, Soziales und Wirtschaft orientiert, wird meist übersehen, dass die natürlichen Lebensgrundlagen das Fundament für die soziale und ökonomische Entwicklung bilden. Bildungsansätze müssen deshalb sowohl die Konstitutionsbedingungen und den Problemgehalt des dominierenden Mensch-Natur-Verhältnisses sowie die Gesellschaftsstrukturen, die diese Erkenntnisweise ideologisch nutzen, kritisch reflektieren. Aus der Kritik industriegesellschaftlicher Wahrnehmungs-, Denk- und Handlungsstrukturen entwickelt die Theorie einer *naturgemäßen Bildung* (Vogel 2011) ihre Zielperspektiven und ist auf eine gesellschaftliche Gestaltung des »Stoffwechselprozesses zwischen Mensch und Natur« gerichtet. Alle Produkte und Produktionsmittel sind wesentlich Leistungen der Natur (vgl. Vogel 2000, S. 181). Die grundsätzliche Betrachtung des menschlichen Naturverhältnisses als ein Stoffwechselprozess eröffnet den Blick auf eine humane Gestaltung der Natur bei all ihren Umformungen. Erst aus solcher Denkweise heraus kann es in einem gesellschaftlichen Diskurs gelingen, ein angemessenes Verhältnis zur Natur zu gewinnen. Aus diesen Überlegungen leitet sich die bildungstheoretische Kernfrage einer naturgemäßen Bildung ab, wie sich das von Schelling so bezeichnete »geistige Band«, das uns lebendig mit der Natur verknüpft, auch in Bildungsprozessen rekonstruieren lässt. Es geht hierbei um eine Annäherung an ein neues Naturverständnis, um die Bildung eines Naturbegriffs, »der Natur nicht als Statisches und nicht als Erkennbares bestimmt, der aber auch keine romantische Stilisierung von Natur als dem Unverfügbaren, Unbekannten und Unerkennbaren ist« (Hauskeller 2003, S. 192).

Ein grundsätzlicher Unterschied zwischen einer naturgemäßen Bildung und den bisherigen pädagogischen Ansätzen von der Umweltbildung bis hin zur Bildung für eine nachhaltige Entwicklung besteht vor allem in der Erkenntniskritik, der Vermittlung verschiedener ethikrelevanter Naturzugänge und dem Fokus auf die Gestaltung der Natur. Im Konzept einer naturgemäßen Bildung werden vier didaktische Leitkategorien als bedeutsam betrachtet (vgl. Vogel 2011, S. 390 ff.): die ästhetische, die historisch-genetische, die antizipative und die partizipative Perspektive. Besonders wichtig erscheint, dass jungen Menschen heute vielfältige sinnliche und philosophische Zugangsweisen zur Natur ermöglicht werden; denn die Sinnlichkeit ist die Basis aller Wissenschaft. Nur wenn die Wissenschaft von der Sinnlichkeit ausgeht, ist sie wirkliche Wissenschaft (vgl. Marx 1968, S. 542). Eine *ästhetische Bildung* eröffnet unterschiedliche Perspektiven der Weltbegegnung und macht den Weg für eine nicht-reduktionistische Erkenntnis frei; denn genaugenommen bildet die sinnliche Naturbetrachtung keinen Widerpart zur quantitativen, wissenschaftlichen Betrachtung, sondern ist grundsätzlich ihr Ausgangspunkt. Von Geburt an betrachtet der Mensch die Natur zunächst ausschließlich mit seinen Sinnen, und erst in einem auf Objektivität abzielenden Erziehungsprozess wird dem Kind die unmittelbare Naturbetrachtung zunehmend »abgewöhnt«, werden Denkstrukturen, die insbesondere einer Naturbeherrschung dienen, in seine Natursicht eingefügt. Die Förderung der Sinnlichkeit könnte bildungstheoretisch zur wichtigen Grundlage einer veränderten ethischen Orientierung werden und die Bereitschaft der Menschen für einen immerwährenden, nie abschließbaren Diskurs über das rechte Maß im Mensch-Natur-Verhältnis (vgl. Vogel 2018) öffnen. Auf diesem Weg erschließt sie Optionen eines neuen, zukunftsfähigen Denkens über das Mensch-Natur-Verhältnis und kann als Fundament einer notwendigen gesellschaftlichen Transformation dienen.

Literatur

Adorno, T. W. (1975): Negative Dialektik. Frankfurt a. M.: Suhrkamp.
Binneberg, K. (1993): Sprache, Logik, Pädagogik. Weinheim: Deutscher Studien Verlag.
Blühdorn, I. (2020): Nachhaltige Nicht-Nachhaltigkeit. Warum die ökologische Transformation der Gesellschaft nicht stattfindet. Bielefeld: transcript.
Braidotti, R. (2013): The Posthuman. Cambridge: Polity Press.
Brand, K.-W. (2021): »Große Transformation« oder »Nachhaltige Nicht-Nachhaltigkeit«? – Wider die Beliebigkeit sozialwissenschaftlicher Nachhaltigkeits- und Transformationstheorien. Leviathan, 49 (2/2021), 189–204.
Brand, U., Görg, C. (2002): Nachhaltige Globalisierung? Sustainable Development als Kitt des neoliberalen Scherbenhaufens. In: dies. (Hrsg.), Mythen globalen Umweltmanagements (S. 12–47). Münster: westfälisches Dampfboot.
Bund für Umwelt und Naturschutz Deutschland e. V. und Brot für die Welt, Evangelischer Entwicklungsdienst e. V. (Hrsg.) (2009): Zukunftsfähiges Deutschland in einer globalisierten Welt. Ein Anstoß zur gesellschaftlichen Debatte. Eine Studie des Wuppertal Instituts für Klima, Umwelt, Energie (3. Auflage). Frankfurt a. M.: Fischer Taschenbuch Verlag.
Bundesministerium für Umwelt, Naturschutz und Reaktorsicherheit (1997): Agenda 21. Online verfügbar unter : http://www.agenda21-treffpunkt.de/archiv/ag21dok/index.htm#Kopf, Zugriff am 20.5.2008.
Bundesregierung (Hrsg.) (2021): Deutsche Nachhaltigkeitsstrategie – Weiterentwicklung 2021. Online verfügbar unter: https://www.bundesregierung.de/resource/blob/998194/1875176/3d3b15cd92d0261e7a0bcdc8f43b7839/deutsche-nachhaltigkeitsstrategie-2021-langfassung-download-bpa-data.pdf, Zugriff am 4.7.2022

Carlowitz, H. C. von (1713): Sylvicultura Oeconomica. Zit n. Wikipedia, Suchwort »Hans Carl von Carlowitz« Online verfügbar unter: http://de.wikipedia.org/wiki/Hans_Carl_von_Carlowitz, Zugriff am 2.11.2008.

Conrad, J. (1993): Sustainable Development. Bedeutung und Instrumentalisierung, Voraussetzungen und Umsetzbarkeit. In: M. Massarat u. a. (Hrsg.), Die Dritte Welt und Wir – Bilanz und Perspektiven für Wissenschaft und Praxis (S. 112–138). Freiburg: Informationszentrum Dritte Welt.

Daly, H. (1999): Wirtschaft jenseits von Wachstum. Salzburg u. a.: Pustet.

Dingler, J. (2003): Postmoderne und Nachhaltigkeit – Eine diskurstheoretische Analyse der sozialen Konstruktion von nachhaltiger Entwicklung. München: ökom Verlag.

Eblinghaus, H., Stickler, A. (1996): Nachhaltigkeit und Macht – Zur Kritik von Sustainable Development. Frankfurt a. M.: Verlag für Interkulturelle Kommunikation.

Eder, K. (1996): The social construction of nature. A sociology of ecological enlightment. London: SAGE.

Foucault, M. (1977): Überwachen und Strafen. Die Geburt des Gefängnisses. Frankfurt a.Main: Suhrkamp.

Göpel, M. (2020): Unsere Welt neu denken (5. Auflage). Berlin: Ullstein Buchverlage.

Görg, C. (1996): Sustainable Development – Blaupause für einen »ökologischen Kapitalismus«? In: H. Brentel u. a. (Hrsg.), Gegensätze. Elemente kritischer Theorie. Frankfurt a. M.: Campus.

Hall, S. (2000): Der Westen und der Rest: Diskurs und Macht. In: ders. (Hrsg.), Rassismus und kulturelle Identität. Ausgewählte Schriften Bd. 2. (3. Auflage). 2002. Hamburg: Argument.

Hanusch, F., Meyer, E. & Leggewie, C. (2021): Planetar denken. Bielefeld: transcript.

Haubl, R. (2009): Wahres Glück im Waren-Glück? Aus Politik und Zeitgeschichte (32-33/2009), 3-8.

Hauff, V. (1987): Unsere gemeinsame Zukunft. Bericht der Brundtlandt-Kommission. Greven: Eggenkamp.

Hauskeller, C. (2003): Natur als Grenzbegriff kultureller Machbarkeit. In: M. Maurer, O. Höll (Hrsg.), ›Natur‹ als Politikum (S.175-193). Wien: RLI- Verlag.

Hentig, H. von (1996): Bildung. Ein Essay. München u. Wien: Hanser Verlag.

Herder, J. G. (1971): [Über Sprache]. In: G. Gillhof, H. Lehnen (bearbeitet), Schwann Arbeitsbuch Literatur – Für Realschulen (S.12f.). Düsseldorf: Schwann.

Hupke, K.-D. (2021): Warum Nachhaltigkeit nicht nachhaltig ist. Berlin: Springer Nature.

Internationale Handelskammer (2007): Charta für eine langfristig umweltverträgliche Entwicklung – Grundsätze des Umweltmanagements. Online verfügbar unter: http://www.icc-deutschland.de/icc/1.3.php?sid=7b6c7443774633e38fb8f6608232d0c9, Zugriff am 12.10.2007.

Jackson, T. (2009): Wohlstand ohne Wachstum. Leben und Wirtschaften in einer endlichen Welt. München: oekom Verlag.

Kastenholz, H. G., Erdmann, K.-H. & Wolff, M. (1996): Perspektiven einer nachhaltigen Entwicklung – Eine Einführung. In: H. G. Kastenholz, K.-H. Erdmann & M. Wolff, Nachhaltige Entwicklung: Zukunftschancen für Mensch und Umwelt (S. 1–8). Berlin, Heidelberg: Springer.

Klafki, W. (1996): Neue Studien zur Bildungstheorie und Didaktik – Zeitgemäße Allgemeinbildung und kritisch-konstruktive Didaktik (5. Auflage). Weinheim und Basel: Beltz.

Maani, K., Cavana, R. (2007): Systems thinking and modelling: understanding change and complexity. Auckland, New Zealand: Pearson.

Marx, K. (1968): Ökonomisch-philosophische Manuskripte aus dem Jahre 1844. Marx Engels Werke, Ergänzungsband Erster Teil (S. 467–588). Berlin (DDR): Dietz-Verlag.

Meadows, D., Meadows, D.L & Randers, J. u. a.(1972): Die Grenzen des Wachstums – Berichte des Club of Rome zur Lage der Menschheit. München: Deutsche Verlags-Anstalt.

Mock, M. (2020): Verantwortliches Individuum? Die (Un-)Haltbarkeit der Erzählung von der Konsument*innenverantwortung. In: I. Blühdorn (Hrsg.), Nachhaltige Nicht-Nachhaltigkeit. Warum die ökologische Transformation der Gesellschaft nicht stattfindet (S. 227–254). Bielefeld: transcript.

Ninck, M. (1997): Zauberwort Nachhaltigkeit. Zürich: Hochschulverlag an der ETH.

Ott, K., Döring, R. (2008): Theorie und Praxis starker Nachhaltigkeit (2. Auflage). Marburg: Metropolis Verlag.

Paech, N. (2012): Befreiung vom Überfluss. Auf dem Weg in die Postwachstumsgesellschaft. München: oekom Verlag.

Pörksen, U. (1988): Plastikwörter: die Sprache einer internationalen Diktatur (2. Auflage). Stuttgart: Klett-Cotta.

Postman, N. (1997): Keine Götter mehr – Das Ende der Erziehung (Ungekürzte Ausgabe). München: Dt. Taschenbuch-Verlag.

Radkau, J. (2002): Mensch und Natur in der Geschichte. Leipzig, Stuttgart, Düsseldorf: Klett-Verlag.

Samuelsons, P. (2005): Charakterisierung der Eigenschaften tatsächlich operierender Märkte in einem Spiegel-Gespräch am 17. September 2005. Der Spiegel (38), 86–90. (Zitat auf Seite 87).

Schelling, F. W. J. (seit 1974): Ausgewählte Schriften – Schriften von 1794–1813 (Unveränderter Nachdruck aus F.W.J. von Schellings sämmtliche Werke). (Stuttgart und Augsburg: Cotta'scher Verlag), Darmstadt: Wissenschaftliche Buchgesellschaft.

Schmied-Kowarzik, W. (1989): Friedrich Wilhelm Joseph Schelling. In: G. Böhme (Hrsg.), Klassiker der Naturphilosophie (S. 241–262). München: Beck.

Steffen, W., Richardson K., Rockstrom, J., Cornell, S.E., Fetzer, I., Bennett, E.M. & Biggs, R. u. a. (2015): »Planetary Boundaries: Guiding Human Development on a Changing Planet«. Science 347 (6223),1259855–1259855. Online verfügbar unter: doi:10.1126/science.1259855

Statistisches Bundesamt (Destatis) (2021): Nachhaltige Entwicklung in Deutschland – Indikatorenbericht 2021. Online verfügbar unter: https://www.destatis.de/DE/Themen/Gesellschaft-Umwelt/Nachhaltigkeitsindikatoren/Publikationen/Downloads-Nachhaltigkeit/indikatoren-0230001219004.pdf;jsessionid=96F5011249CB3FE92BB4249A942F9F5D.live741?__blob=publicationFile, Zugriff am 4.7.2022.

Umweltbundesamt (2022): EU-Taxonomie: Atomkraft und Erdgas sind nicht nachhaltig. Online verfügbar unter: https://www.umweltbundesamt.de/themen/eu-taxonomie-atomkraft-erdgas-sind-nicht-nachhaltig, Zugriff am 4.7.2022.

Vereinte Nationen (2015): Ergebnisdokument des Gipfeltreffens der UN zur Verabschiedung der Agenda 2030 am 1. September 2015 (Resolution 69/315). Online verfügbar unter: https://www.auswaertiges-amt.de/de/aussenpolitik/themen/agenda2030/agenda-2030-nachhaltigkeit/216490, Zugriff am 29.3.2022.

Vogel, T. (2000). Naturerkenntnis und Naturbearbeitung in der gewerblich-technischen Berufsbildung. Weinheim: Deutscher Studienverlag.

Vogel, T. (2011): Naturgemäße Berufsbildung – Gesellschaftliche Naturkrise und berufliche Bildung im Kontext Kritischer Theorie. Norderstedt: Books on demand.

Vogel, T. (2018): Mäßigung. Was wir von einer alten Tugend lernen können. München: Oekom Verlag.

Weizsäcker, E.-U. (2019): Die Nachhaltigkeitsagenda der UNO ist nicht nachhaltig. Online verfügbar unter: http://politeknik.de/p10815/, Zugriff am 29.4.2022.

World wide Fund for Nature (WWF) (2016): Living Planet Report 2016. Online verfügbar unter: URL: https://www.wwf.de/fileadmin/fm-wwf/Publikatio

nen-PDF/WWF-LivingPlanetReport-2016-Kurzfassung.pdf, Zugriff am 18.04. 2021.

Worster, D. (1994): Auf schwankendem Boden. Zum Begriffswirrwarr um ›nachhaltige Entwicklung‹. In: W. Sachs (Hrsg.), Der Planet als Patient: Über die Widersprüche globaler Umweltpolitik (S. 93–112). Berlin u. a.: Birkhäuser.

Evidenz als Paradigma
in der Bildungsforschung

Sieglinde Jornitz

1 Worum es gehen soll

Die Rede von einer Bildungsforschung, die die Grundlagen für evidenzbasierte Entscheidungen in Bildungspolitik und Bildungspraxis liefere, hat sich trotz aller Kritik durchgesetzt. Edgar Forster konstatierte schon 2014, dass sie zu einem »Signalwort im Transformationsprozess der Erziehungswissenschaft geworden« (Forster 2014, S. 890) sei. Doch inzwischen wird nicht (mehr) diskutiert, ob das Konzept, das seit den 1990er Jahren in der Medizin verfolgt wird, überhaupt für den Bereich der Pädagogik angemessen ist (Bellmann & Müller 2011; Bernhard 2015). So bleibt unentschieden, ob die »Kampfansage« (Jornitz 2009, S. 69), die mit dem Eintreten für Evidenz in der Erziehungswissenschaft einherging, sich deswegen gelegt hat, weil der Lauf der Zeit über sie hinweggegangen ist oder weil der Kampf entschieden wurde.

Warum also Evidenz bzw. Evidenzbasierung noch einmal zum Thema machen? Meines Erachtens kann es weiterhin erhellend sein, darüber aufzuklären, was eine solche Art der Bildungsforschung verspricht, was sie leisten kann und welches Verhältnis sie zur pädagogischen Praxis und Bildungspolitik einnimmt. Die Rede von der Erzeugung von Evidenz in und durch Wissenschaft war und ist in Deutschland auch deswegen verwirrend, weil in der Sprache etwas als evident gilt, das augenfällig, also nicht weiterer Untersuchungen oder gar wissenschaftlicher Tätigkeit bedarf. Das evidente Ereignis ist sofort einsichtig; es müssen keine rationalen Argumente angegeben werden. Dagegen wird im angloamerikanischen Sprachgebrauch etwas als »evidence« bezeichnet, das die Funktion eines Beweises oder in der schwächeren Form: eines Beleges, Nach- oder Hinweises einnimmt. Während das Wort im Deutschen also eher als Adjektiv verwendet wird, wird es im Angloamerikanischen als Substantiv geführt. In beiden Sprachen ist daher die Wortschöpfung, etwas sei »evidence-based« oder »evidenz-basiert«, zwar grammatikalisch möglich, aber sprachlich unschön. Sie zeigt vielmehr an, dass etwas Neues gekennzeichnet werden soll. Und diese Kennzeichnung ist es auch, die zu Diskussionen in der Erziehungswissenschaft sowohl in den USA als auch in Deutschland geführt hat, weil mit der Evidenzbasierung zugleich der Machtanspruch eines bestimmten Forschungsparadigmas einherging (vgl. Schrader 2014). Dabei gab sie zugleich Bildungspolitik und pädagogischer Praxis ein Versprechen, nämlich auf »die Verwissenschaftlichung der Politik und die wissenschaftliche Professionalisierung der pädagogischen Praxis unter dem Titel ›Wissen, was wirkt‹« (Forster 2014, S. 891) hinzuarbeiten.

Im Folgenden wird zunächst wissenschaftstheoretisch und forschungslogisch im Rückgriff auf Ludwik Flecks Abhandlung zur wissenschaftlichen Tatsache dargelegt, wie Evidenzen in der Wissenschaft hergestellt werden und wie weit ihr Geltungsbereich reicht. In einem zweiten Schritt wird exemplarisch am Beispiel der Diskussion um das Verhältnis von Klassengröße zu Schülerleistungen aufgezeigt, was eine sogenannte evidenzbasierte Bildungsforschung als Evidenz versteht und inwieweit diese Erkenntnisse der pädagogischen Praxis und der Bildungspolitik in ihren Entscheidungen helfen könnten. In einem abschließenden Kapitel wird rekapituliert, inwiefern das Mantra von einer evidenzbasierten Praxis eine Grenzüberschreitung ist und zugleich auf ein unreflektiertes Verhältnis von Wissenschaft und Praxis verweist.

2 Die Herstellung von Evidenz(en)

Ludwik Fleck hat in seiner Arbeit zur »Entstehung und Entwicklung einer wissenschaftlichen Tatsache« (Fleck 1935/2021), die wohl parallel zu Karl Raimund Poppers 1934 erschienener »Logik der Forschung« entstand (Schäfer & Schnelle, S. VII), am Beispiel des Syphilisbegriffs herausgearbeitet, wie die Medizin als Wissenschaft zu ihren Erkenntnissen gelangt. Er zeichnet nach, wie Menschen sich zwar vor-wissenschaftlich, aber dennoch rational Krankheitsphänomene erklärt haben, so dass sie diese begründet behandeln konnten. Mit zunehmendem medizinischem und damit wissenschaftlich erstelltem Wissen wurden in der Folge manche der vorherigen Erklärungen aufgegeben und andere weiterverfolgt. Fleck stellt am Beispiel der Syphilis dar, wie ein wissenschaftlich anerkannter Begriff dieser Krankheit und ihrer Symptome zunächst über Astrologie und Religion bis zur immer noch gültigen bakteriologischen Erklärung über die Wassermann-Reaktion erarbeitet wurde. Er stellt allerdings *nicht* dar, wie Syphilis medizinisch erklärt und behandelt werden konnte, sondern wie der *Begriff* der Syphilis gebildet wurde. Auf diese Weise hebt Fleck sprachlich hervor, dass der Begriff das Instrument ist, mit dem sein Gegenstand gefasst wird; er ist aber nicht deckungsgleich mit diesem. Es ist diese Verknüpfung, der Adorno später in seiner Negativen Dialektik (1997) nachgeht und die auch die Auseinandersetzung im Positivismusstreit in der deutschen Soziologie markiert (Adorno et al. 1969/1993). Ulrich Oevermann wird später von einem »Andockmanöver zwischen den theoriesprachlichen Prädikaten und den erfahrbaren Sachverhalten« sprechen (Oevermann 2004, S. 414).

Fleck geht es darum, forschungslogisch nachzuzeichnen, wie verwoben die Erkenntnisse mit den jeweils historisch gültigen gesellschaftlichen Strukturen sind. Er spricht von einer »kulturhistorische[n] Bedingtheit der angeblichen erkenntnistheoretischen Wahl, der angeblichen Konvention« (Fleck 1935/2021, S. 15), d.h. jede Erkenntnis ist immer auch gebunden an Beweise und Belege, die unter den herrschenden gesellschaftlichen Bedingungen als gültig anerkannt werden. Daher plädiert Fleck dafür, »von einem Denkstil [zu] sprechen, der den Stil jedes Begriffes bestimmt« (ebd.) und der darauf verweist, dass eine Erklärung ggf. auch immer anders hätte sein können; es sich immer auch um eine Erkenntnis handelt, die sich aufgrund der gesellschaftlichen Umstände durchgesetzt hat. Demgemäß bestimmt er für das 20. Jahrhundert einerseits das Experiment als die bestimmende forschungstechnische Form für Medizin und Naturwissenschaften, Erkenntnisse zu erlangen, und stellt diesem andererseits die Erfahrung als quasi vor-wissenschaftliche Deutung von Phänomenen gegenüber, die noch eingebunden in die soziale Wirklichkeit sind. Fleck deutet daher »Experiment als einfache Frage und Antwort«, während für ihn Erfahrung »auf Wechselwirkung zwischen dem Erkennenden, dem bereits Erkannten und dem Zu-Erkennenden beruht« (Fleck 1935/2021, S. 17). Diese Verwickeltheit der Erfahrung weist zwar auch das Experiment auf, aber es hat sie so weggearbeitet, dass sie nahezu negiert werden kann. Adorno wird in seiner Einleitung zum Positivismusstreit konstatieren: »Dialektische Kritik am Positivismus hat ihren vordringlichsten Angriffspunkt an Verdinglichung, der von Wissenschaft und von unreflektierter Faktizität; desto weniger darf sie ihre Begriffe ihrerseits verdinglichen« (Adorno 1969/1993a, S. 75). In dieser verdinglichten Perspektive und Haltung werden Begriffe mit den Gegenständen der Erkenntnis in eins gesetzt, ohne deren kulturbedingte oder gesellschaftliche Momente zu beachten. Diese führen auch dazu, dass Ergebnisse anerkannt oder abgelehnt werden. Fleck wie später Adorno verweisen in ihren Ausführungen somit auf die Entstehung von wissenschaftlichen Tatsachen, die die Grundlage für wissenschaftliche Evidenz bilden. Als Tat-Sachen müssen diese nämlich erst hergestellt werden, sie liegen nicht einfach bereits vor, sondern sind bedingt durch einen historisch sich entwickelnden Denkstil, dem sie zugehören. Die den Denkstil prägenden Begriffe bilden das Instrumentarium mit dem das wissenschaftlich untersuchte Feld eben nicht nur wahrgenommen, sondern auch analysiert und erschlossen wird. Mit jedem begrifflichen Instrumentarium gehen Konnotationen und Aspekte, die andere begriffliche Instrumentarien mit sich bringen, verloren.

Mit diesem Verlust hat die Erziehungswissenschaft gerade in Deutschland mehr als in anglo-amerikanischen Ländern zu kämpfen, die das pädagogische begriffliche Instrumentarium derzeit durch ein psychologisches ersetzt und damit Gefahr läuft, den pädagogischen Kern der Erziehungswissenschaft zu verlieren, weil er eben nicht mehr begrifflich erfasst wird. Der Denkstil einer solchen Erziehungswissenschaft folgt dann keinem pädagogischen Paradigma, sondern allein einem psychologischen (vgl. hierzu bspw. Leser 2019).

Was bedeutet dies nun für das Feld der Bildungsforschung, die sich dem Evidenz erzeugenden Paradigma zuordnet? Bei den von ihr generierten wissenschaftlichen Tatsachen handelt es sich in der Regel um numerische Daten, die die Grundlage für ihre Erkenntnisse liefern. Doch die Daten liegen nicht einfach vor, sondern werden mit Hilfe methodischer Instrumentarien hergestellt. Daher sind, wie Adorno schreibt, »[d]as Gegebene, die Fakten, auf welche sie [die empirische Sozialforschung, sj] ihren Methoden nach als auf ihr Letztes stößt, [...] selber kein Letztes sondern ein Bedingtes« (Adorno 1969/1993b, S. 99). D. h., dass sowohl zur Erzeugung der Daten auf die Wirklichkeit in methodisch-abgesicherter Weise zugegriffen wird als auch die Daten die Wirklichkeit in einer, nämlich der jeweils gewählten methodischen Art und Weise repräsentieren – d. h. entsprechend der theoretischen Grundlage, der sie folgen. Daten sind nicht die Wirklichkeit selbst, wie Protokolle, die der Wirklichkeit entnommen wurden (vgl. Oevermann 2004, S. 425–431). In die Art der Datenerhebung und in die so gewonnenen Daten gehen – gleichsam eingewoben und unkenntlich gemacht – erkenntnis- bzw. wissenschaftstheoretische Annahmen und gegenstandstheoretische Konzeptionen ein. Sie zeigen somit das jeweilige begrifflich gefasste Verständnis, hier: des pädagogischen Feldes an.

Folglich können in der Bildungsforschung wie bei aller empirischen Forschung überhaupt zunächst mit den Daten oder wissenschaftlichen Tatsachen, wie Ludwik Fleck diese noch nannte, zunächst vor allem die jeweiligen *theoretischen Annahmen* über den Gegenstandsbereich bekräftigt, in Frage gestellt oder fortentwickelt werden. Die Evidenzen, die so erzeugt werden, sind demnach nicht die Daten selbst, sondern die theoretischen Annahmen. Das ist deswegen wichtig, weil hier oftmals (zu) kurz geschlossen wird: die Daten werden als Evidenz verstanden. Sie sind *Mittel*, um eine theoretische Annahme, eine Hypothese zu verifizieren oder falsifizieren.

In diesem Sinne kennzeichnen Bromme, Prenzel und Jäger (2014) als Vertreter des Evidenz-Paradigmas Evidenz »im naturwissenschaftlichen Sinn [...] eher als Beleg denn als Beweis für Vermutungen oder Theorien« (Bromme et al. 2014, S. 6). Sie führen weiter aus: »Wenn die Daten dazu dienen, Vermutungen, Hypothesen oder Theorien zu stützen – oder zu widerlegen – erhalten sie die Funktion von ›Evidenz‹. In diesem Sinne gibt es keine Evidenz ›an sich‹, sondern nur Evidenz ›für‹ oder ›gegen‹ Aussagen oder Vermutungen« (Bromme et al. 2014, S. 7). Demzufolge ist notwendig zu fragen, im Hinblick auf welche theoretischen Vorstellungen über das empirisch zu untersuchende Feld die Wissenschaftler*innen Daten erhoben haben und inwieweit man diesen theoretischen Vorstellungen folgt oder ihnen widerspricht. Doch gerade dieser Aspekt wird oftmals unterschlagen bzw. gerät in den Hintergrund, so dass dann der Eindruck entsteht, die numerischen bzw. spezifischer: stochastischen Daten seien die einzige Möglichkeit, auf das empirische Feld zu schauen, um es wissenschaftlich zu erschließen.

3 Wie Bildungsforschung der Evidenzbasierung zuarbeitet

Ich möchte im Folgenden an einem Beispiel darlegen, wie Wissenschaftler*innen, die sich dem Evidenz-Paradigma in der Bildungsforschung zuordnen, ihre Arbeit als Beitrag zu einer Evidenzbasierung von Bildungspraxis und Bildungspolitik verstehen. 2014 stellten Rainer Bromme, Manfred Prenzel und Michael Jäger in einem Artikel diesen Zusammenhang ausführlich an drei Problemen der Bildungspolitik bzw. der pädagogischen Praxis dar, von denen ich dasjenige zum Verhältnis von Klassengröße zu Schülerleistungen herausgreifen möchte. Diese sehr ausführliche Schilderung der Bezugnahme auf wissenschaftliche Evidenzen und deren Nützlichkeit zur Klärung von Fragestellungen aus der Praxis ist aufschlussreich, weil es letztendlich zu einer (unbemerkten?) Verschiebung der Fragestellung und damit der Gültigkeit und Aussagekraft der Evidenzen kommt, die m. E. charakteristisch für fehlende Theoriearbeit und das unreflektierte Verhältnis von Wissenschaft und Praxis einer solchen Bildungsforschung ist.

Das ausgewählte Beispiel widmet sich der Frage, ob kleinere Schulklassen bessere Schülerleistungen hervorbringen (Bromme et al. 2014, S. 27–35). Zum »Selbstverständnis« dieser Art von Bildungsforschung gehört es, »mit ihrer empirischen Forschung zur Lösung von Problemen im Bildungsbereich beizutragen« (Bromme et al. 2014, S. 15). Den Ausgangspunkt bildet also eine sich in der Wirklichkeit stellende Frage, die mit wissenschaftlichen Mitteln beantwortet werden soll. Damit ist bereits das Verhältnis von Wissenschaft und Praxis als Zuarbeit markiert, ohne das thematisiert wird, inwiefern dies tatsächlich möglich ist. Denn anders als vielleicht erwartet, konstatieren sie zunächst, dass Forschungsdaten dazu da sind, »Vermutungen, Hypothesen oder Theorien zu stützen« (ebd., S. 7), nicht aber um Hinweise auf Handlungsentscheidungen in der Praxis zu liefern. Daten sind damit zunächst eine Form der wissenschaftsinternen Beweisführung.

Bromme, Prenzel und Jäger zeigen nun auf, welche Annahmen über den Sachverhalt von Klassengröße und Schulleistungen bspw. von Eltern vorliegen. So werde »immer wieder die Erwartung formuliert, dass kleinere Klassen eine bessere Betreuung, Unterstützung und Förderung der Schülerinnen und Schüler gestatten« und »[a]us der subjektiven Erfahrung von Eltern erscheint [sic!] es einfacher zu sein, eine kleinere Anzahl von Schülerinnen und Schülern gut und persönlich kennen zu lernen, ihren Lernstand und Förderbedarf festzustellen und sie individuell zu betreuen« (ebd., S. 27). Auch Lehrkräfte bestätigen diesen Eindruck (ebd., S. 28). Sie sehen in der geringeren Klassengröße einen entscheidenden Faktor für die Schulleistungen, weil er eine intensivere Betreuung und Zuwendung der Lehrkräfte zu den Schüler*innen ermögliche.

Diesen erfahrungsbasierten Annahmen, die mehr sind als bloße Vermutungen, sondern bereits mit einer Begründung referiert werden, stehen nach Bromme, Prenzel und Jäger der Wunsch und das faktische Handeln der Bildungspolitik entgegen, aus ökonomischen Gründen möglichst große Klassen zu bilden, so dass weniger Lehrkräfte, aber auch weniger Räume, geringere Ausstattung etc. benötigt werden (ebd., S. 28). Die Autoren stellen die Frage nach dem Zusammenhang von Klassengröße und Schulleistung also als eine dar, die Bildungspraxis (Eltern und Lehrer*innen) und Bildungspolitik gegensätzlich beantworten. Durch diese Gegenüberstellung der Annahmen wird suggeriert, dass die Bildungsforschung nun als Schlichterin in dem Sinne auftreten kann, weil sie imstande sei, neutrale, d.h. objektive Daten zu liefern, die helfen, die Frage eindeutig zu beantworten. Unstrittig scheint dabei das Ziel zu sein, möglichst gute Schüler*innenleistungen zu erreichen. Demzufolge müsste geklärt werden, ob diesem Ziel nun kleinere oder größere Klassen zuträglich sind. Unthematisiert bleibt hier, was als gute Schüler*inleistung zählt – und dabei weniger ab welcher Note, sondern ob der Wert als statistisches Mittel der Klasse erhoben wird oder ob die gesamte Klasse Notenwerte bspw. über 3 aufweisen muss. Denn die Eltern und auch die Lehrer*innen werden der Überzeugung sein, dass jedes Kind eine gute Note erhalten können sollte. Hier wird deutlich, dass selbst bei einer vermeintlich einfachen Frage Vorannahmen zu klären sind, die nichts mit einer, wie Fleck es beschrieb, »einfach[n] Frage und Antwort« zu tun haben (Fleck 1935/2021, S.17). In ein solches Setting muss die Frage erst forschungspraktisch und damit methodisch abgesichert überführt werden. Dabei verändert sich ggf. die Frage der Praxis, weil sie nun in eine wissenschaftliche Perspektive überführt wird.

Bromme et al. verweisen nun auf Forschungsbefunde, die zeigen, dass [k]leinere Klassen [...] nicht automatisch bessere Unterrichtsergebnisse« (ebd., S.29) liefern, sondern dass auch das Gegenteil der Fall sein kann. Denn die »Klassengröße korreliert nicht mit der Leistung, die von den Schülerinnen und Schülern in Tests erzielt wird. Tendenziell zeichnet sich sogar eine negative Korrelation ab, die besagt, dass das Leistungsniveau bei großen Klassen besser ist als bei kleineren« (ebd., S.29). Damit könnte man zu dem Schluss gelangen, dass die Bildungspolitik richtig handelt, die Klassengrößen hochzusetzen, weil diese entgegen der Annahmen von Eltern und Lehrkräften sogar für bessere Schüler*innenleistungen sorgen. Alles geklärt? Noch nicht ganz. Das Autorenteam führt internationale Vergleichsuntersuchungen, wie TIMSS, PISA oder IGLU an, die das Ergebnis bestätigen und zum Schluss kommen: je größer die Klasse, desto besser die Schüler*innenleistung (ebd., S.29).

Anzunehmen wäre, dass mit diesen nahezu erdrückenden Ergebnissen die Autoren die Frage zugunsten der Bildungspolitik entscheiden und für größere Klassen plädieren; aber dem ist nicht so. Stattdessen verschieben sie den Fragefokus geringfügig und greifen auf weitere Studien zurück, die nun etwas zur Art des Unterrichtens herausgefunden haben, denn: »Seltener untersucht sind Beziehungen zwischen der Klassengröße und der Art des Unterrichts« (ebd., S. 29).

Ich verstehe diesen Wechsel so, dass bisher auf Studien zurückgegriffen wurde, die die beiden Parameter Klassengröße und Schüler*innenleistung in ein Verhältnis zueinander setzten, und zwar in *kein kausales* à la weil die Klassengröße klein ist, sind die Schüler*innenleistungen schlecht, sondern in *ein relationales* à la je umfangreicher die Klassengröße desto besser die Schüler*innenleistungen. Kausalität bedeutet eng gefasst, dass X die Ursache für Y ist und umgekehrt Y durch X erzeugt wird. Es liegt ein Determinismus vor. Aus einer solchen Annahme würde folgen, dass die Klassengröße ursächlich für die Schüler*innenleistungen verantwortlich ist bzw. diese durch sie erzeugt werden. Eine solche Annahme ist natürlich unsinnig; denn wie soll die bloße Anzahl der Schüler*innen zu besseren Noten in Mathematikarbeiten oder Deutschaufsätzen führen. D. h. dieser Zusammenhang muss ein anderer als ein kausaler sein. Demzufolge handelt es sich um einen stochastisch-relationalen, der durch die Studien untersucht und bestimmt wurde. Diese Studien haben gezeigt, dass je größer die Klassen sind, desto besser sind die Schüler*innenleistungen (im Klassendurchschnitt). Allerdings ist bei einer solchen Beziehung noch vollkommen ungeklärt, warum dieser statistisch ermittelte, relationale Zusammenhang bzw. diese Korrelation auftritt. Über Modelle wird versucht, das Auftreten der statistischen Korrelationen zu erklären, allerdings sind dies keine kausalen Beziehungen.

Die im Artikel bisher herangezogenen Studien haben allein die Korrelation zwischen den Größen als statistische Auffälligkeit geliefert, weder aber den Grund, warum dies der Fall ist, noch das Modell, das die Praxis versucht abzubilden und nach dem die Hypothesen gebildet und geprüft werden. Der Erklärungsgehalt für die Daten ist also bisher relativ gering geblieben. Daher ziehen die Autoren nun andere Studien heran, die das jeweilige Unterrichtsgeschehen in den Blick nehmen, und suchen Erklärungen für das Zustandekommen der Befunde. Das Suchen ist zugleich ein Hinweis dafür, dass im Modell nicht bereits »einmodelliert« ist, wie die jeweiligen Datengrößen zustande kommen, d.h. in welchem Erzeugungszusammenhang sie jeweils stehen. So finden die Autoren einerseits »Hinweise, dass der Unterricht in großen Klassen im Durchschnitt besser und klarer strukturiert ist«, andererseits »verdichten sich jedoch die Hinweise dahingehend, dass Lehrkräfte die Möglichkeiten kleinerer Klassen bei der Unterrichtsgestaltung oft nicht ausnutzen« (ebd., S. 29). Weil die Lehrkräfte eine klarere Strukturierung ihres Unterrichts in großen Klassen vornehmen (müssen) als in kleinen, werden bessere Schüler*innenleistungen erzielt. Allerdings führen sie zugleich aus, dass vielleicht auch kleinere Klassen zu guten Schüler*innenleistungen führen könnten, wenn die Lehrer*innen denn diese Klassengröße besser zu nutzen wüssten. Kurzum: auch das jeweilige Gegenteil kann wahr sein. Dies »beweisen« sie, indem sie eine Studie heranziehen, in der IGLU-Studienergebnisse neu berechnet wurden. Wenn man bei dieser Studie, so die Autoren, kleine Förderschulklassen aus dem Gesamtergebnis herausrechnet, dann »reduziert sich der Zusammenhang zwischen Klassengröße und Leseleistung« und als relevanter »erweisen sich dann Unterrichtsmerkmale, zum Beispiel die Nutzung von Lesestrategien« (ebd., S. 30).

Damit stehen die Autoren nun vor der Schwierigkeit, dass beide Annahmen – kleine und große Klassen führen zu besseren Schülerleistungen – mit Hilfe von wissenschaftlichen Daten zu belegen sind. Sie blicken demzufolge relativ ratlos auf die vorhandenen Studienergebnisse. Der bisher einzige Hinweis, was zu den Schüler*innenleistungen führt, liegt nun in den »Lesestrategien«, die allerdings nicht näher bestimmt werden.

Dass solche Forschungen nicht weiterkommen, ist auch deswegen der Fall, weil – wie Rauin grundsätzlich festhält – sie »keine hypothesenprüfenden Untersuchungen zur Schul- und Unterrichtsqualität [sind], [...] sondern sie schätzen Parameter (z. B. die durchschnittliche Lesekompetenz) einer Altersgruppe oder Klassenstufe im Vergleich zwischen Regionen, Ländern oder auch Schulformen« (Rauin 2004, S.39). Grundlage hierfür bilden keine theoretisch-empirisch gefestigten Modelle, wie die einzelnen Elemente zusammenhängen, sondern eher »erprobte Modelle zur Vorhersage von derartigen Parametern«, die auf diverse Werte zurückgreifen (wie Sozialdaten, Schülermerkmale, Unterrichtsbedingungen etc.), die sich wiederum »in schlüssiger Weise aufeinander beziehen« lassen (ebd., S.39), aber eben nicht in notwendiger oder gar hinreichender Weise. Die Beziehung zwischen den Daten ist demnach sehr vage; oftmals gestützt über sich immer wieder reproduzierende Korrelationen, aber in nie gänzlich erwiesenen.[1]

Interessant ist jedoch, dass in den meisten Fällen und so auch bei Bromme et al. von den Modellen, die für die Beziehung der Daten untereinander verantwortlich sind, wenig bis nicht die Rede ist. Bromme, Prenzel und Jäger thematisieren immer wieder nur die beiden Größen in einer schlichten je-desto-Relation, so dass es den Anschein hat, als gäbe es gar kein dahinter sich verbergendes Modell. Nicht thematisiert wird so auch, welche Daten denn eigentlich verrechnet werden, denn eine Schüler*inleistung muss nicht ein einzelner Wert wie bspw. die Note einer Klassenarbeit oder die Punktzahl eines Tests sein, sondern erst mit einer mathe-

---

1 Über Korrelationen ausgewiesene Zusammenhänge zwischen einzelnen Elementen können natürlich stärker und schwächer ausgebildet sein; daher ist es bei der Befassung mit derartigen empirischen Studien eigentlich unabdingbar, sich mit den statischen Berechnungen vertraut zu machen, um einschätzen zu können, inwieweit hier starke Korrelationen vorliegen oder nicht. Deren Ausprägung spielt jedoch in Artikeln, und erst recht in solchen für die Bildungspolitik oder Bildungspraxis verfassten, meist eine geringe Rolle. Die Wissenschaft tut sich hier keinen Gefallen; weil sie ihre Arbeitsweise schlichter darstellt, als diese ist. Siehe auch die Ausführungen im nächsten Absatz.

matischen Formel berechnet werden, die zumindest das einzelne Schüler*inergebnis mit der gesamten Klassengröße verrechnet, so dass ein einzelner Wert nun *die* Schüler*innenleistung der *einen* Klasse bildet. Dass, was sich so plausibel und einfach kommunizieren lässt, verstellt den Blick auf das jeweilige mathematisch-gewonnene Konstrukt. Denn das Modell arbeitet nicht mit begrifflich gefassten Parametern, die die Praxis abbilden, sondern es handelt sich um eine Art Rechenmodell, in das die Elemente der Praxis überführt werden müssen, weil nur so die numerischen Daten auch verarbeitet werden können.[2] Rauin gelangt zu dem desaströsen Schluss, dass »[e]in zentrales Problem der Unterrichtsforschung [...] in der unzureichenden Entwicklung von Theorien des Unterrichts, die den unterschiedlichen Unterrichtskulturen der Fächer und Schulstufen gerecht werden, [liege und] ein anderes Problem im Fehlen valider Instrumente der Unterrichtsbeobachtung« (ebd., S. 40).

Ausgehend vom IGLU-Befund, dass größere Klassen eine höhere Leseleistung zeigten, dieser Zusammenhang aber in der Neuberechnung kleiner wurde, schreiben Bromme, Prenzel und Jäger, sie »wären allerdings missverstanden, wenn sie [...] nun zur Begründung von Vergrößerungen der Klassen herangezogen würden« (ebd., S. 30) – und sie führen hierzu zwei Argumente ins Feld. Erstens stellen sie für die Ergebnisse fest, dass sie »keine Vorhersagen darüber zu[lassen], was passieren würde, wenn alle Klassen um mehrere Schüler vergrößert oder wenn bisher unterdurchschnittlich großen Klassen zusätzliche Schüler zugewiesen würden« (ebd., S. 30). Und zweitens führen sie aus, dass es auch Studien wie bspw. eine solche aus den 1980er Jahren aus den USA gäbe, die zeige,

---

2 Oevermann fasst die Kritik noch schärfer. Er weist einen Kategorienfehler nach, indem Sachverhalte der sinnstrukturierten Welt als solche der stochastischen Welt verhandelt werden. Während in der stochastischen Welt der Zufall das Strukturelement bildet, ist dieses in der sinnstrukturierten Welt jedoch die Sinnlogik im Sinne eines begründbaren Determinismus (Oevermann 2004, S. 457 ff.).

dass eine Verringerung der Klassengrößen durchaus positive Effekte haben könne (ebd., S. 30).

Die Argumente verweisen einerseits auf den Charakter der Daten als Ist-Zustand, der bei Veränderungen auch andere Daten liefern könnte, und andererseits auf die Möglichkeit, immer auch auf Studienergebnisse zu treffen, die das Gegenteil belegen. Damit verweisen diese Argumente indirekt auf den Status und die Aussagekraft der Ergebnisse und Evidenzen. Diese sind jeweils nur Statusaussagen zu einem bestimmten Zeitpunkt. Und sie taugen letztendlich nicht dazu, die Fragen der Praxis zu klären, die sie versprechen. Dies hat auch damit zu tun, dass eine evidenzbasierte Wissenschaft wie die Medizin auf anderen Wegen zu ihren Erkenntnissen gelangen kann, als dies eine Sozialwissenschaft vermag, die immer schon mit Sinnstrukturen zu tun hat, also nicht mit bloßen Körperreaktionen, die physio-mechanisch oder chemisch hervorgerufen werden. Die Zusammenhänge, die sich in einem Klassenraum zeigen, sind nicht nur hochkomplex, sondern vor allem mit bewusstseinsfähigem Sinn unterlegt, der von den jeweils handelnden Subjekten erzeugt wird. Inwieweit also die Klassengröße einen Einfluss auf das Leistungsvermögen jedes einzelnen Schülers/jeder einzelnen Schülerin hat, ist nicht stochastisch zu bestimmen, sondern sinnhaft auszulegen. Dies führt zu unterschiedlichen Fragen, so z. B.: Inwiefern hat jeder Schüler und jede Schülerin die Möglichkeit, sich am Unterricht zu beteiligen, um Leistung zu zeigen? Wie wird diese Leistung von der jeweiligen Lehrkraft ermittelt und wie ist das jeweilige Verhältnis zwischen Lehrkraft und Klasse, aber auch zwischen Lehrkraft und jeder einzelnen Schülerin, jedem einzelnen Schüler bestimmt? Erst diese Darstellung und vor allem Analyse böte die Möglichkeit zu eruieren, inwieweit die Klassengröße das Handeln der Lehrkraft und das Handeln der Schüler*innen tangiert und beeinflusst.

Die Autoren behandeln die Daten jedoch so, als seien sie direkt der Realität entnommen und spiegelten diese wider. Das war es letztendlich, was Adorno mit der Verdinglichung der Fakten meinte. Zugleich zeigt sich, dass die geringe Aussagekraft der Daten vor allem darin begründet liegt, dass das Zusammenwirken der Parameter ungeklärt ist; das theoretische Fundament oder ein Modell über den Gegenstandsbereich fehlt – und es ist fraglich, ob es auf diesem Wege überhaupt gewonnen werden kann. Erst dieses könnte, wenn auch zunächst nur hypothetisch, Aussagen darüber treffen, was passiert, wenn sich bestimmte Parameter in die ein oder andere Richtung veränderten; denn dann würde man auf ein Modell zurückgreifen, das die Abhängigkeiten der jeweiligen Parameter bestimmt hätte. In diesem Modell wäre die Klassengröße ggf. nur ein Indikator für das tatsächlich jeweils wirksame Lehrer*innenhandeln, das bei großen Klassen anders strukturiert ist, und ggf. den Schüler*innen andere Möglichkeiten bietet, Leistung zeigen zu können.

Ein solches Modell scheint aber nicht vorzuliegen, so dass der Hinweis auf eine Studie aus den USA, zumal aus den 1980er Jahren, letztendlich nur noch deutlicher hervortreten lässt, wie ort- und zeitlos eine solche Art der Bildungsforschung agiert. Denn dass eine USA-Studie, die auf der Basis von Gegebenheiten in US-amerikanischen Schulen von 1980, inkl. Schüler*innenzusammensetzung, dem damals vorherrschenden pädagogischen Verhältnis zwischen Lehrkräften und Klasse etc., ohne Kommentar auf deutsche Verhältnisse der 2000er Jahre bezogen wird und als aussagekräftig angeführt wird, zeigt, wie stark die soziale Bedingtheit, auf die Fleck und Adorno hinweisen, negiert wird.

Dass solche Ergebnisse als zeit- und ortlose Evidenzen herangezogen werden, hat m. E. damit zu tun, dass die erstellten Daten, als numerische verfasst, nicht mehr anzeigen, wie voraussetzungsreich die selbst sind. Unter einer solchen Perspektive reicht es dann aus, darauf zu vertrauen, dass diese nach den methodischen Regeln der Kunst erhoben wurden. Das allerdings wichtigere Moment, nämlich die Frage nach welchem Modell die jeweilige Erhebung konzipiert und durchgeführt wurde, wird unterschlagen und gar nicht erst thematisiert; es wird unsichtbar gemacht. Die reine Fixierung auf die Daten kommt einer Verdinglichung gleich, mit der ausgeklammert wird, dass das Datum ein unter diversen Annahmen und Bedingungen Hergestelltes und letztendlich Produkt eines je spezifischen Denkstils ist, der die untersuchte Realität in einer spezifischen Art und Weise modelliert. Diese Modellierung stützt sich vornehmlich auf statistische Korrelationen, deren Aussagekraft und Begründungsfähigkeit gering sind. Diese De-Thematisierung verunmöglicht es auch den Lesenden zu prüfen, ob sie die gemachten theoretischen Vorannahmen über das Feld überhaupt teilen.

Es macht vielmehr den Anschein, dass die Autoren verhindern wollen, zu eindeutigen Aussagen zu kommen; denn sie suchen nahezu händeringend nach Studien, die auch nachweisen, dass kleine Klassen zu guten Schüler*innenleistungen führen. Nachdem die Autoren nun in der US- amerikanischen Studie aus den 1980er Jahren auf solche Befunde gestoßen sind, die darauf hinweisen, »dass kleine Klassengrößen als Gelegenheitsstruktur für einen stärker individualisierenden, fördernden und innovativen Unterricht verstanden werden können, die freilich genutzt werden muss« (ebd., S. 31), gelangen sie schließlich zu dem Schluss, dass eigentlich fraglich sei, »ob Klassengröße überhaupt ein geeigneter Ansatzpunkt für die Verbesserung von Unterrichtsqualität ist« (ebd., S. 33). D. h. sie entziehen sich letztendlich selbst den Boden ihrer Argumentation. Weil die Befunde – in welchem Land und Schulsystem zu welcher Zeit auch immer – je Verschiedenes und sich Widersprechendes zeigen, müssen sie letztendlich konstatieren, dass der ganze Ansatz ggf. falsch ist und das, was vorher als »zentrale Stellschraube« (ebd., S. 28) angegeben wurde, so zentral vielleicht gar nicht ist. Dabei verschieben sie erneut ein klein wenig die Frage; denn nun wird von Unterrichtsqualität und nicht mehr von Schüler*innenleistungen gesprochen bzw. beides in eins gesetzt. Diese begriffliche Unschärfe ist m. E. auch ein Kennzeichen der numerisch arbeitenden Bildungsforschung. Durch diese Verschiebung rücken sie an die anfangs als subjektive Erfahrungen diskreditierten Annahmen von Eltern und Lehrkräften heran; denn die Autoren stellen sich nun die »Frage, wodurch die breite Akzeptanz der vermuteten Kausalannahme von ›kleinere Klassen = besserer Unterricht‹ eigentlich bedingt« gewesen sei (ebd., S. 35). So sind wir wieder beim Ausgangspunkt angelangt, der ja argumentativ gerade den Anlass für Bildungsforschung bildete, die antrat, um die erfahrungsbasierte Annahme auf eine wissenschaftliche Grundlage zu stellen. Es stellt sich nun heraus, dass die Bildungsforschung bisher auch nicht schlauer ist als die Praxis und gar nicht mehr weiß als diese. Folglich sind die versprochenen Evidenzen keine. Was bleibt sind Ratschläge, die sich Bildungspraxis und Bildungspolitik auch selbst hätten geben können.

Doch so einfach überflüssig wollen sich die Autoren noch nicht machen. Ihnen bleibt, den Annahmen der Praxis, dass kleinere Klassen aufgrund des Betreuungsschlüssels zwischen Lehrkraft und Schüler*innen zu besseren Leistungen führen, etwas Sand ins Getriebe zu streuen. Denn die »Befundlage in Deutschland« zeige an, dass durch kleinere Klassen »sich die Art des Unterrichts und dessen Qualität damit nicht (von alleine) verbessern würden« (ebd., S. 34). Wer hätte das gedacht?!

Nun werben die Autoren dafür, einer anderen Frage nachzugehen, nämlich derjenigen der Akzeptanz in der Bevölkerung, dass kleinere Klassen einen besseren Unterricht bedeuteten (ebd., S. 35). Sie drehen den Spieß um und machen die erfahrungsbedingten Annahmen zum Ausgangspunkt neuer Forschungsfragen, weil sie es nicht vermögen, die Ausgangsfrage in eine wissenschaftlich zu beantwortende zu drehen. Sie verlagern sich auf das Feld der Meinungsforscher*innen, die eruieren, wer welcher Ansicht zu einem Thema ist. Das hat dann mit Bildungsforschung eher weniger zu tun und ob diese Art von Evidenz für Bildungspraxis und Bildungspolitik von Interesse ist, steht auf einem ganz anderen Blatt.

4 Vom Nutzen der Evidenzbasierung

Mit Evidenzbasierung werden »Verbesserungen der Qualität von Entscheidungen über Strukturen, Prozesse und Ergebnisse von Bildungssystemen auf der Grundlage wissenschaftlicher Evidenz« (Schrader 2014, S. 194) versprochen, doch fraglich sollte nach der Analyse geworden sein, inwiefern diese Versprechen überhaupt gehalten werden können. M. E. ist so zu erklären, warum der Streit um eine evidenzbasierte Bildungsforschung nicht mehr ausgefochten wird. Es bedeutet aber keineswegs, dass nicht weiterhin Studien und Publikationen – nicht nur, aber auch der psychometrisch ausgerichteten Bildungsforschung – entstehen, die eine solche Evidenzbasierung von Bildungspraxis und Bildungspolitik versprechen oder auszuweisen versuchen.[3] Betrachtet man dann die erarbeiteten Evidenzen genauer, dann werden Erziehungswissenschaftler*innen und Pädagog*innen enttäuscht über die Schlichtheit der Erkenntnisse sein, weil diese oft nur den common sense bestätigen, aber keine tiefer reichenden Erklärungen bieten. Davon zeugen auch viele Initiativen bspw. aus Großbritannien, die über die Erstellung von sog. *systematic reviews* versuchen, das Wissen der Bildungsforschung für die Praxis verfügbar zu machen.[4] Solche Initiativen versuchen weiterhin zu suggerieren, dass es einen nahtlosen Übergang aus dem Feld der Wissenschaft ins Feld der Praxis gäbe. Aber, wie Andreas Wernet schreibt, »[a]us wissenschaftlich überprüften Geltungsaussagen folgen keine Handlungs-

---

3 Siehe zuletzt das Gutachten der Ständigen Wissenschaftlichen Kommission der KMK »Digitalisierung im Bildungssystem: Handlungsempfehlungen von der Kita bis zur Hochschule«, 2021. Online verfügbar unter: https://doi.org/10.25656/01:25273. Hier wird durchgehend eine Evidenzbasierung eingefordert und damit eine bestimmte Art von Forschung für diese zuständig erklärt.
4 Vgl. Jornitz 2008; bspw. das *EPPI Centre*: https://eppi.ioe.ac.uk oder die *Endowment Foundation*: https://educationendowmentfoundation.org.uk/

anweisungen« (Wernet 2022, S. 9) – wie auch umgekehrt gilt: »sollte eine Praxis behaupten, ihre Entscheidung sei eine zwingende Folge wissenschaftlicher Erkenntnis, diese Behauptung, was leicht zu übersehen ist, keine wissenschaftliche, sondern eine praktische bzw. praxislegitimatorische Aussage darstellt« (ebd., S. 10).

D. h., wenn wissenschaftlich generiertes Wissen in Handlungsfeldern wie Bildungspolitik und Bildungspraxis verwendet wird, dann doch eher, weil »die Zustimmungsbereitschaft zur wissenschaftlichen Expertise [...] nicht mit der Qualität der wissenschaftlichen Expertise wächst, sondern mit der Nähe zu dem, was man wünscht« (Dammmeyer & Gruschka 2002, S. 74). Dies hat wohl auch mit einem in unserer Gesellschaft seit Descartes vorherrschenden Glauben an die scheinbare Objektivität einer vermeintlich unbestechlichen Mathematik zu tun. Wer sich mit Pädagogik auch wissenschaftlich befasst, ist immer auf deren Einbettung in gesellschaftliche Strukturen verwiesen und muss diese in seiner wissenschaftlichen Arbeit berücksichtigen. Diese gesellschaftliche Einbettung, die soziale Bedingtheit, wie Fleck es nennt, ist es, die in der Generierung von Wissen mitbedacht werden muss. Somit sind wissenschaftlich generierte Evidenzen, die von solchen Strukturen absehen, in den Sozialwissenschaften schlichtweg unmöglich und wenn dies dennoch geschieht, indem sie in der Studie de-thematisiert werden, sind die Ergebnisse bedeutungslos. Auch in diesem Sinne ist »eine unpolitische Erziehungswissenschaft oder Pädagogik zu fordern, [...] eine ideologische Vorstellung« (Dammeyer & Gruschka 2002, S. 75).

Literatur

Adorno, T. W. (1969/1993a): Einleitung. In: T. W. Adorno et al., Der Positivismusstreit in der deutschen Soziologie (S. 7–79). München: dtv.

Adorno, T. W. (1969/1993b): Soziologie und empirische Forschung. In: T. W. Adorno et al., Der Positivismusstreit in der deutschen Soziologie (S. 81–101). München: dtv.

Adorno, T. W. (1997): Negative Dialektik. In: Ders., R. Tiedemann (Hrsg.), Gesammelte Schriften, Bd. 6. Frankfurt a. M.: Suhrkamp.

Bellmann, J., Müller, T. (2011): Wissen, was wirkt. Kritik evidenzbasierter Pädagogik. Wiesbaden: VS Verlag für Sozialwissenschaften.

Bernhard, A. (2015): Wie man eine Wissenschaft ruinieren kann. Zur feindlichen Übernahme und Selbstenteignung der Erziehungswissenschaft. In: A. Bernhard et al., Neutralisierung der Pädagogik. Kritische Pädagogik. Eingriffe und Perspektiven, (1), 13–37.

Bromme, R., Prenzel, M. & Jäger, M. (2014): Empirische Bildungsforschung und evidenzbasierte Bildungspolitik. Eine Analyse von Anforderungen an die Darstellung, Interpretation und Rezeption empirischer Befunde. Zeitschrift für Erziehungswissenschaft, 17, 3–54.

Dammeyer, M., Gruschka, A. (2002): Gebraucht oder missbraucht, hilfreich oder ohnmächtig? – Ein Gespräch über die Beratung von Politik und Verwaltung durch Erziehungswissenschaft. In: M. Weegen et al. (Hrsg.), Bildungsforschung und Politikberatung. Schule, Hochschule und Berufsbildung an der Schnittstelle von Erziehungswissenschaft und Politik. Festschrift für Klaus Klemm zum 60. Geburtstag (S. 65–91). Weinheim und München: Juventa.

Fleck, L. (1935/2021): Entstehung und Entwicklung einer wissenschaftlichen Tatsache. Einführung in die Lehre vom Denkstil und Denkkollektiv (13. Auflage). Frankfurt a. M.: Suhrkamp.

Forster, E. (2014): Kritik der Evidenz. Das Beispiel evidence-informed policy research der OECD. Zeitschrift für Pädagogik, 60 (6), 890–907.

Jornitz, S. (2008): Was bedeutet eigentlich »evidenzbasierte Bildungsforschung«? Über den Versuch, Wissenschaft für Praxis verfügbar zu machen am Beispiel der Review-Erstellung. Die Deutsche Schule, 100 (2), 206–216.

Jornitz, S. (2009): Evidenzbasierte Bildungsforschung. Pädagogische Korrespondenz, (40), 68–75. Online verfügbar unter: https://doi.org/10.25656/01:5725. Zugriff am 29.09.2022.

Leser, C. (2019): Die psychologische Entsorgung der Pädagogik. In: S. Jornitz, M. Pollmanns, Wie mit Pädagogik enden? Über Notwendigkeit und Formen des Beendens (S. 147–164). Opladen et al.: Verlag Barbara Budrich.

Oevermann, U. (2004): Die elementare Problematik der Datenlage in der quantifizierenden Bildungs- und Sozialforschung. Sozialer Sinn, (3), 413–476.

Schäfer, L., Schnelle, T. (2021): Einleitung. Ludwik Flecks Begründung der soziologischen Betrachtungsweise in der Wissenschaftstheorie. In: L. Fleck (1935/2021), Entstehung und Entwicklung einer wissenschaftlichen Tatsache. Einführung in die Lehre vom Denkstil und Denkkollektiv (13. Auflage) (S. VII–XLIX). Frankfurt a. M.: Suhrkamp.

Schrader, J. (2014): Analyse und Förderung effektiver Lehr- Lernprozesse unter dem Anspruch evidenzbasierter Bildungsreform. Zeitschrift für Erziehungswissenschaft, (17), 93–223.

Ständige Wissenschaftliche Kommission der Kultusministerkonferenz (SWK) (Hrsg.) (2021): Digitalisierung im Bildungssystem: Handlungsempfehlungen von der Kita bis zur Hochschule. Gutachten. Bonn.Online verfügbar unter: https://doi.org/10.25656/01:25273, Zugriff am 29.09.2022.

Rauin, U. (2004): Die Pädagogik im Bann empirischer Mythen. Wie aus empirischen Vermutungen scheinbare pädagogische Gewissheit wird. Pädagogische Korrespondenz, (32), 39–49. Online verfügbar unter: https://doi.org/10.25656/01:8048, Zugriff am 29.09.2022.

Wernet, A. (2022): Der Sache und den Studierenden verpflichtet. Anmerkungen zu dem Ohlhaverschen Modell einer entscheidungsorientierten Kasuistik. Pädagogische Korrespondenz, (65), 5–12.

Die Autorinnen und Autoren

Prof. Dr. Monika Barz, 1993–2016 Evangelische Hochschule Reutlingen/Ludwigsburg, Frauen- und Geschlechterfragen.

Dr. Matthias Burchardt, AR Universität zu Köln, Institut für Bildungsphilosophie, Anthropologie und Pädagogik der Lebensspanne

Prof. Dr. Karl-Heinz Dammer, Pädagogische Hochschule Heidelberg, Institut für Erziehungswissenschaft (Allgemeine Pädagogik)

Dr. phil habil. Sieglinde Jornitz, DIPF, Erziehungswissenschaft

Jun.-Prof. Dr. Anne Kirschner, Pädagogische Hochschule Heidelberg, Institut für Erziehungswissenschaft (Allgemeine Pädagogik)

Dr. Hans-Bernhard Petermann, AOR i.R. Pädagogische Hochschule Heidelberg, Philosophie/Ethik.

Prof. Dr. Thomas Vogel, Pädagogische Hochschule Heidelberg, Institut für Erziehungswissenschaft (Schulpädagogik)

Dr. Florian Wobser, AR Universität Passau, Philosophie

Helene Graf hat die Herausgebenden maßgeblich in der Redaktionsarbeit unterstützt